王基倫
洪淑苓　合著

四史導讀

臺灣學生書局印行

《四史導讀》序

傅武光

初到陌生的國度，須賴導遊的解說，才能快速地掌握當地的自然環境和人文習俗。參觀一個龐大的公司，須看公司的簡報，才能迅速地了解公司的歷史、組織、經營理念和營運狀況。讀一套大部頭的書籍，須賴專家的導讀，才能宏觀此書的源流和宗旨。

我國典籍，浩如銀漢。初學入門，彷彿進入大觀園，望洋興嘆！此時，就需要熟門熟路的人帶領導覽，這就是各類「導讀」所以必要撰寫的原因。

根據前人的智慧與經驗，讀古書應「先其難者而後其易者」，因爲各門學術，都有源頭與流派。如江河必有源泉，然後匯流而至於海。從上游解纜放船，順流而下，輕便快捷而不費力。若從下游逆流而上，則事倍而功半。這是簡單而易解的道理。

韓愈自述學習的經歷說：

「始者非三代兩漢之書不敢觀，非聖人之志不敢存」（答李翊書）。

所謂三代兩漢之書，就是我國一切學術的根源所在。這是先賢教人讀書須從根源處下手的實例。

就史學而言，根源就在「四史」，即《史記》、《漢書》、《後漢書》、《三國志》。當然，就史的本質而言，四史並非最早；十三經裏的《尚書》、《春秋三傳》，甚至《三禮》，以及《國語》，都有史的成分。但是，就獨立概念而言，史學的獨立概念，要到晉朝而始有。西晉的荀勗，根據鄭默的《中經》作《中經新簿》，把當時所有的典籍分爲甲乙丙丁四部。性質分別是經、子、史、集。把史書獨立爲一部，這是史學獨立的開始。到了《隋書‧經籍志》，把《中經新簿》丙部的史籍改爲乙部，而逕稱爲經、史、子、集四部。至此，史部的概念、名稱及其地位，益加確立。在史學概念獨立之前，司馬遷作《史記》，也不認爲自己是在寫史，而是在學孔子作《春秋》。所以班固據劉歆《七略》而撰的《漢書‧藝文志》，還把《史記》列在「六藝略」的「春秋類」下。這說明在漢代還沒有史學獨立的概念。後世把《史記》視爲二十五史之首，這是以後來的獨立概念回頭冠上去的稱號。《漢書》師法《史記》，俱是史書的先驅。《後漢書》的作者范曄已入南朝。《三國志》的作者陳壽已歸西晉。俱是史學概念獨立之後的創作者。先賢合稱此四部史書爲四史，而一體重視之，不僅是因爲它是奠立史學的早期著作，而也因爲各有其里程碑的意義。

那麼要怎樣讀四史呢？我推薦王基倫教授和洪淑苓教授合著的《四史導讀》。此書內容分爲導言、人物篇、史學篇、文學篇四部分。導言屬於緒論；後三篇屬於本論。本論的每篇之下，再依《史記》、《漢書》、《後漢書》、《三國志》的次序分敘各史。各史又各分章節。如人物篇：第一、二章史記人物選析；第三章漢書人物選析；第四章後漢書人物選析；第五章三國志人物選析。讀者只要翻看「目次」便一目了然，所以不再贅述。

人物篇對代表性人物的選擇，頗考驗作者的史識。因爲史書本身呈現的人物，已經史家從芸芸眾生中篩選一遍，非出類拔萃或特異技能之士不能登上歷史的舞台。今又要從中選出斡旋天地、關係盛衰的關鍵人物，使讀者一覽而知世運變化與興廢之由，如果沒有宏深的史識是辦不到的。觀此書所選人物，大抵都符合上面所說的關鍵人物。如在《史記》中選出孔子、孟子、老子、莊子，這合乎一般人的常識認知。至如選出伯夷叔齊和吳泰伯，便見作者的過人鑑識。這表示作者深刻了解司馬遷最尊崇的人物是孔子，而孔子最推崇伯夷叔齊和吳泰伯。因此把吳泰伯置於三十篇世家的第一篇；把伯夷叔齊置於七十篇列傳的第一篇。以此向世人宣揚讓國的偉大情操。又如選出李斯，顯見作者確認李斯是嬴秦暴興暴亡的關鍵人物。這在在說明作者的鑑識能力值得讀者信賴。

史學篇方面，各史都以「史學特色」爲標題，這更考驗作者的功力。但此書寫來，仍多異彩。在體例上，四史大體一致，但在因革損益之間，或隱或顯，仍呈現許多不同的面貌，本書都能掘發出來。

爲架構整齊，四史各舉出三點特色：《史記》是取材嚴謹、實踐春秋精神、以人物爲中心。《漢書》是重視政經學術史料、以通史觀念作志、補充史記之不足。《後漢書》是史料豐富、體例推陳出新、評價公正允當。《三國志》是迴護魏晉、取材嚴謹、裴注價值高。所舉大抵深中肯綮；但有一點值得商榷：就體例而言，本篇所論，止於四史本身而不及箋注，而論《三國志》卻舉「裴注價值高」爲特色，則逸出體例範圍之外了。

在文學篇方面，也是顯示作者的才情與學殖的地方。司馬遷作《史記》，以「成一家之言」爲職志，不僅表現個人的器識，也表現個人的才華與風格。各個史家自有天生的氣質、情性、家庭環境、學習歷程，幾經薰染變化，遂凝成獨特的人品與風格，所以四史雖體例相沿而風格各異。作者在本篇敘論各史的文學藝術，均以「敘事技巧」與「語言技巧」兩端說明其特色，都舉例爲證，不徒託空言，所以處處浪花，精采紛陳。作者王基倫教授早歲從王更生教授治《文心雕龍》有成，又跟從羅聯添教授浸淫唐宋古文多年；洪淑苓教授師從曾永義教授，是研究民間文學的佼佼者，對於歷史人物的性格、型態有透闢的分析。二人於文學理論、文章義法固已深藏胸臆，蓄積湛深；其敘論文章，如老船長行船，「此生何止略知津」而已！

此書對初學者而言，還有一方便之處，就是敘論過程中，隨處引證相關資料並註明出處。彷彿伸出許多觸角。讀者循此觸角，便可進階探尋更深更廣的史學知識。

本書原爲中山文庫中的一本，於民國八十八年初版問世，今已售罄絕版。爲應廣大學者之需，作者決定再版。再版的內容比原版擴大，增加作者近年與四史相關的演講稿三篇：

一、〈漢高祖太史公何以崇重魏公子〉

二、〈荊軻的能耐〉

三、〈諸葛亮的再認識——兼及蘇軾對諸葛亮的評價〉

前二篇是作者應前警察專校校長陳連禎教授之邀，在退休警察人員協會總會演講的整理稿（陳校長組一讀書會名曰「史記天地」，會址設在警政署的退警會）。第三篇爲作者在台北市立大學演講的整理稿。另又附錄六篇「原文選讀」。

再版定稿後，作者請我過目並請作序，念我與作者半生師友過從，又深知此書極有益於初學者，所以很樂意答應下來，爲讀者說明此書的大略。

傅武光

民國一百一十二年七月

自序

這本書由二人合力完成。其中導言、史學篇、文學篇、附錄由王基倫執筆，人物篇由洪淑苓執筆。

導言部分，先說明歷史知識由何建立，再解釋「四史」的名義，並對四史作者與體例作介紹。《史記》、《漢書》、《後漢書》、《三國志》合稱爲四史，各有其史學及文學方面的特色，導言旨在引導讀者入門，說明讀史的重要、四史各自的體例精神，以及較佳的注解本。

人物篇部分，係選取四史的著名篇章與重要人物加以評賞。因爲歷史是人類活動的紀錄，人物是傳記的主體，所以這部分每章都定名爲「人物選析」。用意在於希望透過史家之筆，窺見史傳人物的精神風貌，由此可了解當時的社會文化，並進一步發掘典型人物，作爲讀者自我實現的參考。

人物篇共五章，除《史記》因跨越時代較長遠而將三代、秦漢別爲上下二章外，餘三史皆各占一章。每章又大體分爲帝王、諸侯（因應《史記》「世家」而立，餘三史則併入其他小節）、文臣賢士、武將豪傑、女性與社會群相等小節。每小節的寫作理念，是敘述帝王與諸侯的事跡功過時，兼及整個時代歷史；文臣賢士，或爲良相良吏，或爲賢明志士，都各有文才脩德，堪爲典範；武將豪傑者流，叱咤風雲，保疆衛國，其英勇蓋世，令人羨仰；而爲了配合時代潮流，特別選取女性人物的傳記。雖然史傳中的女性，多爲后妃，且背後含藏著「紅顏禍水」的觀念，但仍可看到幾位賢德的女性，譬如《後漢書．列女傳》所記敘的，多已受到史家及後人的推崇。「社會群相」則取法於《史記》的「類傳」，雖不是達官貴人，但無論是循吏或酷吏，醫者或逸民，都各有其風範，啟人深思。所選析者，偶見負面形象，適足引以爲戒。唐太宗云：「以銅爲鏡，可以正衣冠；以古爲鏡，可以知興替；以人爲鏡，可以明得失。」[1]正是這樣的道理。

由於人物篇已將四史大部分內容介紹出來，兼及人物傳記之評賞分析，因此後立史學、文學二篇作綜合歸納的討論。

史學篇部分，依《史記》、《漢書》、《後漢書》、《三國志》的次序，分立四章，討論各自具備的史學特色。

《史記》「取材嚴謹」一節，說明司馬遷一絲不苟的治學態度，具有「《春秋》之義，信以傳信，疑以傳疑」的精神。[2]第二節「實踐《春秋》精神」，申明他的史學淵源，以及批判人物、反迷信的思想。在「以人物爲中心」一節，首先說明其體例完整，而又以人物爲重，且相當重視中下階層人物。

《漢書》「重視政經學術史料」一節，說明其增強史學精神的努力現象，保存更多有價值的歷史文獻。「以『通史』觀念作『志』」一節，證明《漢書》的「志」貫通古史，擴展範疇，十分可取。「補充《史記》之不足」一節，主要以《史》、《漢》同時記載的漢初事跡作討論範圍。

《後漢書》「史料豐富」一節，證明其爲研究後漢的史料寶庫。「體例推陳出新」一節，說明其較《史》、《漢》更進一步的地方。「評價公正允當」一節，則與《三國志》相較，顯見其客觀真實。無怪乎前人以此書與《史》、《漢》合稱爲「三史」。[3]

《三國志》「迴護魏、晉」一節，說明作者有曲筆迴護魏、晉現象，乃現實環境不得不然，其次才是顧念蜀漢。「取材嚴謹」一節，讚揚《三國志》的史學長處。「裴注價值高」一節，說明《三國志》原文與裴松之注合刻在一起，同時閱讀裴注，有益於考史、評史。

文學篇部分，依前例分四章，討論各自發揮的文學藝術。《史記》「敘事技巧」一節，說明其敘述角度、故事組合，有戲劇效果及脈絡線索式處理的藝術成就。「人物形象塑造技巧」一節，討論司馬遷描摹人物的角度，由小見大的手法，注重人生轉折的世俗反應，以及對比、抱怨、同情的運用。「語言技巧」一節，說明其用典與記錄語氣的成功處。《漢書》、《後漢書》、《三國志》已逐步走向純史學的道路，因此泛論其文學成就時，皆僅就「敘事技巧」、「語言技巧」作說明。大致強調其敘事詳盡的寫作風格，以及言語靈活生動的現象。

1 《舊唐書》卷七一〈魏徵傳〉。

2 《穀梁傳・桓公五年》。

3 六朝以前，《史記》、《漢書》、《東觀漢記》合稱爲「三史」。唐玄宗開元以後，因《東觀漢記》失傳，乃以范曄《後漢書》代之，與《史記》、《漢書》合稱爲「三史」。參見清錢大昕《十駕齋養新錄・三史》。

撰述本書的過程中，發覺前賢評論集中在《史記》、《漢書》，二書的史學、文學成績各有千秋。期盼透過本書的導引，能讓讀者深入堂奧，明瞭四史的人物群相，及其史學、文學等方面的高度成就。

四史導讀 目次

參、史學篇

肆、文學篇

附錄

壹、導言

一、歷史知識的建立

睿智的人類，總有一番自我期許，希望追求人活在歷史中的最大意義，而不僅是渾渾噩噩地過日子而已。因此，人們會探討生命的意義，以及人存在於天地間的真正價值。在另一方面，人們對外在環境的變化不會無動於衷，他們有一份深切的感受，於是企圖從千古興亡的舊事裡，找出一些生存法則，進而指出人類努力的方向。關於這兩層意義的探討，司馬遷早已指陳史學家的使命在於：「究天人之際，通古今之變，成一家之言。」[1]因此，優秀的史學工作者，除了記錄歷史的軌跡之外，他更必須將現實世界變動萬千的史料，作一番深入的思考，通過生命哲學的詮釋，反映出當代人民的心靈智慧，引導人類文明走向一個全新的境地。

由此說來，「成一家之言」的歷史，必須先有「究天人之際，通古今之變」的認識與準備。歷史知識的建立有其客觀的基礎，是從具體的事實出發，探討其變動的過程，加以一番推論分析，而成為有系統的知識。客觀的「古今之變」，是史料、是文獻，是有待整理的文化寶藏，必須經過史家的取捨、斟酌，乃至「別嫌疑，明是非，定猶豫，善善惡惡，賢賢賤不肖，存亡國，繼絕

1 《史記・太史公自序》。

世，補敝起廢」[2]……等等，難免帶有主觀的判斷融合之後，才能成就「一家之言」，成爲可了解的歷史。是故，歷史的撰寫必有賴於史學工作者的努力，史家就在這些地方展現出他的「自主性」。

一般的新聞不是歷史，一切史料也不能被讀者生吞活剝地接受而成爲歷史知識，史學工作者才是歷史知識的最後來源。他秉持一種敬愛和理解的態度，對史料加以歸納、比較、分析、批判和解釋，竭盡心智，再用通暢流利的文筆，寫成有系統的歷史著作，供後人閱讀。因此，一本優秀史書的形成，先決條件在於作者必須爲具備優秀史觀及文筆的史學工作者；其必要條件則爲，在史書撰寫過程中，表露對人類生命過程的思考，提出深度的反省。就這方面而言，「四史」的作者：司馬遷、班固、范曄、陳壽等人，及其所完成的《史記》、《漢書》、《後漢書》、《三國志》，無論在建立史書體例方面，在文學敘事技巧、語言技巧方面，皆具備良史條件，稱爲中國傳統文史經典寶藏，亦當之無愧。

一、何謂「四史」

何謂「四史」？一般的理解是：《史記》、《漢書》、《後漢書》、《三國志》合稱爲「四史」，以其在中國正史的位置居前，也稱爲「前四史」。日人諸橋轍次《大漢和辭典》說：

唐以前，《史記》、前、後《漢書》曰「三史」，加《三國志》爲「四史」。清史珥著《四史勸說》十六卷。《輶軒語・語學・讀史》：「正史中，宜先讀四史。全史浩繁，從何說起？四史最要：《史記》、《漢書》、《後漢書》、《三國志》。」

由此可知，「四史」之名實通行於清朝。清仁宗嘉慶年間，梁玉繩（西元一七四五年～一八一九年）撰《史記志疑》三十六卷附錄三卷，錢大昭（西元一七四四年～一八一三年）撰《漢書辨疑》二十二卷、《後漢書辨疑》十一卷、《續漢書辨疑》九卷、《三國志辨疑》三卷，後人合此五書爲《四史辨疑》。至張之洞（西元一八三七年～一九〇九年）《輶軒語》鼓勵先讀四史，「四史」之名遂不脛而走。民初劉咸炘（西元一八九六年～一九三〇年後？）撰《太史公書知意》六卷、《漢書知意》不分卷、《後漢書知意》不分卷、《三國志知意》不分卷，後人亦合爲《四史知意》。坊間尚有《四史》、《四史精華》、《四史人名索引》……等書，得知「四史」備受世人看重。

讀三史的說法，古已有之。章炳麟〈中學國文書目〉說：「昭烈（劉備）課子，仲謀（孫權）教呂蒙，始用《漢書》三史，自是通史致用，遂爲通則。」而更能主張誦讀四史者，當推梁啟超《國學入門書要目及其讀法》：

2 《史記・太史公自序》。

《史記》、《漢書》、《後漢書》、《三國志》，俗稱四史。其書皆大史學家一手著述，體例精嚴，且時代近古，向來學人誦習者眾，在學界之勢力與六經諸子埒。吾輩爲常識計，非一讀不可。吾希望學者將此四史之列傳，全體瀏覽一過，仍摘出若干篇，稍爲熟誦，以資學文之助，因四史中佳文最多也。

綜上可知，四史開創史書的體例，與六經、諸子並列，有其學術價值；而四史有些佳作，可以當作範文而學習之，故而值得精讀熟誦。

三、「四史」作者與體例

四史的主要作者計有四位。

其一是司馬遷《史記》：

司馬遷（西元前一四五年~約前八六年），字子長，西漢左馮翊夏陽（今陝西省韓城縣南）人。生於景帝中元五年，約卒於昭帝始元元年，年六十歲左右。

《史記・太史公自序》記載：父談，「學天官於唐都，受易於楊何，習道論於黃子」；武帝建元、元封年間仕爲太史令，掌天文、測候、曆法，以及圖書的蒐集整理。司馬遷賡續父親的志業，十歲便能背誦古文，又受學於當代大儒，從孔安國學《古文尚書》，《漢書・儒林傳》說：

「司馬遷亦從安國問故。遷書載〈堯典〉、〈禹貢〉、〈洪範〉、〈微子〉、〈金縢〉諸篇，多古文說。」（《漢書》卷八八）又從董仲舒學《春秋》，《史記‧太史公自序》云：「余聞董生曰：『周道衰廢，孔子爲魯司寇……』」（《史記》卷一三〇）可見司馬遷曾向董仲舒習得《春秋》。董仲舒《春秋繁露‧玉杯》：「《詩》道志，故長於質。《禮》制節，故長於文。《樂》詠德，故長於風。《書》著功，故長於事。《易》本天地，故長於數。《春秋》正是非，故長於治人。」而《史記‧滑稽列傳》也說：「孔子曰：六藝於治一也，《禮》以節人，《樂》以發和，《書》以道事，《詩》以達意，《易》以神化，《春秋》以道義。」（《史記》卷一二六）這兩段內容不差上下，把儒家忠想表露無遺。

二十歲時，受父命遊歷天下山川，考察各地史跡，觀夫子遺風。三十四歲時，隨武帝到隴西，三十五歲時，從李息遠征巴蜀以南。三十六歲時，父談卒（西元前一一〇年），遺命著史。又二年，遷繼父業爲太史令，着手整理圖書資料。三十九歲時，開始撰寫《史記》。《西京雜記‧第六》說：「漢承周史官，至武帝置太史公。太史公司馬談，世爲太史，子遷，年十三，[3]使乘傳行天下，求古諸侯史記，續孔氏古文，序世事，作傳百三十卷，五十萬字。談死，子遷以世官復爲太史公。」

太初元年（西元前一〇四年），奉命與公孫卿、壺遂等五六十人改訂曆法，遷總領其事，將

3 此處「年十三」，據王國維〈太史公行年考〉，當從《史記‧太史公自序》改爲「年二十」。

當時隨月而訂的舊曆法，改爲配合農民生活需求的陰陽曆，爲中國曆學之一大革命。天漢二年（西元前九九年），李陵降匈奴，遷爲他辯護，觸怒武帝，治罪下獄。次年，下蠶室，受宮刑。時年四十七歲，而《史記》未就，忍辱以冀其成，雖在獄中，著書不輟。太始元年（西元前九六年）出獄，爲中書謁者令，仍續著書。征和二年（西元前九一年），作〈報任少卿書〉詳述生平及著書旨趣，《史記》一百三十篇大底寫成。後數年卒。

「史記」，本來是古史的通稱，司馬遷在自序中稱「太史公書」。《漢書·藝文志》作「太史公一百三十篇」，或稱「太史公記」，或稱「太史記」。《三國志·魏志·王肅傳》始稱此書爲《史記》。《隋書·經籍志》標立史部，首列《史記》一百三十卷。此後，學者皆採用《史記》之名。全書計五十二萬六千五百字，起自黃帝（西元前二六七四年），下迄漢武帝元狩元年（西元前一二二年），共記載二千五百餘年史事，貫串數代歷史，故爲「通史」。分成十二本紀、十表、八書、三十世家、七十列傳。本紀以敘帝王，世家以記侯國，表以譜年爵，書以詳制度，列傳以誌人。此例既立，後之作史者，遞相祖述，奉爲圭臬。

《史記》本紀有以「朝代」爲篇名者，有以「帝號」爲篇名者，唯獨〈項羽本紀〉以「人名」爲篇名，寫來類似列傳。這是因爲秦朝十五年而有楚，楚王五年而有漢，項羽有滅秦之功；楚漢相爭之際，秦已滅，而漢朝尚未建立，當時雖然立楚國義帝爲天下共主，但是代之而號令天下的實際人物是項羽，即使劉邦稱爲「漢王」也是項羽所封。所謂「政由羽出」，[4]項羽已有天子之實，只是無其名而已。太史公深深惋惜其帝業不成，肯定項羽爲當時實際掌權者，尊重歷史事實，也隱約有「不以成敗論英雄」的意味。

至於「表」是司馬遷在《史記》中創立的一種史書體例，是以表格的形式列出大事年爵，可對照同年月不同地點所發生的史事，表現某一時期的史事、人物的關聯變化。其中依時間長短而有世表、年表、月表，譬如〈秦楚之際月表〉，是寫秦二世在位時期到劉邦統一天下時期，短短八年之間，陳涉發難、項羽滅秦、劉邦稱帝，「號令三嬗」。時間雖短，但事件變化多端，所以按月來記述，稱爲「月表」。這篇「表」之前有一段太史公的序言，概括了秦、楚之際政治形勢的特點，回顧歷史上帝王統一天下的艱難歷程，分析漢高祖終於能稱帝的原因，一是因爲秦廢封建制度，自己也無諸侯守護；二是劉邦具備賢者的特質，能憤發有所作爲。其論點有獨到之處。「書」以詳述制度，討論禮、樂、律、曆、天官、封禪、河渠、平準等典章制度，明瞭其傳承演變。

〈世家〉乃《史記》體例之一，原意爲「世傳其家」的意思，記統治一地的國君，或有功於天子的諸侯；因此必須本身有封邑、子孫常世襲國土者，方才列入世家。孔子並無侯伯之位，而亦列入世家的原因，是因孔子爲教化之祖，萬世之師表，可以傳揚名聲於後世。司馬遷體認夫子地位的崇高，值得萬代學者同表欽敬，遂站在文化道統的立場，將孔子列爲世家，這真是不落俗套的奇見卓識！

4 《史記·項羽本紀》。

列傳誌人物，敘述人物生平事跡特詳，故為「紀傳體」。其紀傳寫法可分單傳／為某人單獨立傳、合傳／兩人或多人合寫在一起的傳、類傳／將行事作風相似或品格氣質相似者合寫的傳。類傳與合傳的不同，在於人物之間不一定有什麼聯繫。

此五項體例既定，後之作史者，遞相祖述，而不超出其範圍。古來注家甚夥，以南朝宋裴駰《集解》、唐司馬貞《索隱》、張守節《正義》最著，合稱「史記三家注」，日本瀧川龜太郎《史記會注考證》亦可參考。

其二是班固《漢書》：

班固（西元三二年～九二年），字孟堅，東漢扶風安陵（今陝西省咸陽縣東）人，生於東漢光武帝建武八年，卒於東漢和帝永元四年，年六十一歲。

班固出身書香世家，九歲能文，及長，博通典籍，與弟班超、妹班昭並有盛名。明帝時，受召為校書郎，官蘭臺令史，典校宮中藏書。和帝永元元年（西元八九年），大將軍竇憲出征匈奴，以固為中護軍，參議軍事，大獲全勝，撰〈封燕然山銘〉，[5]立碑以記勝利功績。永元四年，竇憲因逆謀造反，坐罪被誅；固受牽連，死於洛陽獄中。

班固父親班彪，曾採集前朝遺事，續《史記》作《後傳》六十五篇。父卒，固續父業作《漢書》，體例仿《史記》而略有改易。以西漢一代為斷，起自高祖（西元前二〇六年），終於王莽之誅（西元二三年），專記西漢一代十二世，二百三十年間史事，稱之為「斷代史」。全書分為十二紀、八表、十志、七十列傳，共百篇。因西漢實施郡縣制度，無分封諸侯，故去除「世家」

體例；又因書名爲《漢書》，改《史記》「書」例爲「志」。固死時，八表及〈天文志〉未成，和帝詔固妹昭就東觀藏書續成之；而〈天文志〉之寫定，昭門人馬續（馬融之兄）亦參與其事。故《漢書》凡經三世四手而成，博大詳密，精練典雅，在文學或史學上，與《史記》並峙。後世合稱二書作者爲「班馬」或是「馬班」。《晉書・陳壽傳論》有「丘明既沒，班、馬迭興，奮鴻筆於西京，騁直詞於東觀」之稱。清章學誠《文史通義・書教》也謂：「史氏繼《春秋》而有作，莫如馬、班，馬則近於圓而神，班則近於方以智也。」古來注解《漢書》數十家，以唐顏師古《集注》、清王先謙《補注》、民國楊樹達《補注補正》，以及清沈欽韓《漢書疏證》三十六卷、周壽昌《漢書注校補》五十六卷最有名。

其三是范曄《後漢書》：

范曄（西元三九八年～四四五年），字蔚宗，南朝宋順陽（今河南省淅川縣）人，生於東晉安帝隆安二年，卒於南朝宋文帝元嘉二十二年，年四十八歲。

祖父范寧曾任豫章太守，著有《春秋穀梁傳集解》十二卷，是今存最早的《穀梁傳》注解；父范泰曾爲中書侍郎，著有《古今善言》二十四篇。曄爲學問根柢深厚的文學家兼史學家，《宋書》本傳稱他：「博涉經史，善爲文章，能隸書，曉音律。」十七歲以後，走上仕途，先任冠軍參軍，入補爲兵部員外郎，不久出任荊州別駕從事使。元嘉九年（西元四三二年），因得罪權貴，

5 班固：〈封燕然山銘〉，《文選》卷五六。

外放宣城太守，不得志，自此寄情修史。博采魏晉以來各家關於東漢史實的著作，刪繁補略，撰為《後漢書》，記錄東漢歷史，為一家之言。而後陞官至左衛將軍，太子詹事。元嘉二十二年，范曄與魯國孔熙先合謀擁立彭城王義康，事洩，以謀反罪名遭誅。

據《隋書》、《舊唐書》之〈經籍志〉及《新唐書．藝文志》所載，范曄之前有關後漢史作者凡十一家，自其書成，諸家皆廢。其書以《東觀漢記》為主要依據，綜合各家之長，仿照班固《漢書》體例寫成。始於東漢光武帝（西元二十五年），止於漢獻帝（西元二二〇年），共一百九十五年。時已完成十紀、十志、八十列傳。因罪被收押，由謝儼代作之「志」，則因謝懼禍而遭毀。其實此書之撰寫，已晚於陳壽《三國志》一百多年。當時政局紛亂，經學瀕臨崩潰，范曄實欲借助人物傳記的形式，表述自己挽救國家頹勢的願景。因此記載許多東漢大臣與知名人物的生平傳記，並新創「黨錮」、「文苑」、「獨行」、「列女」等類傳，重視傳記中的「傳論」、「序論」以及「贊語」，又於紀傳中收錄大量政論、辭賦，使該書兼具一代文章總集的性質。其中范曄獨立於以經傳著名的〈儒林列傳〉之外，另立〈文苑列傳〉，顯見其重視文學的意識更為強烈，除了記錄杜篤、傅毅、王逸、趙壹等二十八位文學家傳記外，另外將文學成就及歷史影響較大，而且涉足領域更廣的文人學者，如張衡、馬融、蔡邕等特別設立專傳。清朝王鳴盛《十七史商榷》卷六一說本書在內容上：「貴德義，抑勢利；進處士，黜姦雄；論儒學則深美康成（鄭玄），褒黨錮則推崇李（膺）、杜（密）；宰相多無述，而特表逸民；公卿不見采，而惟尊獨行。」由於范曄自認《後漢書》有「精意深旨」，記錄主人公的性格、形象、活動反而不是很重要的事了。

南朝梁劉昭爲其書作注，採用西晉司馬彪《續漢書》八志（計三十卷）補足，後人合刊爲一百二十卷。結合之後，內容充實，體大思周，敘事峻潔，詞采綺麗，後世史家推許爲名作。今傳南朝梁劉昭注、唐章懷太子李賢注、清惠棟《後漢書補注》、王先謙《後漢書集解》最爲完備。

其四是陳壽《三國志》：

陳壽（西元二三三年～二九七年），字承祚，西晉巴西安漢（今四川省南充市北）人，生於蜀漢後主建興十一年，卒於西晉惠帝元康七年，年六十五歲。

陳壽少年好學，師事同郡譙周。曾任蜀漢東觀秘書郎、散騎黃門侍郎，後在晉朝舉孝廉，作佐著作郎，又遷著作郎（史官），兼本郡中正，出補平陽侯相，終於治書侍御史（監察官）。編有《諸葛亮集》二十四篇，又撰《三國志》六十五卷，寫魏、蜀、吳三國歷史。文筆質樸簡潔，條理明晰，時人稱他善於敘事，有良史之材。《晉書．陳壽傳論》指出：「自茲（《漢書》）以降，分明競爽，可以繼明先典者，陳壽得之乎？」南朝宋裴松之集合有關三國的大量資料，詳細注釋此書，史料更爲豐富。《三國志平話》、《三國演義》大多取材自《三國志》及裴松之注。南朝梁劉勰《文心雕龍．史傳》說：「及魏代三雄，記傳互出，《陽秋》、《魏略》之屬，《江表》、《吳錄》之類，或激抗難徵，或疏闊寡要，唯陳壽《三志》，文質辨洽，荀（勗）、張（華）比之於遷、固，非妄譽也。」清盧弼《三國志集解》，近人繆鉞《三國志選注》，稱得上是較佳的注本。

總結前文，將四史作者、體例及內容起迄時間列出簡表如下：

司馬遷	史記	十二本紀	十表	八書	三十世家	七十列傳	一百三十卷	通　史	紀傳體	黃帝至漢武帝
班　固	漢書	十二紀	八表	十志		七十列傳	一百卷	斷代史	紀傳體	漢高祖元年(前二〇六)至王莽地皇四年（二三）新朝滅亡
范　曄	後漢書	十紀		八志		八十列傳	一百二十卷	斷代史	紀傳體	漢淮陽王更始元年（二三）至漢獻帝建安二十五年（二二〇）
陳　壽	三國志	四魏紀				六十一傳	六十五卷 《魏書》三十卷 《蜀書》十五卷 《吳書》二十卷	斷代史	紀傳體	魏文帝黃初元年（二二〇）至吳末帝天紀四年（二八〇）

貳、人物篇

第一章　《史記》人物選析（上）

《史記》為一部通史，從上古時代直寫到本朝（漢武帝）的史事與人物。其跨越的時代長遠，人物眾多，因此本章先選析上古至夏商周三代的篇章，特別是東周的春秋戰國，其間諸多的英雄聖賢，《史記》所刻畫的，可謂栩栩如生，歷歷如繪，令人激賞。下一章則選析秦漢時代的篇章與人物。

第一節　帝　王

一、五帝

中國歷史悠久，上可推溯至五千年前的黃帝時代。《史記》第一卷〈五帝本紀〉，即敘述上古時代聖王——黃帝、顓頊、帝嚳、堯與舜五帝的事跡。

然而古史多疑，介乎神話與傳說之間，司馬遷如何葺補材料，建構古代聖王的治績與形象呢？

〈五帝本紀贊〉說明了他的方法與態度：一、參酌《尚書》、《春秋》、《左傳》及孔子之言；二、實地考察，拜訪耆老，與古書互相印證；三、取捨材料，「擇其言尤雅者」，切近事理的才取用，怪誕不經的就予以捨棄。在這麼嚴謹的編寫標準下，〈五帝本紀〉遂爲後世史家討論上古史的張本。

〈五帝本紀〉描寫天地山川、文物制度、以及五帝的性行德業，仁民愛物、化育天下、禪讓之德等，乃成爲後世政教的典範。而推崇黃帝爲中華民族的始祖，更是影響深遠，成爲中國人根深蒂固的文化觀念，人人皆以身爲黃帝子孫爲榮。（《史記》卷一）

二、夏

五帝之後，爲夏商周三代。夏代國祚約四百多年。《史記》卷二〈夏本紀〉著重的是禹治水的功德事跡，也記載禹傳位給兒子啟，開創君位世襲的傳統。夏朝的滅亡，可追溯自孔甲「好方鬼神，事淫亂。夏后氏德衰，諸侯畔（叛）之。」再三傳至桀，更不知務德愛民，於是諸侯盡歸於有德的商湯，夏亡而殷商興起。在本篇，司馬遷所欲彰顯的，仍是仁政愛民的政治德範，不仁者必失去天下。（《史記》卷二）

三、商

商代國祚約六百年，始祖契封於商，故名爲「商」。盤庚治於亳之殷地，故又稱「殷商」。

《史記》卷三〈殷本紀〉首先敘述簡狄吞鳥卵，因而孕生契的故事，可見司馬遷有意保留自古相傳的神話傳說。契輔佐禹治水有功，帝舜封之於商。而後傳十四世到成湯，其間凡遷都八次，湯定都於亳，勢力也開始壯大。湯以德服天下，最爲司馬遷稱揚，因此本篇一再以湯法、湯德爲楷模，成爲後世帝王的準繩。例如太甲「暴虐，不遵湯法，亂德」，故被賢相伊尹放逐到桐宮，經過三年，悔改向善，伊尹才迎接他回來，並且歸還了政權。又如盤庚，「行湯之政，然後百姓由寧，殷道復興。諸侯來朝，以其遵成德之德也。」

殷商的末世，帝甲、武乙皆淫亂、暴虐，帝紂更是變本加厲，因此招致滅亡。在本篇末段，司馬遷一則鋪寫紂王的無道，一則以周文王修德行善作對照，自然凸顯出「暴政必亡」的道理。〈殷本紀〉在寫作脈絡上，以「興」、「衰」二字作經緯，記殷商五興五衰之事理，簡質明晰，收束盡淨，值得深入研析。（《史記》卷三）

四、周

周代國祚甚長，西周、東周合計約七、八百年之久，《史記》卷四〈周本紀〉開篇，便敘述始祖后稷（名棄）不平凡的身世。后稷是母親姜原踩踏巨人腳印而孕生，又曾遭母親棄養，因此取名爲棄。棄幼時即對農事產生興趣，及至成長，教民稼穡，故帝堯命他爲農師，封於邰，號曰「后稷」，別姓姬氏。這段記載，也頗具神話色彩。

〈周本紀〉篇幅長，但可酌分爲兩大部分，前半部評述西周歷史，後半部則以提綱挈領的方式，交代東周時代，春秋戰國的興替。在西周部分，司馬遷歷舉自公劉、古文亶父、公季、文王、武王、召公、畢公、康王與宣王等賢君，以見周室相繼不衰的道理；而幽王嬖愛褒姒，暴虐淫亂，導致犬戎入侵，於是西周滅亡。在治亂之間，司馬遷試圖找出歷史的法則，那就是仁德必興，暴虐必亡。東周部分，雖然筆法簡要，但配合相關的世家、列傳、書、表等，體例仍相當完備。（《史記》卷四）

第二節 諸侯

一、吳太伯世家

〈吳太伯世家〉記太伯身爲長子，知弟季歷賢，因此俯順父志，讓國季歷，隱遁於荊蠻之地，成爲句吳之君。其後二十世，季札賢明知政，卻固辭不肯受國，蓋有得於太伯遺風。以此看來，太伯、季札的高風亮節，正是司馬遷所推崇的：行禮適義，讓賢息鬥，這也是司馬遷所欲抒發的政治理想，因此把〈吳太伯世家〉列爲世家第一。

〈吳太伯世家〉也記載了太伯轉到南方的荊蠻之地生活，並且紋身、斷髮，是爲了讓季歷繼承周天子的地位，且自稱居住的地方爲句吳，此後自成一個小天地。後來吳王夫差的歷史，由此展開，對於吳越兩國之間的強弱興替，也寫得詳細，配合〈越王句踐世家〉，可明瞭「吳越春秋」

的始末。夫差爲父王闔廬報仇的決心，令人激賞；越王句踐臥薪嘗膽、雪恥復國的作爲，也博得司馬遷推崇，因此在〈越世家〉部分，特別標注句踐之名。（《史記》卷三一）

二、齊、魯世家

齊爲周室功臣太公望呂尚之後，地處今山東半島北部，得魚鹽之利，工商業也很發達。齊是春秋時代的大國，桓公得賢相管仲，倡「尊王攘夷」，首創霸業。其後四傳至景公，得晏嬰，國勢復強。然而，管仲亡後，桓公寵幸佞臣，落得尸蟲出戶的悲慘下場，霸業遂荒。晏嬰卒，齊亦因無良臣而終至亂亡。司馬遷在〈齊太公世家〉最稱許太公聖德、桓公善政，肯定齊國「洋洋哉，固大國之風也！」。（《史記》卷三二）

魯爲周公之後，其地當今山東南部，兼涉蘇北一隅之地。魯與齊國土相接，但國弱民貧，因此經常畏齊而附晉。〈魯周公世家〉前敘周公輔政之德，而後伯禽變俗革禮，平定徐戎，可稱爲魯之盛世。伯禽以下，則僭殺淫亂之事屢見，故司馬遷引孔子之言，感歎「甚矣魯道之衰也！」然而周公制禮作樂，魯國文風蔚盛，〈吳太伯世家〉記季札聘魯，得觀周禮，可見魯國雖然爲弱國，但有保存禮樂之功。魯國畢竟是禮樂之邦，這在〈孔子世家〉更可找到印證。（《史記》卷三三）

三、晉、趙世家

〈晉世家〉爲世家中篇幅最長者，蓋以其國大、事繁之故。本篇述文公重耳事幾佔全篇之半，多取自《左傳》、《國語》，驪姬惑獻公、重耳出亡、重耳歸國立爲文公、文公霸諸侯、介之推不言祿等事，都相當生動精彩；趙盾、董狐不畏強權，盡忠職責，祁傒外舉不避仇、內舉不避親等事，也都是司馬遷著意標舉之點，足資讀史者鑑戒。（《史記》卷三九）

晉國將亡，三家分晉，立爲韓、趙、魏三國。〈趙世家〉爲戰國世家最可觀者，內容由趙氏先祖寫起，以明與晉世家之淵源。趙衰佐助晉文公返國及霸、趙盾殺靈公兩事，則語較簡略，可參看〈晉世家〉；但本篇對於趙盾之行事與爲人，則有較正面的描寫，力表其忠心與仁德，以見盾弒靈公，非爲私而爲公。

屠岸賈滅趙氏，程嬰、公孫杵臼、韓厥等人救之。此即後世戲曲「趙氏孤兒」的張本。在司馬遷筆下，以緊湊的對話塑造出危急的情勢，也充分表露嬰、杵臼、厥等人的才智擔當，這已經超越史事的記載方式，近乎小說的筆法了。

此外，武靈王胡服騎射之議，變法改制成功；蘇厲止趙伐齊、觸龍悟太后等事，也都行文奇勝，相當耐讀。（《史記》卷四三）

四、楚世家

楚國位居江淮流域，距中土最遠，在諸侯中爵位最低，也被華夏人士斥爲「南蠻鴂舌之人」。但楚國土遼闊，國勢強盛，中原諸侯對楚只能消極的守，而不能積極的攻。能與之周旋的只有強秦，但「亡秦必楚」的傳言，也說明了楚國不可小覷。這是政治上勢力抗衡的情況。楚人也自有其文化，而且水準頗高，北有《詩經》，南有《楚辭》，屈原、宋玉之輩，更顯示楚文化的豐富成就。故司馬遷立〈楚世家〉一篇，出之以史家客觀而獨到的眼光。

〈楚世家〉所記，以莊王最爲英明仁義。靈王、平王、懷王三君皆昏昧無道，幾至亡國。楚亡於秦，係由於政治上受欺被辱，而後軍事上兵敗地削，至再至三，因此積怨日深，楚之父老，莫不以報秦爲志。此應與〈秦本紀〉、〈秦始皇本紀〉、〈屈原〉、〈張儀〉列傳各篇合觀，更能了然於胸。（《史記》卷四十）

五、孔子世家

〈孔子世家〉雖屬變例，但司馬遷在〈太史公自序〉及本篇贊語已說明置孔子於世家的用意。孔子繼承中國文化傳統，爲後人尊崇宗法；其傳嗣久遠，也勝過歷代任何一個世家。由布衣而擢爲世家，唯孔子適宜。

本篇以《論語》各章孔子言論行事，依時序散入全篇，由此可推究孔子思想脈絡，和《論語》互相印證配合，更可了解孔子形象的全貌。在孔子相魯與去國的部分，司馬遷寫得最詳細，蓋以其出處繫天下之興衰，非特關係魯國而已。司馬遷還曾經親往魯國孔廟，觀看儒生習禮，爲之「低回留之不能去云」，可說嚮往之至。因此他作《史記》，也多處徵引孔子之言，「可謂至聖」的贊語，表現了他對孔子最高的推崇，也是後人稱號孔子爲至聖的起源。〈孔子世家〉的贊語，是

篇優美的短文，《古文觀止》有收，詳見本書附錄的賞析。（《史記》卷四七）

第三節 文臣賢士

一、伯夷、叔齊

〈伯夷列傳〉爲《史記》列傳第一篇，不僅因其時代最早，也因爲他們讓國奔義的高風亮節，最得司馬遷讚賞，和〈吳太伯世家〉列爲世家之首，有相同的旨趣。

〈伯夷列傳〉以伯夷、叔齊互相讓位的故事爲首，而以許由、卞隨、務光、顏淵等人的事跡爲旁襯。在本篇中，司馬遷頌揚夷、齊爲舉世混濁的「清士」，如松柏之後凋；但他也感歎，若不是孔子稱揚，夷、齊也可能在歷史洪流中被堙沒。他又說，「由此觀之，怨邪？非邪？」、「余甚惑焉，儻所謂天道，是邪？非邪？」這種夾敘夾議的筆法，正是本篇最耐人尋味的地方。深究而言，司馬遷既欽慕夷、齊的德行，但也懷疑天道是否可信，爲之悲慨，更聯想自身痛苦的遭遇，因此寄託豐富的情感，抒發內心的悲切。「君子疾沒世而名不稱焉。」「貪夫徇財，烈士徇名，夸者死權，眾庶馮（憑）生。」這種千古流芳的美名，正是司馬遷以史家的身分爲夷、齊定位，也是他個人的最終理想，而後人讀本傳，也將受此激勵而鼓舞，把聲名榮譽視爲人生最寶貴的東西，值得努力追求維護。（《史記》卷六一）

二、老、莊、韓非

〈老子韓非列傳〉寫春秋道家老子、戰國道家莊子、法家申不害、韓非四人。因莊、申、韓都推本老子，所以與老子合傳。本篇詳述了老子的姓氏里籍與後嗣，同時也記載孔子問禮於老子的事情。至於老子學說與儒家學說相牴觸處，司馬遷以爲是「道不同不相爲謀」。莊子部分，則指出莊子書中多寓言之作，其人則崇尚自由自在的生活，不願受千金卿相的誘惑，成爲一隻待宰的犧牛。記申不害較簡，記韓非則詳，這是因爲司馬遷對於韓非的遭遇特別有所感慨：「余獨悲韓子爲〈說難〉而不能自脫耳。」韓非爲人口吃，不能道說，而善著書。他喜好刑名法術之學，諫韓王時，即已提出「以爲儒者用文亂法，而俠者以武犯禁」的論調，主張要修明法制，才能養其所用、用其所養。但韓王並未採納，倒是秦王看了他的〈孤憤〉、〈五蠹〉，十分欣賞，想要吸收這個人才。當韓非出使秦國，秦王卻聽信李斯的讒言，下令韓非服藥自殺。像這樣的結局，豈是韓非著書立說時料想得到的呢？也難怪司馬遷爲之同感痛切：〈說難〉歷歷陳述游說之道的難處、危處，而其本人卻無法擺脫使秦的險厄，真是造化弄人。（《史記》卷六三）

此外，戰國初期的法家代表公孫鞅，也有〈商君列傳〉（《史記》卷六八），這篇文章有述有論，頗能傳達司馬遷對法家的看法：「刻薄」、「少恩」。

三、孟子、荀子

東周時代，諸子百家興起。儒家者流，當以孟子最能繼承孔子的精神。〈孟子荀卿列傳〉以孟子爲主，正是司馬遷尊崇儒家的表現。在本篇中，首先提示孟子義利之辨，以孟配孔，成爲後世孔孟並稱的源始。而後寫鄒衍、淳于髡等十五人，皆作孟子之反襯，凸顯孟子不苟合世俗的形象。寫荀子，則恰可與孟子作對照，明瞭儒家學說的兩種宗法。而本篇對於戰國學術之發展，也頗有提綱挈領之效用。（《史記》卷七四）

此外，〈仲尼弟子列傳〉，爲孔門七十七賢士的合傳，顏回、子路、子貢……等均包含其中。這些弟子克己復禮，講授經典，傳承文化道統，對後世啟迪甚多，因此司馬遷參考《論語》和其他史料，特爲之立傳，也可見其彰顯儒學的用意。（《史記》卷六七）

四、齊相與秦相

宰相輔佐人君，自應是才德兼備的賢士。春秋時代的管仲、晏嬰都是齊相，〈管晏列傳〉便是二人的合傳。本篇作法，側重其人軼事，管、鮑之交，足爲後世友誼典範；晏子御者妻賢，烘托出晏子至德，這都可以因小見大，看出管、晏其人的面貌精神。司馬遷推許管仲賢能，更仰慕晏子見義勇爲、諫君盡忠的德行，因此說「假令晏子而在，余雖爲之執鞭，所忻慕焉。」孔子之外，《史記》最肯定的春秋時期人物，就是晏子了。（《史記》卷六二）

秦國多能士，秦相樗里子、甘茂、穰侯魏冉、范雎、蔡澤皆有傳記。魏冉任白起，破魏圍梁，使秦地向東擴張，威震諸侯。范雎、蔡澤並天下雄俊辯士，兩人學術相當，有蘇秦、張儀之風。

范雎倡遠交近攻之策，蔡澤助秦東收周室，二人大有功於秦，而最終二人也都能推賢讓位，明哲保身，比一般游說策士更有風範。（《史記》卷七一、七二、七九）

五、戰國四公子

戰國人物中，四公子各有其精神風貌。其傳記：〈孟嘗君列傳〉、〈平原君虞卿列傳〉、〈魏公子列傳〉、〈春申君列傳〉四篇，皆爲精采生動的好文章。齊公子孟嘗君田文，歷相齊昭王、齊湣王、魏昭王，開公子養士風氣之先。其門客最雜，不乏雞鳴狗盜之徒，但卻在他出使秦國時，爲之解危。魏子、馮驩可算是有才之士，兩士爲孟嘗君收租稅與債券，雖然沒有實際收回，卻爲孟嘗君累聚政治資本，提高他的聲望。但是孟嘗君「好客自喜」，品格不高；受封的薛地，更多「暴桀子弟」，民風強悍，一般讀史者也都指斥他爲私計殘害家國，爲齊之奸魁，這是不可不知的。

趙公子平原君趙勝，趙惠文王之弟，相惠文王及孝成王。他曾經爲了取信於門客，殺掉自己所愛的美人。秦圍邯鄲，趙王派遣平原君到楚國商量合縱抗秦。平原君挑選二十位門客同往，有個叫毛遂的人，自我推薦，果然表現優異，建立大功，楚答應出兵救趙。而後邯鄲告急，平原君聽從李同的建言，散其財貨美女以饗士卒，乃得敢死之士三千人，會同楚、魏的救兵，共同打敗秦軍，保住了邯鄲。游說之士虞卿想要爲平原君向趙王請封，公孫龍力勸不可，平原君接納了公孫龍的意見。總括來看，平原君也頗能察納雅言，以忠君愛國爲念。司馬遷說他是「翩翩濁世之佳公子也，然未睹大體。」這是因爲他曾聽信馮亭邪說，耽誤長平之戰的時機，趙幾乎因此滅亡。可見司馬遷的論斷是公允的。（《史記》卷七六）

魏公子信陵君無忌，魏安釐王異母弟也。〈魏公子列傳〉爲此四篇中最膾炙人口者，在這個人物身上，司馬遷寄託了社會政治的理想。「禮賢下士」是信陵君最受褒揚的精神，透過隱士侯嬴、屠夫朱亥、賭徒毛公、賣漿者薛公等人，顯示了信陵君是個寬和謙遜、卓有遠見的政治家，他的才氣風度，可說是四公子之冠。信陵君禮遇侯嬴這段，最可看出他們賓主之間的誠懇交誼；侯嬴是大梁城東門的守門者，年已七十，信陵君親往迎接，侯嬴故意傲慢，藉此考驗他的誠意，也襯托出信陵君能夠禮賢下士。魏安釐王二十年，秦圍趙邯鄲，信陵君姊嫁作趙平原君夫人，再三修書求救。侯嬴獻計，請魏王寵妾如姬盜符，朱亥椎殺晉鄙，使信陵君得以順利調動軍隊，退秦救趙。侯嬴因年老不能隨行，就在預計信陵君功成之時，北向自刎，以報答知遇之恩。侯嬴立功後自刎而死，更體現了「士爲知己者死」的精神，表露其崇高的價值觀念。

信陵君流亡在外十年後才回國，卻又因賢能而遭到魏王猜忌。病酒四年後謝世，而魏王也在同一年去世。秦乘機攻討，魏終於爲秦所滅。司馬遷在傳末說：「天下諸公子亦有喜士者矣。然信陵君之接巖穴隱者，不恥下交，有以也。名冠諸侯，不虛耳。高祖每過之，而令民奉祠不絕也。」可見信陵君在後世仍享有很高的聲譽。（《史記》卷七七）關於這篇列傳的分析，可參見本書附錄。

楚相春申君黃歇，事楚頃襄王，因幫助質押在秦國的太子逃回國內登基，不惜賭上性命，因此楚考烈王即位，拜爲首相，封春申君。春申君使秦，上書秦昭王一事，爲全篇的重點，文章曲折，事理明晰，值得欣賞。但春申君門下，競以奢豪相誇，空有養士之名，卻無可用之才。朱英可算是人才，但春申君不信其言，終於死在李園手下。故司馬遷曰：「初，春申君之說秦昭王，及出身遣楚太子歸，何其智之明也！後制於李園，旄矣。語曰：『當斷不斷，反受其亂。』春申君失朱英之謂邪？」（《史記》卷七八）

六、蘇秦、張儀、魯仲連

戰國時代，逐漸崛起得勢的是縱橫家。他們以術數游走於諸侯之間，例如蘇秦說六國連合以拒秦，張儀說六國背縱約而親秦，使得整個戰國的歷史舞臺，無時不在活動，爲名爲利，爲大我或爲個人，處處都有機運，只要懂得把握，便可開創一番局面。〈蘇秦列傳〉與〈張儀列傳〉兩篇最精彩的，就是二人游說各國的言詞。蘇秦之說六國，大底各因其情而說之。例如說韓王，先分析韓之地勢天險，足以抵擋秦國，再論秦之貪得無饜，韓須一再割地，應付無窮，此皆爲人君之羞辱也：使韓王聞之「勃然作色，攘臂瞋目，按劍太息」，誓不事秦，願與趙王行合縱之策。而張儀的論點，則多貶其國弱，復以強秦威脅。例如說韓王，先說韓地險惡山居，稻穀欠收，民兵疲弱，再誇大秦之兵馬強大，驍勇善戰，秦之攻韓，「無異千鈞之重於鳥卵之上，必無幸矣。」使得韓王聽從其計。

但是蘇秦、張儀之輩，大體以自身利祿爲重，並不能真正爲天下大勢著想，他們苦學有成，口若懸河，司馬遷卻說他們是「傾危之士」，斥責其險詐的居心和權術。因此他們屬於政客者流，而非高明的政治家。（《史記》卷六九、七十）

至於像魯仲連之輩，才是真正的「天下士」，好急難，輕爵富，完全爲天下公義奮鬥。〈魯仲連鄒陽列傳〉所寫的齊賢士魯仲連（鄒陽爲西漢人），正是正義之士的代表。仲連游於趙，爲趙卻秦，「義不帝秦」之說，反覆指陳，慷慨激昂。齊田單克復聊城，也是仲連射書燕將，瓦解其軍心士氣而奏功。可貴的是，兩次戰爭之後，仲連都不肯接受封贈，以爲那是「商賈之事也」，「寧貧賤而輕世肆志焉」，因此司馬遷嘉許他：「然余多其在布衣之位，蕩然肆志，不詘於諸侯，談說於當世，折卿相之權。」（《史記》卷八三）

七、屈原

戰國時代的屈原，也是一位品德高尚的忠臣賢士。他是楚懷王的大夫，博學多聞，明於治亂之理，多所建言。但楚懷王先後聽信於上官大夫、靳尚及寵妾鄭袖，罷黜屈原，不用其策，最終中了秦國的計謀，死於秦而歸葬。其長子頃襄王立，以其弟子蘭爲令尹，仍不接納忠言，並且斥責而放逐之，屈原遂自投汨羅江以死。在〈屈原賈生列傳〉裡，司馬遷處處爲屈原抱不平，認爲「信而見疑，忠而被謗，能無怨乎？」並且推崇他「其志絜（潔），其行廉」、「雖與日月爭光可也。」因此本篇特別載錄了屈原的〈漁父〉、〈懷沙〉二作品，以伸張屈原之志節，論〈離騷〉，也特別能夠揭示屈原的忠忱抱負，令人省識其忠愛之心。（《史記》卷八四）

第四節 武將豪傑

一、伍子胥

〈伍子胥列傳〉集中筆力寫武員（子胥）的剛戾個性，他憑著這股不可阻擋的銳氣，從楚國逃奔吳國，並且發動吳兵伐楚，爲父報仇。又覺得不足以消氣，乃鞭打楚平王屍骨，確實勇不可挫，但也令人不寒而慄。楚臣申包胥曾派人勸告伍子胥，子胥卻說「吾日莫（暮）途遠，吾故倒行而逆施之。」表示他報仇心切，遑顧常理，直到申包胥向秦國救援，楚國才得以解圍。伍子胥輔佐吳王夫差，直言勸諫，力主伐越，甚至於觸怒夫差，賜劍自刭而死。臨死前，他還理直氣壯地說：「抉吾眼縣（懸）吳東門之上，以觀越寇之入滅吳也。」一個人殉身仍不改其志，真可謂具有忠孝大節，司馬遷說他：「隱忍就功名，非烈丈夫孰能致此哉？」烈丈夫一詞，恰恰說明伍子胥的人格特質，唯「烈」字方足以涵括。（《史記》卷六六）

二、白起

秦將白起、王翦皆善用兵，故司馬遷將兩人合傳。白起事秦昭王（王翦事秦始皇），文中特別詳述伐趙長平一戰，戰況激烈，趙軍傷亡慘重，白起挾詐降卒而盡阬殺之，凡四十萬人；總計前後斬首虜四十五萬人。白起爲秦戰勝攻城七十餘座，最後卻被秦相應侯進言離間，因此稱病乞歸。諸侯攻秦，秦王復召白起，白起赴任，卻落得「怏怏不服」的罪名，賜劍自裁。白起臨死前，自問何罪于天而至死，良久，說：「我固當死。長平之戰，趙卒降者數十萬人，我詐而盡阬之，是足以死。」遂自殺。司馬遷這一筆，對於好戰嗜殺者，有儆戒之意。（《史記》卷七三）

三、樂毅、田單

燕將樂毅，好兵有賢名。據〈樂毅列傳〉所述，他的先祖樂羊，爲魏文侯將，封於靈壽。樂毅先受到趙人的賞識，而後適魏。當時齊國強大，燕國受制於齊。燕昭王屢思報復齊國，於是廣招賢者。樂毅爲魏王出使燕國，燕昭王極力延攬，視他爲亞卿。燕昭王問伐齊之事，拜樂毅爲上將軍，率領趙、楚、韓、魏、燕五國之師合縱擊齊，破齊七十餘城，雪燕先王之恥。此時唯莒、即墨二城不下，齊將田單出奇計、使離間，燕昭王子惠王果然懷疑樂毅有私，派遣騎劫代之。齊收復都城臨淄。燕惠王後悔前事，又恐樂毅歸趙伐燕，便派人向樂毅請罪。樂毅上書表明心跡，力陳自己仍惦記先王恩德，雖託身外國，亦不敢有二心。於是燕惠王再任其子樂閒爲昌國君，樂毅也往來於燕、趙之間，兩國都待之爲客卿。樂毅最後死在趙國，其一生進退有節，不失大將之風。樂毅所寫的〈報燕惠王書〉爲古文名篇，言詞溫厚懇切，後人將之與諸葛亮〈出師表〉相提並論。（《史記》卷八十）

〈田單列傳〉記的是齊將田單。燕昭王使樂毅伐破齊城七十餘座，唯莒、即墨不下。齊國幸賴田單奇謀良策，而保住二城，反敗爲勝。田單教族人以鐵籠護車軸自安平脫險，東保即墨。又善用反間計、心理戰術，使燕王陣前換將，燕軍士氣鬆懈，再以「火牛陣」突圍，終於擊潰燕軍，收復七十餘城，迎襄王還都聽政。田單的奇計，甚得司馬遷讚賞，說：「兵以正合，以奇勝。善之者，出奇無窮。奇正還相生，如環之無端。夫始如處女，適人開戶；後如脫兔，適不及距：其田單之謂邪！」（《史記》卷八二）

四、廉頗

〈廉頗藺相如列傳〉記載趙將廉頗、首相藺相如，以及賢臣趙奢、李牧，四人合傳。本篇以廉頗爲重心，貫穿前後，烘托其四人沈毅果敢，致身國家之急的情操。廉頗爲趙伐齊，以勇氣聞於諸侯。相如使秦，「完璧歸趙」、「澠池之會」，都顯現他智勇雙全。但廉頗以爲相如徒有口舌之能而官拜上卿，羞在其下，揚言必當面羞辱相如。相如知其怨，屢避其鋒，終於相對時，乃表明「先國家之急而後私讎也」的心跡。廉頗頓時開悟，肉袒負荊，登門謝罪。兩人遂成爲刎頸之交。廉頗善戰，攻齊、拔魏多所建功。秦攻長平，趙王聽信秦之離間，撤換廉頗，代以趙括。括兵敗城破，亡兵四十五萬。後六年，燕趁虛擊趙，廉頗爲將，大破燕軍。再六年，又伐魏之繁陽，拔之。趙悼襄王立，使樂乘代廉頗。廉頗奔魏，居大梁久之，魏不能信用。趙王想再重用廉頗，廉也有此意。但趙王使者受廉頗之仇人郭開賄賂，向趙王稟報：「廉將軍雖老，尚善飯。然與臣坐，頃之三遺矢（案：數次便屎之意）矣。」趙王聽了，以爲廉頗老不堪用，就不召見。楚國派人迎請廉頗。廉頗在楚，未建立戰功，他說：「我思用趙人。」廉頗最後死在壽春縣。其一

生為趙國盡忠，是一名良將。而知過能改，也代表他具有豁達的胸襟。（《史記》卷八一）

此外，春秋時代的兵家，因擅兵法謀略，為諸侯所倚重者，也屬奇能異士，司馬遷嘗為之作〈孫子吳起列傳〉（《史記》卷六五）。其中寫孫武能訓練宮女，吳起「與士卒最下者同衣食，臥不設席，行不騎乘」，復能吮士兵傷口而得軍心等，帶兵各有所長。又附及孫臏、龐涓二人系出同門而相殘的故事，用心出招險惡，聳人聽聞，也足以昭後世炯戒。這篇文章也能傳達司馬遷的史家見解。

第五節　女性、社會群相

在先秦部分，《史記》並無特別為女性撰寫的篇章。但妲己、褒姒則是大家所熟悉的。

一、妲己

〈殷本紀〉記載：「帝紂……好酒淫樂，嬖於婦人。愛妲己，妲己之言是從。於是使師涓作新淫聲，北里之舞、靡靡之樂。……大冣（聚）樂戲於沙丘，以酒為池，縣（懸）肉為林，使男女倮（裸）相逐其閒，為長夜之飲。」據《索隱》，《國語》云：妲己為有蘇氏之美女。妲己受紂王寵幸，共逐酒色聲樂，因此導致「百姓怨望而諸侯有畔（叛）者」，於是紂王變本加厲，「乃重刑辟，有炮烙之法」，終因淫亂暴虐而亡國。武王伐紂，作〈太誓〉告於眾庶：「今殷王紂乃用其婦人之言，自絕于天，毀壞其三正，……乃斷弃其先祖之樂，乃爲淫聲，用變亂正聲，怡說（悅）婦人。故今予發，維共行天罰。」如此，亡國之罪全在妲己身上了，妲己也因此成爲歷史上「紅顏禍水」的第一人。（《史記》卷三、四）

二、褒姒

〈周本紀〉云，幽王三年，見褒姒而愛之。褒姒生子伯服，於是廢申后及太子，以褒姒爲后，伯服爲太子。太史伯陽馬上說：「禍成矣，無可奈何！」褒姒最大的罪狀，就是讓周幽王以烽火臺開玩笑，無事舉火，令諸侯匆忙趕到，白忙一場，從來不笑的褒姒才開懷大笑。爲博得美人一笑，周幽王一再玩這個把戲，終於失信於諸侯，等到犬戎伐周，幽王舉烽火徵兵，已經無法取信諸侯。救兵不至，幽王被殺，犬戎虜褒姒，盡取周賂而去。如是，褒姒也成爲禍國殃民的禍首。（《史記》卷四）

至於在吳越爭霸中，占有關鍵地位的西施，則不見於《史記》，也不見於其他正史。西施屬於民間傳說人物，經過渲染附會，乃成爲越國進貢給吳國的美女，迷惑吳王夫差，使越王句踐破吳復國。

三、刺客

〈刺客列傳〉所記刺客，以武術行刺，不同於戰場上的征伐，但其中也有出於公義，名垂千古者。司馬遷此篇所著重的，便是刺客仁勇雙全、爲知己而死的烈士之風。本篇共記五人：曹沫、專諸、豫讓、聶政及荊軻。曹沫劫齊桓公返魯侵地，專諸爲公子光進炙刺吳王僚，豫讓感智伯「國士」之知，殘身苦刑刺趙襄子，聶政受嚴仲子百金之惠，刺韓相俠累，荊軻爲燕太子丹刺秦始皇；其中只有曹沫大功告成，但成敗無損於價值意義，他們坦然光明的心志，果敢勇毅的精神，足以流芳後世，爲人頌揚。（《史記》卷八六）其中關於荊軻故事的分析，詳見本書附錄〈荊軻的能耐〉一文。

四、循吏

循吏者，奉職循理，持正不阿，體國恤民之官吏。司馬遷以爲這樣已經可以治民了，不需要嚴刑酷法，因此特別作〈循吏列傳〉，記春秋時代孫叔敖、子產、公儀休、石奢、李離五人。孫叔敖，楚相，施教導民，上下和合，風俗淳美。子產，鄭國大夫，後爲丞相。爲相第一年，使年少者不嬉戲，年老者不勞力，第二年，商人買賣不會臨時更改價錢；第三年，夜不閉戶，路不拾遺。治績優良，深得民心，已近大同世界。治鄭國廿六年，去世時，全國人民都痛哭傷心。公儀休，魯博士，以高第爲魯相。奉法循理，使百官自正，不與民爭利。石奢，楚昭王相，正直廉明。其父殺人，縱其父而自縛請罪。王欲赦免，不願不孝不忠而苟活，自刎而死。李離，晉文公獄官，因誤判而致民死罪，是自請處斬。文公欲寬宥之，李離堅持自己有虧職守，伏劍而死。（《史記》卷一一八）

春秋時代的循吏，可和漢代的酷吏作一對照。司馬遷寫循吏不及於漢朝人，可見其反對嚴刑酷法的用心。〈循吏列傳〉的導讀賞析，可再參見本書附錄。

五、滑稽者

〈滑稽列傳〉收錄淳于髡、優孟與優旃三人，東方朔爲褚少孫所補。司馬遷認爲這些滑稽多之士，「談言微中，亦可以解紛」，因此爲之立傳。淳于髡事齊威王，見國君沈緬於淫樂酒色，因諫以「國中有大鳥」云云。齊威王回答：「此鳥不飛則已，一飛沖天；不鳴則已，一鳴驚人。」後果振作奮發，使齊成爲強國。優孟事楚莊王，王愛馬，寵幸過於人。馬病肥死，還爲它舉行大夫級的喪禮。優孟故意附和其意，並建議以國君之禮厚葬之。王才幡然了悟「賤人而貴馬」的罪過。孫叔敖死，優孟還穿上他的衣冠，假扮爲孫叔敖，提醒王封賞孫叔敖子。優旃是個侏儒，事秦始皇。他曾爲守衛者抱不平：「汝雖長，何益，幸雨立。我短也，幸休居。（你這麼高，有何用，還不是在雨中站崗。我雖然矮小，還可以在室內休息。）」始皇聽了，才允許他們輪班替換。始皇想擴大苑囿，優旃說：「善。多縱禽獸於其中，寇從東方來，令鹿觸之足矣。」始皇因此作罷。這樣的言談舉止，看似詼諧可笑，似是而非，但能夠發揮警醒君王的作用。這正是司馬遷所嘉許的。（《史記》卷一一六）

六、醫者

〈扁鵲倉公列傳〉記扁鵲、倉公行醫，後人以為本篇實為醫方，關乎民生。扁鵲，渤海郡鄭人，姓秦氏，名越人。「扁鵲」，似乎是春秋當時對醫者的通稱。扁鵲得長桑君秘方，因此精通脈理。曾治好趙簡子昏睡五日的怪症，又以針炙治好虢國太子。見齊桓侯，直言桓侯有疾，桓侯不信，如此者三。第四次，扁鵲望見桓侯即退走，覺他已病入骨髓，難以醫治。過了五天，桓侯果然病倒，但扁鵲已經離去，桓侯不治而死。扁鵲確實醫術高明，今中醫脈理之學，起始於扁鵲。倉公為漢代人，後文再述。（《史記》卷一〇五）

第二章　《史記》人物選析（下）

戰國末，秦王政兼併六國，統一天下。於是尊號稱帝，曰始皇帝，世稱秦始皇。然其國祚甚短，傳至二世三年而已，前後僅十五年。楚漢相爭，項羽敗，劉邦建立漢朝，是爲高祖，自高祖歷惠、文、景至武帝，即所謂漢初時代。這也是《史記》所涵括的最終年代。

第一節　帝　王

一、秦始皇

秦始皇憑藉秦孝公以來六世之餘烈，故能完成統一大業。有關秦六世的歷史，可參考〈秦本紀〉。〈秦始皇本紀〉記始皇與二世，兩相對照，益顯現秦始皇開國帝王的規模氣象，二世則爲末世敗亡的衰頹氣氛。司馬遷對秦始皇的形象刻畫，相當客觀公允。不因其爲一代暴君，而抹滅他在制度上的改革與建樹，但於其暴虐專橫，也有深切的指責。尤其加強描寫其晚年時孤獨恐懼的心理，更捕捉了強横者內心軟弱的一面，相當富有人性。

秦始皇少年即位，但成年之後，立即剷除舊勢力，並開始興兵征戰，曾至趙國邯鄲，對昔日他在趙國時有仇怨者，一律阬殺。大梁人尉繚說秦始皇是個「少恩而虎狼心」的人，「誠使秦王得志於天下，天下皆爲虜矣。」誠如其言。至兼併六國，定六國罪案，其文詞剛戾，絕無惻隱之心，充分表露其横暴的心態。而後五度巡行天下，刻石六座，也都顯示其專斷霸權的帝王作風。

秦始皇晚年，採信方士之言，祈求長生不死藥。自稱「真人」，深居宮觀，不使人知其行踪。有洩漏者，格殺勿論。他生性猜忌，凡事專斷，煉藥的方士盧生、侯生都認爲秦始皇狠戾貪權，不願爲他求仙藥而離去。這使得秦始皇大怒，連帶阬儒四百六十餘人。此時，符讖四起，更加深秦始皇的恐懼。爲了占夢，還親自過琅邪、到之罘，射殺海中巨魚。到平原津，終於病倒，最後在距長安二千餘里的沙丘駕崩，時爲秦始皇三十七年七月，始皇年五十。

在篇末贊文中，司馬遷摘取賈誼〈過秦論〉以責秦。〈過秦論〉說：「秦王懷貪鄙之心，行自奮之智，不信功臣，不親士民，廢王道，立私權，禁文書而酷刑法，先詐力而後仁義，以暴虐爲天下始。……孤獨而有之，故其亡可立而待。」立論精深，文氣充沛，歸結出「暴政必亡」的道理。（《史記》卷六）

二、項羽

項羽爲《史記》中最精采的人物，讀〈項羽本紀〉最能體會司馬遷的史才與文才。

秦朝末年，民怨四起，天下英雄，競相起兵反秦。此時項羽年二十四，跟隨叔父項梁起兵。

項羽，名籍，秦下相（今江蘇省宿遷縣西）人。項家世代爲楚將，羽的叔父項梁，就是楚國大將項燕的兒子。項燕死於秦將王翦率軍平楚時，國仇與家恨，使秦王成爲項氏的仇敵。項羽少時力能扛鼎，項梁教以學書、學劍，都不成，最後學「萬人敵」的兵法。項梁殺會稽太守，以八千人渡江而西。採用范增的意見，立楚懷王孫心於盱台（今江蘇省盱眙縣東北），仍號楚懷王。後來項梁於定陶之戰敗死，秦軍圍趙王於鉅鹿（今河北省平鄉縣西南），羽乃殺卿子冠軍宋義、解鉅鹿之圍，勢如破竹，屢敗秦軍。由裨將而次將，而上將軍，而西楚霸王，分封天下諸侯。卻因血氣方剛，未能知人善任，缺乏學問道德修養，無遠大見識，但知以武力經營天下，沿路燒殺，分封諸侯不公，失去民心，終至迅速敗亡。

鴻門之宴、分封十八諸侯、彭城之戰，到垓下之困；司馬遷以雷霆萬鈞之筆，敘寫其善戰神勇的氣勢，即使是垓下受困，也藉著慷慨激昂的帳中之歌，表現悲壯的英雄形象。項羽以一失敗者而留名青史，而且列入本紀，不可不說是司馬遷獨特的眼光，超越世俗的成敗觀，而寫出一位真正的英雄。

和劉邦的作爲比較，後世讀者，大多傾向欣賞項羽。這是因爲項羽的確比劉邦具有真性情，他的「婦人之仁」，雖然是一句貶語，但仍可看出項羽重感情的一面。鴻門宴不殺劉邦，不肯對舊戰友下毒手，就顯現了他的忠厚淳樸，和後來劉邦殺功臣，形成鮮明的對比。由此觀之，司馬遷不僅描寫一位猛悍的英雄豪傑，也刻畫了他仁厚的內心。垓下之困，尤能顯示項羽在粗豪之外，所具有的細膩溫柔。此時英雄末路，高歌當哭：「力拔山兮氣蓋世，時不利兮騅不逝。騅不逝兮可奈何，虞兮虞兮奈若何！」的確令人感動，爲之同聲奈何。而項羽兵至烏江，謝絕亭長渡江之議，也是出於一片哀矜，自愧使江東子弟八千人淪亡，無顏見江東父老。最後，自刎而死。後人在此處每多議論，有以爲「卷土重來未可知」者，但司馬遷所寫，在在凸顯了項羽忠厚尊貴的形象。項羽垓下被圍，到最後身首異處，僅是短短一兩天的事情，司馬遷卻用了項羽本傳近四分之一的篇幅描述之。關於這段故事，可參見本書附錄〈垓下之困〉的導讀賞析。

在贊文中，司馬遷客觀指出項羽個性上的缺失，以至身死而不覺寤、不自責。這，應當是司馬遷對這位蓋世英雄誠懇的指責與惋惜！（《史記》卷七）

三、漢高祖

漢高祖劉邦（西元前二六五～西元前一九五年），字季，沛豐邑（今江蘇省沛縣）人，爲中國歷史上第一個平民皇帝。秦楚之際，豪傑紛起。劉邦以一個小小的泗水亭長（一作泗上亭，在今江蘇省沛縣東，亭長相當於現在的村里長），被推擁爲沛縣縣令，就這樣躍登逐鹿中原的舞臺。爲了加強劉邦的傳奇性，司馬遷在〈高祖本紀〉一開篇便寫劉邦母夢與神遇，在雷電晦暝中，有蛟龍伏其上，因此有孕而生下劉邦。劉邦面相：高鼻，貌似龍，醉後常顯現龍形。他的岳父呂公，看中他日後必貴的面相，因此把女兒許配給他。劉邦解送囚徒到酈山，經過豐西澤中，力斬白蛇。後有老嫗夜哭，說她的兒子是白帝之子，化爲蛇，被赤帝之子斬殺。人們將此事傳說開來，更敬畏劉邦。

然而劉邦之興，不僅依賴這些神怪傳說。他也具有遠大的抱負與聰明睿智。當他看到秦始皇巡行，便說：「大丈夫當如此也！」和項羽所說的「彼可取而代也」比起來，劉邦顯得沈穩大度。秦二世元年（西元前二〇九年），陳勝（即陳涉）、吳廣起義，劉邦在蕭何、曹參等人的支持下，起兵響應，稱「沛公」。劉邦年長，比項羽大廿四歲（一說十五歲），兩人之爭，劉邦以中年的睿智與項羽青年的剛猛相競，「吾寧鬥智不鬥力」，是劉邦在廣武山與項羽對戰時所說的話（見〈項羽本紀〉）。結果證明，劉邦果然老謀深算，是個成熟的政治家，他懂得以仁義取信天下。陳勝敗亡後，劉邦率先攻入秦朝首都咸陽（今陝西省咸陽市北），廢除秦朝嚴刑苛法，與老百姓「約法三章」，就顯示他的寬大仁愛，深得民心。（關於這段故事，可參見本書附錄劉邦〈入關告諭〉的導讀賞析。）不像項羽，火燒秦宮，搶奪財寶婦女。項羽分封諸侯後，隨即富貴東歸彭城（今江蘇省徐州市），一心只想炫耀鄉里，而劉邦受西楚霸王項羽的節制，被封爲漢王（西元前二〇六年），駐守巴、蜀、漢中一帶，以此爲基地，擴張其勢力，顯示二人的企圖有高低之別。劉邦得張良、蕭何等人輔佐，用兵不急於強戰，他乘機收取咸陽，再等待楚軍轉弱，己力增強時，才與之展開大規模會戰，窮追不捨，終於制敵於死。這種兵法謀略，也顯示劉邦是個出色的軍事家，具有全面機動的戰略與戰術。

即帝位後，基本上繼承秦朝舊制，又實行重農抑商政策，令叔孫通定朝儀，蕭何定律令。不久，剷除彭越、英布、韓信等異姓諸侯王，遷各國貴族至京師附近，加以監控，逐步建立中央集權制度。從受封爲漢王起，在位十二年病卒。死後廟號「太祖高帝」，簡稱高帝、高祖。

司馬遷不只片面塑造劉邦的帝王形象，他也寫劉邦渺小鄙陋的一面。在劉邦發跡之前，他表現的是「好酒及色」、「不事家人生產作業」；呂公宴客，更堂而皇之坐到上位，其實他什麼賀禮也沒帶；他這種「無賴」性格，司馬遷毫不隱諱地寫了出來。漢軍在睢水邊被楚軍打得落花流水，劉邦倉皇奔逃。在途中，遇到了兒子劉盈和女兒魯元，車子載著一起逃亡。但追兵甚緊，爲了減輕馬車重量，劉邦連續三次把兒女推下馬車，馭者夏侯嬰都連忙把這兩個孩子抱起來（見〈項羽本紀〉）。這件事，說明了劉邦其實是個能「忍」的強者，爲天下而不顧骨肉之情，和項羽「婦人之仁」形成對比。楚漢之爭，歷時八年。劉邦平定天下後，開始誅殺功臣，這點也爲後人所詬病。

總括而言，司馬遷筆下的漢高祖劉邦，從草莽到廟堂，形象逐漸強大，他有謀有智，可以施仁義，也善於猜忌防閑。爲了開創帝業，他能屈能伸，應變有法。爲了鞏固帝業，他不惜削平反者，以安天下。而他的內心深處，〈大風歌〉「安得猛士兮守四方」最能傳達那衰颯悲涼、英雄遲暮的感慨。（《史記》卷八）

四、文帝、景帝

高祖去世，太子盈繼位，是爲惠帝，惠帝之後爲少帝恭、少帝弘。但實際掌政的，是高祖的皇后呂后。呂后去世，大臣剷除諸呂勢力，立孝文帝。文帝在位二十三年，宅心仁厚，爲政清簡，以德化民，因此海內富強，國泰民安。司馬遷深美文帝治道醇和，在〈孝文本紀〉贊文中特別稱揚其仁德。景帝爲文帝之中子，母親爲竇太后。景帝承文帝時代之富強，史稱「文景之治」。後來鼂錯奏請削滅諸侯，於是有七國之亂，遣大將軍竇嬰、太尉周亞夫平定之。但〈孝景本紀〉僅以千餘字敘景帝十六年之事，內容疏略，疑爲後人所補。（《史記》卷十、十一）

五、武帝

景帝之後爲武帝。司馬遷與武帝同時。後人疑〈孝武本紀〉原作已亡，但綜合〈平準書〉、〈封禪書〉、〈魏其武安侯列傳〉、〈衛將軍驃騎列傳〉、〈酷吏列傳〉等篇，仍可略窺武帝文德武功之大概，察見司馬遷對武帝之觀感。大體而論，司馬遷肯定武帝之政績，但對他崇尚嚴刑峻法的作風，以及後來迷信方術的昏庸無道，則直書不諱。（《史記》卷十二）有關武帝生平，詳參下一章《漢書》人物選析（本書頁六七～六九）。

第二節 諸侯

一、蕭何

蕭何居漢臣第一功，其傳記爲〈蕭相國世家〉，另外在項羽、高祖二紀及淮陰侯傳等篇，亦可見其勳業。蕭何爲沛縣人，高祖爲布衣時，即嘗以吏事護高祖。高祖至咸陽，蕭何獨先入，收秦丞相御史律令圖書藏之，高祖因此具知天下要塞、戶口多寡、民生疾苦，以此拯治天下，蕭何厥功甚偉。又薦進韓信，爲高祖添一英勇大將。同時，鎭撫關中，爲高祖厚植實力，輸送源源不斷的兵力至前線，莫怪乎高祖論功，以蕭何最盛。但蕭何恭謹虛己，又得鮑生指點，避其鋒芒，泯除高祖猜忌，因而免禍，在漢初誅殺功臣的危厄中，幸得善終。司馬遷在贊文中，也特別提到「淮陰、黥布等皆以誅滅，而何之勳爛焉。」（《史記》卷五三）

二、曹參

曹參繼蕭何爲相，其傳記爲〈曹相國世家〉。曹參爲一戰將，與韓信定魏破趙拔齊，以此削弱楚軍軍力，而身被七十創，更顯示他戰功彪炳，無出其左右。故論政治，蕭何第一；論戰功，曹參有功。蕭何病，向孝惠帝推薦曹參繼任相位。曹參自爲相，尊黃老之術，清靜無爲，與民休養生息。在本篇中，司馬遷藉飲酒歌呼等事，側寫曹參「無爲」的作爲。但曹參的「無爲」，甚至惠帝都不以爲然，向他質疑。他反問惠帝：您和高祖誰比較英明？我和蕭何誰比較賢能？惠帝說：都不如他們。曹參就說：「今陛下垂拱，參等守職，遵而勿失，不亦可乎？」曹參就是以這種「無爲」，得保善終，獲得美名。（《史記》卷五四）

三、張良

張良善謀畫，爲漢高祖畫策大臣。傳記爲〈留侯世家〉，於〈項羽本紀〉、〈淮陰侯列傳〉等篇，亦可見其事功。張良爲韓人，擊秦報楚，爲其初衷。待項羽殺韓王成，乃委心事漢王劉邦，借漢以滅楚，報韓之仇。張良深知劉邦多猜忌，而能與之周旋，暗中提點，真高人也。在本篇中，張良爲圯上老人拾鞋，得授兵法，又有黃石公、四皓等神秘人物出現，襯托張良的神奇，仿佛天賦異稟，因此能屢出奇計，爲高祖立功。而其運籌帷幄、決算千里的智謀，確實制勝於無形。綜觀張良的功績：利誘秦將，使漢軍先入關中；勸還軍霸上，鴻門脫險；燒絕棧道，激羽攻齊，漢軍由是還定三秦；聯合黥布、彭越，使漢軍反敗爲勝。韓信自立爲齊王，則躡高祖足而就封，因此收服韓信，以免其倒戈向楚，凡此皆爲關鍵，終於促成高祖大業。張良的智謀、堅忍，爲司馬遷所佩服。在文中，司馬遷說他很訝異，張良「狀貌如婦人好女」，也許這正是張良謙退斂抑的氣質使然。唯能謙退，才得以在往後的政治詭局中，全身而退。（《史記》卷五五）

四、陳平

陳平爲漢初謀臣，其傳記爲〈陳丞相世家〉。陳平少時，家貧而好讀書。嫂不滿陳平不事生產，平遭其兄逐而棄之。富人張負認爲陳平必有作爲，乃以五嫁之女妻之。陳平嘗爲地方父老分肉，十分平均，博得讚賞。陳平說：「嗟乎，使平得宰天下，亦如是肉矣！」這些瑣事，在司馬筆下，都娓娓盡致，暗示陳平日後必然大展鴻圖。陳平原本在楚營，後來輔佐劉邦，堪稱足智多謀，曾六出奇計，佐高祖平定天下。可惜這六計頗秘，後世不傳。高祖封陳平爲戶牖侯，後又封曲逆侯。高祖崩，陳平僞聽於呂后。及呂后崩，陳平與太尉周勃合謀，卒誅諸呂，立孝文皇帝。這也是陳平的計謀。陳平嘗說：「我多陰謀，是道家之所禁。吾世即廢，亦已矣；終不能復起，以吾多陰禍也。」果然其傳世不過四代。但司馬遷仍稱讚他：「及呂后時，事多故矣，然平竟自脫，定宗廟，以榮名終，稱賢相，豈不善始善終哉！非知（智）謀，孰能當此者乎？」（《史記》卷五六）

五、周勃

絳侯周勃爲高祖賢將，其傳記爲〈絳侯周勃世家〉。〈呂后本紀〉、〈孝文本紀〉亦見其事跡。周勃，沛縣人。以蠶織爲生，常爲人在喪事中吹簫、引轜繩，出身低微。從高祖起兵，多所建功。司馬遷在文章中，屢次以「破之」、「取之」、「擊……，最……」的詞語，敘述其連戰皆捷，可見其強勁。賜食邑於絳，故號絳侯。後又擊胡騎於平城，遷爲太尉。又平定燕王盧綰亂事，以列侯事孝惠帝。呂后專權，周勃與陳平謀畫，誅諸呂而立孝帝。文帝任周勃爲右丞相，任職月餘，周勃擔心位尊受寵，容易惹禍上身，就辭去相位。年餘，丞相陳平卒，文帝復以之爲丞相。爲官一年餘，周勃還是把相位辭掉。又經過一年多，有人密告周勃謀反。周勃嚇得不知所措，獄吏收下周勃送的千金厚禮，暗示他可以請公主作證。因爲周勃之子娶公主爲妻。後來又透過薄太后說項，才躲過這場無妄之災。周勃爲人忠厚樸實，但是不好文學，以爲文辭直說即可，不必引經據典。司馬遷對他評價很高，比之於伊尹、周公。（《史記》卷五七）

第三節　文臣賢士

一、李斯

李斯爲楚國上蔡人。曾當過鄉里文書小官。他認爲楚國弱不足事，六國也差不多，就辭別老師荀卿，西向入秦。首先在呂不韋門下任舍人，然後提升爲郎，因此有機會游說秦始皇，拜爲客卿。但不久秦始皇下「逐客令」，李斯也在被逐之列。李斯上書力爭，結論說：「夫物不產於秦，可寶者多；士不產於秦，而願忠者眾。今逐客以資敵國，損民以益讎，內自虛而外樹怨於諸侯，求國無危，不可得也。」始皇接受，除逐客令，復用李斯，而且採用其計謀，二十餘年的經營，終并天下，尊主爲皇帝，拜李斯爲丞相。然而李斯志本在干祿，熱中富貴利己，因此佐助始皇，凡焚詩書、興繇役等嚴刑酷法，莫不附和始皇專橫的作風，而未加以勸諫。及事二世，猶助紂爲虐；對於趙高，雖知其奸，仍苟合趨附，待其勢已成，天下已亂，欲行諫止，爲時已晚。本篇後半敘趙高事特詳，不難推想司馬遷的用意，乃責備李斯坐視趙高壯大，不能未雨綢繆，終於爲趙高所誣諂，罪入五刑，咎由自取。本篇的贊語，司馬遷對李斯的責難，相當深切。（《史記》卷八七）

二、酈食其、陸賈

酈食其爲陳留高陽人，好讀書，有狂名。他想要投靠劉邦，聽說劉邦不好儒道，每每把前來拜見的儒生的帽子解下，在上面便溺，非常鄙夷他們。酈食其心裡有數，拜見劉邦時，劉邦正倨坐在邊床，由兩女子洗腳。酈食其長揖不拜，而且數落劉邦「不宜倨見長者」，劉邦這才斂衣起身，請他上坐。酈食其爲他分析天下大勢，並主張攻下陳留，以充實軍糧。劉邦果然以此後援，進入關中。酈食其又爲劉邦游說齊國，田齊已經臣服，但韓信突襲而至，齊王田廣十分震怒，酈食其又負氣說「而（爾，你）公不爲若（你）更言！」齊王就烹了酈食其。觀其一生，確實有狂放英偉的氣概。

陸賈爲楚人，口才犀利，號爲「有口辯士」。陸賈常在劉邦面前爲他說《詩》、《書》之理，劉邦不耐煩，說：「迺公居馬上而得之，安事《詩》、《書》？」陸賈回答：「居馬上得之，寧可以馬上治之乎？」一番話說得劉邦面有慚色，立刻請他著書論天下得失成敗之理，供作參考。陸賈於是寫成《新語》十二篇。陸賈的口才，也用在外交上。他前往南越，說服南越王趙他（ㄊㄨㄛˊ）消弭兵事，有功於天下。劉邦因此拜爲太中大夫。呂后專政，陸賈勸陳平與太尉周勃聯手，並爲之謀畫數事，陳平因得以滅諸呂，立孝文帝。孝文帝時，陸賈又再度出使南越，順利完成使命。他的晚年，富貴榮華，得以壽終。（《史記》卷九七）

三、劉敬、叔孫通

劉敬本姓婁，因爲高祖賜姓而稱劉敬。齊人，漢五年，過洛陽，拜見劉邦。當時雖他身穿舊羊裘，態度仍相當磊落。劉敬對漢的建言有三：

一、主張徙都關中，以其爲資美膏腴的天府之地，在此建都，可以掌控天下形勢。

二、和親匈奴，以厚幣贈之，長公主妻之，必能收服匈奴，緩一時之急。

三、將關東名家遷徙至關中，無事，可以防禦匈奴；諸侯有變，也可以率師東伐。

劉邦完全接納，漢初國勢由此穩固。

叔孫通，薛人，秦時爲博士生。陳勝起事，二世召博士諸儒生問對，唯叔孫通逢迎其意，斥陳勝爲「群盜鼠竊狗盜耳」，因此得拜爲博士。曾跟隨項梁、懷王、項羽，最後事劉邦。叔孫通爲漢制定儀法，又自創原廟、果獻諸儀。他最受人爭議的，是他善於應變，令人覺得他希世取寵。例如劉邦不喜儒服，他即變其服，著楚製短衣。劉邦稱帝之後，群臣飲酒爭功，常在朝廷上醉呼比鬥。叔孫通知道劉邦心裡不悅，就領導魯儒生和他的弟子共起朝儀。果然，群臣守禮，朝會井然有序，使劉邦大喜：「吾迺今知爲皇帝之貴也。」跟隨他的諸生都受到重賞，眾人皆稱：「叔孫生誠聖人也，知當世之要務。」但他多採秦制，尊君抑臣，卻是不容忽視的弊病。司馬遷對他的評價是「與時變化，卒爲漢家儒宗。」看重的，或許是叔孫通在秦焚《詩》《書》之後，獨能提舉儒術，略建其規模的功勞吧！（《史記》卷九九）

四、袁盎、鼂錯

袁盎出身於盜，爲其兄保任，得充文帝郎中。爲人公直，敢犯顏直諫。淮南厲王坐謀反罪死，袁盎力勸文帝立其三子為王，文帝從之。袁盎由此名重朝廷。又直諫文帝不當與宦者趙同同車，不可與慎夫人同席而坐，因為這是違反君臣尊卑之禮，文帝也都察納其言，嘉許袁盎忠直可欽。但袁盎也因數次直諫，不得久居禁中，調為隴西都尉。仁愛士卒，士卒皆爭為死。相齊、相吳，得吳王厚遇。袁盎與鼂錯交情甚惡，傳聞吳、楚將反，鼂錯乘機檢舉袁盎受吳王寵賜，故為之蔽匿，說吳王並無反意，應該先拿他治罪。袁盎知道後，透過竇嬰速見文帝，進言應斬鼂錯，以謝吳王，事乃止。鼂錯見事不成，恨恨地離去。但吳王已知其情，欲殺袁盎。袁盎得助，逃之。景帝時，梁王欲求為嗣，袁盎進說無功，梁王以此怨盎，袁盎最後死於梁王刺客劍下。

鼂錯初學申商刑名，後又從伏生受古文尚書。曾做過太子舍人、門大夫、家令，得太子賞識，號稱「智囊」。鼂錯在文帝時，多次上書，言削諸侯事，及法令可更定者，文帝不聽，然奇其材，遷為中大夫。當時，袁盎等大臣多不欣賞他。景帝即位，以鼂錯為內史，言多聽之。丞相申屠嘉諫錯鑿廟壖垣，罪當死。景帝為之開罪，丞相怒不敢言，發病而死。鼂錯由此愈貴，遷為御史大夫，即請削諸侯地，更定法令三十章。但鼂錯此舉，連其父都以為不可，家門必遭災禍，因此飲藥自殺。十餘日後，吳、楚七國果反，以誅錯為名。景帝從竇嬰、袁盎意見，斬鼂錯於東市。他死後，只有鄧先為他講話，景帝也後悔，但已不可挽回。

司馬遷說袁盎「仁心為質，引義忼慨」，但「好聲矜賢，竟以名敗。」鼂錯則因擅權而多所變更，又藉此報私仇，「變古亂常，不死則亡」，足以為戒。（《史記》卷一〇一）

五、張釋之、馮唐

張釋之爲文帝廷尉，執法公正，爲人稱道。文帝嘗至上林虎圈，有嗇夫代尉應對，爲文帝詳說禽獸簿。文帝喜，欲拜爲上林令。釋之諫言，豈能因利口便給而任意賜封，文帝乃作罷。太子與梁王共車入朝，過司馬門不下，釋之依法按劾。文帝出中渭橋，有一人從橋下出走，驚動文帝車馬。釋之依法處置，罰金了事。有人盜高廟座前玉環，被捕，釋之判處他死刑。文帝大怒，以爲應該誅其全族。釋之依法而論，據理力爭，文帝信服而且嘉許他。張釋之守法不阿的精神，在當世即備受推崇。

馮唐以孝著名，任中郎署長。其父祖皆通曉軍略，因此向文帝論將帥之道，鏗鏘有理，司馬遷形容是「有味哉！有味哉！」但馮唐也直言文帝縱得廉頗、李牧，也不會重用他們，因爲今之雲中守魏尚，守邊塞有功，匈奴不敢近，文帝卻任由文吏制法處罰他，如此，怎可謂求才若渴、知人善任呢？文帝聽了很欣賞他的見解，就赦免魏尚，復爲雲中守，馮唐爲車騎都尉、主中尉及郡國車士。馮唐的氣節，與釋之的公正，司馬遷認爲「可著廊廟」，爲後人效法。（《史記》卷一〇二）

六、竇嬰、田蚡、灌夫

〈魏其武安侯列傳〉記竇、田二外戚，兩人在武帝時先後爲相。其中又附入將軍灌夫事跡。

本篇以魏其侯竇嬰為主，而處處以武安侯田蚡為對照，由此顯現二人性格的不同。其筆觸曲折細膩，是一篇精采生動的合傳。

竇嬰為文帝后（竇太后）的堂姪，因平定吳、楚七國之亂有功，拜為魏其侯，受景帝重用，權傾一時。後又因廢栗太子事，竇嬰數爭不能，謝病隱居。竇太后欣賞竇嬰，推薦他作丞相，但景帝不用，另用衛綰作丞相。直到武帝即位，才任為丞相。竇嬰習儒術，與崇尚黃老的竇太后不相契合，加上毀謗的傳言日多，竇嬰被疏遠，以侯的身分閑居在家。而昔日附會的賓客，也日漸蕭條，只有灌夫始終如一。

田蚡為景帝后（王太后）的弟弟。在竇嬰權力極盛時，他只是個普通郎官，因此非常敬重竇嬰，像子姪一樣謙恭。景帝晚年，竇嬰逐漸失勢，田蚡卻因善辯有口才，能傳習古文字，因此得到王太后賞識。景帝去世，武帝繼位，王太后臨朝聽政，多採田蚡計策。田蚡恃寵而驕，原本還想當丞相，但籍福勸他讓給竇嬰，以得「讓賢」之名。田蚡接受了太尉一職，由竇嬰任宰相。建元二年（西元前一三九年），二人俱因竇太后詔令而下位，閑居在家。但田蚡因王太后的緣故，仍能親近皇上，所言多見用。於是天下趨炎附勢者，都離開竇嬰而投靠田蚡。武帝建元六年，竇太后崩，田蚡復為相，天下士郡諸侯愈益趨附田蚡。田蚡專橫無度，搜括金玉財貨，擴建房舍，隨意任用故舊。終於觸怒武帝，嚴加指斥，田蚡才稍收斂。

灌夫原姓張，因其父張孟頂潁陰侯灌嬰的姓，故改姓灌。灌夫平吳國有功，任為中郎將，名聞天下。個性剛直，經常冒犯權貴，但能夠禮賢下士，獎掖後進，因此士人頗推重他。灌夫豪爽任俠，但因故失勢，賓客益衰，和竇嬰正好相爲引重，相交甚歡，情同父子。因此灌夫自告奮勇，想爲竇嬰拉攏丞相田蚡，以提升竇嬰的聲勢。兩次的酒宴上，灌夫都藉酒罵座，使田蚡氣憤又難堪，終於向武帝告狀。武帝命竇、田二人廷辯，雙方爭執不下，最後不了了之。後來由御史按罪狀治罪，灌夫被捕，滅族。元光五年（西元前一三〇年）十二月，竇嬰也因讒言被處決。當年春天，田蚡也得怪病死去。一場外戚與外戚的政治紛爭，就此謝幕。

司馬遷批評說：「然魏其誠不知時變，灌夫無術而不遜，兩人相翼，乃成禍亂。武安負貴而好權，杯酒責望，陷彼兩賢。嗚呼哀哉！遷怒及人，命亦不延。」（《史記》卷一〇七）

七、公孫弘

公孫弘，齊人，武帝特舉之文士。其家貧，事後母極孝謹。四十餘歲學《春秋》雜說，六十歲以賢良徵爲博士。武帝派遣他出使匈奴、巡視西南夷，但所回報的情形，都不合武帝意願，所以未被重用。後武帝看他言行敦厚，辯論甚捷，熟習文法吏事，又懂得儒術，因此逐漸信任他。元朔三年（西元前一二六年），任用爲御史大夫。在討論對西南夷、滄海與朔方的開發時，公孫弘力主罷其事，以免勞民傷財，虧空國庫。這可說是公孫弘的一貫主張，不贊成武帝盲目向外擴張。最後，武帝採取折衷之法，只建立朔方郡。公孫弘相當節儉，以粗布爲被，吃粗糙的脫粟飯，不多吃一塊肉。公卿諸侯頗懷疑他以此沽名釣譽，汲黯甚至向武帝檢舉公孫弘狡詐。公孫弘爲己辯白，也推崇汲黯的忠諫，使得武帝更加賞識他，終於以之爲相，封平津侯。但公孫弘也不全然寬厚若是，基本上，他的個性猜忌，外寬內深，會記恨報仇，殺主父偃，徙董仲舒於膠西，都是他使的力。司馬遷認爲公孫弘恰逢其時，武帝拔他，乃用以勸勉窮儒生，推廣學官。（《史記》卷一一二）

八、司馬相如

相如爲西漢辭賦家，本傳錄其〈子虛賦〉、〈上林賦〉、〈大人賦〉與〈喻巴蜀檄〉、〈難蜀父老〉、〈諫獵疏〉、〈封禪文〉等，皆爲傑作。賦體之作，講究鋪排，華麗誇張，勸百諷一。但司馬遷以爲「相如雖虛辭濫說，然其要歸引之節儉，此與《詩》之風諫何異。」可見司馬遷肯定相如忠君愛國的苦心，因而也重視其內容主題。本篇開端，即敘相如與文君風流韻事，琴挑夜奔、文君當爐，浪漫傳奇，宛轉動人。（《史記》卷一一七）

九、汲黯、鄭當時

汲、鄭皆武帝爲太子時之僚屬，好黃、老，任俠自喜。汲黯性情尤爲耿介，直言不諱，嫉惡如仇。例如他不喜丞相田蚡的爲人，即使見面也不行拜禮，只是作揖而已。他還直言武帝「內多欲而外施仁義，奈何欲效唐、虞之治乎！」氣得武帝當場變了臉色，立刻罷朝。但武帝不得不稱他「戇」，並贊許他是忠心可靠的「社稷之臣」。廷尉張湯專門在判決書上作文章，逢迎武帝，汲黯就罵他是「刀筆吏」，不可以爲公卿。衛青爲大將軍，汲黯不肯拜，行揖禮。衛青以此更敬重他，數度向他請益國家大事。汲黯反對征匈奴，武帝愈加疏遠他，不用其言。匈奴渾邪王率眾來降，縣官無錢購車馬以安置，就向人民借馬，鬧出事了。汲黯藉機批評武帝征匈奴之弊，武帝還是不聽從，說：「吾久不聞汲黯之言，今又復妄發矣！」數年後，武帝召他為淮陽太守，政清民治。七年後，汲黯謝世。

鄭當時個性比較通透，懂察言觀色，不敢直斷當否。但他愛士好客，委曲禮下，推賢進長，也算賢能之士。汲、鄭二人相善，都是內行脩潔，廉能清貧之士。司馬遷在篇末贊中，藉人得勢失勢，賓客或盛或衰，感慨世態炎涼，頗有為己而悲的意味。（《史記》卷一二〇）

第四節　武將豪傑

一、蒙恬

〈蒙恬列傳〉為其專傳。傳前敘世系、戰功，顯示蒙氏三世為將，積功信於秦，蒙恬兄弟後來被殺，非人所能料及。蒙恬在外為將，為秦拓展疆域，築長城有功，又北靡匈奴；加上弟蒙毅為內謀，故最得秦始皇信賴。然秦二世昧於趙高，強求其罪，先殺蒙毅，次及於蒙恬。蒙恬自言：「恬罪固當死矣。起臨洮，屬之遼東，城塹萬餘里，此其中不能無絕地脈哉？此乃恬之罪也。」乃吞藥自殺。蒙恬此言，類似白起自罪坑趙卒，但仍欲藉此表彰己功，可謂沈痛嗚咽極矣。司馬

遷以爲，蒙恬不知百姓疾苦，而阿意興功，終致死罪，不亦宜乎！（《史記》卷八八）

二、張耳、陳餘

張、陳俱爲大梁人。張耳少有賢名，外黃富人以女妻之，厚奉財貨，因此得以養客。陳餘好儒術，富人公乘氏以女妻之，知其非庸人也。陳餘年少，事張耳如父，兩人爲忘年刎頸之交。後來，張耳與趙王歇受困於鉅鹿城，召請在城北的陳餘相救。陳餘自度兵少，不敵秦兵，故不敢前。張耳因此怨怪陳餘，陳餘還是沒有出兵。項羽引兵渡河，打敗秦將章邯，才解圍。張耳、陳餘自此有隙。項羽立諸侯王，厚張耳而薄陳餘，陳餘因此怨項羽不公平。陳餘又率兵攻打張耳，張耳投奔劉邦，劉邦厚遇之。陳餘扶立趙王，趙王立他爲代王。漢二年（西元前二〇五年），劉邦使人說趙共擊楚，陳餘說「漢殺張耳乃從。」劉邦就找個貌似張耳的人殺了，騙過陳餘。陳餘乃遣兵助漢。漢在彭城西戰敗，陳餘發覺張耳沒死，立即叛漢。漢三年，遣韓信、張耳破趙，斬陳餘，追殺趙王歇。漢立張耳爲趙王。兩年後，張耳去世。張耳、陳餘情同父子而交惡，以致互相怨懟攻伐，誠可歎也！（《史記》卷八九）

三、韓信

淮陰侯韓信雄武多謀，爲漢初開國三大功臣之一。他是個叱咤風雲的戰將，但因爲功高震主，屢爲劉邦所疑忌畏懼，最後終以謀反罪名致死。

韓信，淮陰人，少年無行，到處冶遊。在南昌亭長家寄食數月，被亭長妻子設計逐去。此外，又有漂母之恩，胯下之辱等卑微瑣事，凸顯韓信能夠忍辱自重，暗示他有不凡的志向。

韓信曾跟隨項梁、項羽，最後投奔劉邦。蕭何推薦韓信爲大將軍，由此而平定三秦。此後，拔魏、破代、平趙、取燕、定齊，南摧楚軍二十萬，氣勢威赫，功勞第一。他作戰的方法，也很奇特。例如拔魏時，他令軍士在夏陽用木盆、木桶偷渡黃河，襲擊魏都安邑。破代（趙國北境）時，他派一萬人打先鋒，背水而退，引誘趙軍傾巢出動。又事先派二千輕騎，乘機到趙軍堡壘，拔下趙軍旗幟，換上漢軍旗幟。待趙軍發現中了埋伏，轉回營寨，又看到滿滿的漢軍旗幟，以爲漢軍已經佔領此地，於是陣腳大亂，潰散而逃。漢軍因此斬了陳餘，活捉趙王歇。事後將領向韓信請教兵法，韓信說這就叫做「陷之死地而後生，置之亡地而後存。」韓信破齊，利用沙囊堵水，待齊軍追至，囊破水淹，齊軍不敵而敗。由此可知，韓信善用奇兵奇謀，可謂一大兵家。

韓信謀反事，論者都以爲是劉邦、呂后計謀。但是韓信自矜功高，不懂得謙讓，也是他致禍的原因。司馬遷評論：「假令韓信學道謙讓，不伐己功，不矜其能，則庶幾哉！……不務出此，而天下已集，乃謀畔（叛）逆，夷滅宗族，不亦宜乎？」（《史記》卷九二）

四、季布、欒布

季、欒二人皆爲漢初賢臣，有俠義之風。季布爲楚人，原在項羽麾下，數次圍困漢王劉邦。項羽滅，劉邦以千金購求季布。季布聽周氏之計，賣入朱家爲奴。朱家知其身分，爲赴洛陽求見夏侯嬰。夏侯嬰爲之說於劉邦，果得赦。召拜爲郎中。季布深孚眾望，故楚人有云：「得黃金百斤，不如得季布一諾。」楚人曹丘生，投靠季布爲門客，爲之揚名聲。季布的舅舅丁公在彭城時，曾放過劉邦一馬。項羽亡，丁公謁見劉邦，劉邦說他不是項羽的忠臣，就斬了他。季布和丁公，形成對比。

欒布爲梁人，嘗與梁王彭越交游。因窮困，在齊國爲人幫傭，又被賣到燕國爲奴。曾爲其家主報仇，燕將臧荼舉用他爲都尉。臧荼後爲燕王，以欒布爲將。臧荼反，漢軍擄布，梁王彭越爲他贖身，任爲梁大夫。是故欒布與梁王彭越交情深厚，彭越以反罪致死，欒布不怕禁令，獨自爲彭越收屍祭祀，而且哀慟哭泣。劉邦知道了，想把他烹死。欒布義正詞嚴，指責劉邦不該因小案誅滅大臣，他情願追隨彭越而死。劉邦釋放他，還拜爲都尉。

司馬遷在贊裡說，季布「自重其死」，是個壯士；欒布「不自重其死」，是個烈士。二人都足以流芳後世。（《史記》卷一〇〇）

五、李廣

李廣，隴西成紀人，爲漢之名將，歷事三朝。先世李信爲秦將，以射箭爲家傳秘法。李廣的功勞，主要表現在征戰匈奴上，一生凡七十餘戰，都是奮勇當先。文帝十四年（西元前一六六年），匈奴入蕭關，李廣破敵最多，拜爲中郎將。文帝還對他說：如果是在高祖時代，封你個萬戶侯還不夠呢！景帝時，匈奴入大郡，李廣以一百騎兵追殺匈奴三射雕手，隨即遭遇數千騎。李廣解鞍臥馬，故佈疑陣，使匈奴以爲有伏兵，不敢出擊，引兵而去。李廣帶兵簡易，爲人廉潔，得賞賜輒與部下分享，和兵士共同飲食，因此士卒都願爲他效命。

武帝時，李廣出戰匈奴，有三次失利的痛苦經驗。

第一次失利，是在雁門之役。漢軍寡不敵眾，李廣被擒，後雖脫險回營，但按律兵敗當斬首，乃納金免刑，降爲平民。後來，李廣夜過霸陵亭，自稱「故李將軍」，亭尉還奚落他：「今將軍尚不得夜行，何乃『故』也！」

不久，匈奴進犯遼西，打敗韓安國將軍。武帝復召李廣，拜爲右北平太守。匈奴知道了，稱他「漢之飛將軍」，數年不敢犯境。元朔六年（西元前一二三年），李廣調任後將軍。又過了兩年，李廣任郎中令，率領四千騎兵從右北平出發，張騫帶領一萬名騎兵和他同行，兩軍分兩路圍剿匈奴。但因爲張騫延誤事機，使漢軍幾乎全軍覆沒。這次失誤，張騫以贖金免死刑，貶爲平民。李廣功過相當，沒有任何封賞。這是李廣第二次失利。

第三次失利，也是李廣最後的一次戰役。李廣跟隨大將軍衛青攻打匈奴，這時李廣年紀已六十多了。衛青自己和公孫敖從正面攻打匈奴，要李廣做後應。李廣不悅，就自己啟程出發，想從東道進軍。孰料竟然迷路，耽誤了會合約期。李廣不願被官吏逼問其罪，就抽刀自殺了。知其情者，莫不爲之同聲一哭。

李廣騎射精湛，力圖建功。但所得封賞，往往不及同輩人。也許是他的時運不佳吧！但司馬遷非常欣賞他的木訥忠誠，說他「忠實心誠信於士大夫也。」他的德行，有如「桃李不言，下自

成蹊。」那般芬芳高潔。（《史記》卷一〇九）

六、衛青、霍去病

〈衛將軍驃騎列傳〉爲衛、霍二人合傳。衛青爲武帝寵妃衛子夫之弟，霍去病爲衛青之外甥，二人皆以外戚因素，征戰匈奴有功，故合傳。

衛青六次攻打匈奴。元朔五年（西元前一二四年），打敗匈奴右賢王，因此封爲大將軍。元朔六年定襄之役，右將軍蘇建盡亡其軍，因此衛青不加封。但同時與戰的霍去病，則因斬虜首眾多，封爲冠軍侯。元狩二年（西前一二一年），以霍去病爲驃騎將軍，出隴西戰匈奴，霍去病又建立戰功。自此，衛青如江河日下，霍去病則日以親貴。霍去病善精兵，亦敢深入敵營，因此屢建奇功。元狩四年，衛青、霍去病分別出擊匈奴。衛青兵敗無功，李廣自殺。霍去病則傳捷報，益封其食邑五千八百戶。自是之後，故人門下多離衛去霍，往往可得官爵，唯任安不肯趨附。

本篇大半記敘衛、霍二人之戰功，但於其性格，則有點染之妙。衛青出身卑賤，故謹言慎行，克謙柔順。他帶兵的風格謹慎謀畫，對武帝也是和柔媚上。霍去病則不然，他少年氣盛，果斷有膽識，喜歡冒險立功，「匈奴未滅，無以家爲」之語，更投武帝所好，因此受到賞識。（《史記》卷一一一）

第五節　女性、社會群相

一、呂后

《史記・呂后本紀》可說是正史第一次為女性作傳。〈外戚世家〉記諸后妃，如竇太后、王太后、衛皇后、李夫人等也很詳盡。這裡就看呂后的傳記。

高祖崩，惠帝繼位，但呂后專擅，因此司馬遷不立惠帝本紀而立〈呂后本紀〉，觀其內文，不無取戒後世之意。呂后名娥姁（《漢書》作雉），在高祖寒微時即嫁與為妻，生孝惠帝、女魯元太后。為人剛毅，佐高祖定天下，誅殺功臣。高祖寵愛戚夫人及其子如意，呂后懷恨在心。待高祖崩，惠帝立，呂后即設計殺了如意。又囚禁戚夫人，把她手足砍斷，眼、耳、口都弄成殘廢，關在廁所裡，叫她「人彘」。還請惠帝去看。惠帝看了，悲痛不已。惠帝崩，呂后大哭卻沒有眼淚。待丞相奏請起用諸呂為王，鞏固其權位，呂后才慟哭起來。此後，呂太后一方面立少帝恭，實則大權在握；一方面則分封諸呂為王，並藉故剷除劉姓諸王。少帝恭長大成人，知道惠帝皇后殺了自己生母而扶養他，立他為太子，就揚言將為母復仇。呂后聽說此事，恐怕他作亂，就暗中囚禁他。最後殺了少帝恭，另立少帝弘。呂后又先後藉故逼死了趙王劉友與繼位趙王的梁王劉恢。其後，呂后身體逐漸衰弱，常常說她腋下生出怪物，卜者說是趙王如意作祟。呂太后病逝，丞相陳平、太尉周勃聯手對付當權的呂產、呂祿，終於誅除呂姓，廢少帝弘，立代王為天子，是為文帝。

呂后爲人猜疑陰忍，有野心謀略。她在政治上的手腕，並不亞於男性，但妒殺戚夫人事，確實令人慘不忍睹。（《史記》卷九）

二、儒者

〈儒林列傳〉錄漢代儒生。首敘經學源流，次及公孫弘請爲博士置弟子員之議。接著述《詩》、《書》、《禮》、《易》、《春秋》五經，乃申公、伏生、高堂生、楊何、董仲舒五家，並其他儒生四十餘人。讀本篇可以了解漢代經學概況，也足以顯示西漢之文化復興，起禮樂學術於暴秦灰燼之餘。諸儒前後相繼，使文學彬彬，日趨於盛，於文化道統，功不可沒。（《史記》卷一二一）

三、酷吏

〈酷吏列傳〉述酷吏十一人，帶敘侯封、鼂錯二人。所謂酷吏，以其執法嚴密，作風慘酷之謂也。例如景帝時郅都，爲人勇，有氣力，公正廉明，不發私書，幾乎到達大義忘親的地步。而且他執法嚴酷，貴戚與平民一視同仁，列侯宗室都不敢和他正面相對，號爲「蒼鷹」。而武帝時趙禹、張湯，則號爲「刀筆吏」，用法刻深。張湯聲勢尤高，由於他爲人多詐，舞智以御人，又善於逢迎，因此得武帝器重。但他的真面目終究被揭穿了，因爲他用法太苛，使公卿百姓騷動不安，於是漸漸有人控告他作假欺君。張湯最後自殺身亡。司馬遷在本篇開端，即引孔子之言，強調德治重於法治，相當厭惡慘酷的吏員。但在本篇中，司馬遷仍善善惡惡，客觀公允，不因一己之好惡而完全抹滅其德行與治績。（《史記》卷一二二）

四、游俠

〈游俠列傳〉向來是後人所喜愛的篇章，因爲在本篇中，司馬遷寫出了游俠重義輕利、功成不居的瀟灑人格。魯朱家、楚田仲、劇孟、王孟及郭解五人的行徑，確實彰顯了「其言必信，其行必果，已諾必誠，不愛其軀；赴士之阨困」的游俠精神。其中，郭解事特詳，蓋司馬遷親見其人，材料最豐富之故。郭解，河內軹人，其外祖即善相者許負。解父以任俠，孝文時誅死。解爲人短小精悍，不飲酒。少壯時作姦犯科、殺人無數，每每以身相許爲友報仇。及至年歲老大，開始勤儉向善，以德報怨，施不望報。但還是有任俠之氣，而且更旺盛。郭解的外甥倚仗他的聲名，與人發生衝突，被殺，棄屍在街上。郭不僅不生氣，還向人道歉，自行收埋外甥，眾人都稱讚其賢。郭解出入，人人敬避。只有一人箕踞睥睨他，郭解的門客想殺掉這人，但郭解只怪自己德行不夠，和他人無關。郭解又暗中替他關說免服勞役的事，那個人知道了，就赤身親自向郭解請罪。年輕人聽說此事，更加仰慕郭解。年老的郭解，的確一改往日惡習，而把俠義之風用在正途上。譬如，他曾經調解過洛陽兩仇家。但後來因門客殺人事件，被逮捕送審，御史大夫公孫弘說他「解布衣爲任俠行權，以睚眦殺人。解雖弗知，此罪甚於解殺之，當大逆無道。」於是誅除郭解。司

馬遷對郭解特別感到惋惜。（《史記》卷一二四）

五、醫者

〈扁鵲倉公列傳〉後半篇錄西漢倉公淳于意事。淳于意，齊臨淄人，爲太倉長，故稱太倉公。少而喜醫方術，又受師於同郡陽慶，得其禁方，傳黃帝、扁鵲之脈書，五色診病法，因此醫術藥論俱精。文帝四年（西元前一七六年），因罪入長安。意有五女，隨而泣。意因曰：「生子不生男，緩急無可使者！」於是幼女緹縈傷父之言，乃隨父至京。緹縈上書文帝，痛陳肉法之弊及一己之孝心。文帝悲其意，赦免淳于意，並廢除肉刑法。淳于意曾經爲齊王太后等貴族與平民百姓治病，病症由頭痛、腹痛、背痛、齲齒、脹氣到寒熱病，各種疑難雜病，都能悉心診治，是爲一代名醫。（《史記》卷一〇五）

除上所述，《史記》有〈日者列傳〉述占卜節日流年者，〈龜策列傳〉述古之卜人，〈貨殖列傳〉述工商人士等篇，亦能遍及社會民俗，有興趣者不妨參看。

第三章 《漢書》人物選析

《漢書》所記載的人物，始自漢高祖，終於王莽，其中部分人物與《史記》重複，並且以之爲底本，未能超越《史記》。故本章所選人物，在武帝朝之前，儘可能避其重複者；武帝之後的人物，透過班固的史筆，則尤能顯現其生動的音容形貌。

第一節 帝王

自高祖立國，歷文、景之治，及武帝時的強盛，漢室國庫充實，民生富庶。武帝之後，昭、宣猶可稱太平時日，至元帝以降，則西漢王朝逐漸走向衰亡之途。成帝、哀帝、平帝三朝，王莽逐步掌握朝政，終於在假立孺子嬰之後，篡位改國號「新」，始建國元年爲西元九年。西漢自高祖迄孺子嬰，計二一五年（西元前二〇六年～八年）。

一、武帝

武帝劉徹，景帝第九子，王美人所生。景帝廢栗太子劉榮，館陶長公主劉嫖（景帝姊）大力促成劉徹晉升太子之位。劉嫖有女阿嬌，年幼的劉徹嘗言：「若得阿嬌，當以金屋藏之。」後來果然迎娶阿嬌，成爲太子妃，繼而成爲陳皇后。這便是「金屋藏嬌」一語的由來。

劉徹十七歲即位，是爲武帝，改元建元（西元前一四〇年），這是歷代帝王建立年號的開始。武帝總計用了十一個年號，在位五十四年，是兩漢最高壽，也是在位最久的帝王。即位初期，因爲祖母竇太皇太后與母親王太后崇尚黃老之道，一切皆沿用文、景舊制。

建元六年（西元前一三五年），竇太皇太后病逝，王太后孤掌難鳴，二十三歲的武帝才得以大刀闊斧，依己意施政。他重新拔擢賢良方正直言極諫之士，主父偃、朱買臣都是破格任用；牧羊人卜式、商賈桑弘羊、家奴衛青、降虜金日磾等，凡真才實學者均獲得晉用。又「罷黜百家，獨尊儒術」，立太學設五經博士，於推廣儒學、培育人才皆有所成。在經濟上，大修水利，增加農產；統一幣制與財政，鹽鐵專賣，推行平準、均輸政策，掌控物資物價……，這些措施，使府庫激增，充盈富裕。

武帝是個有魄力的人，對內削弱諸侯勢力，剷除豪俠霸權，既鞏固政權，也安定了社會。對外則倚仗雄厚的國力，積極開拓西域疆土。自建元六年到天漢四年止（西元前一三五年～前九七年），武帝對匈奴一共發動十五次戰役，衛青、霍去病都是一代名將。

武帝雄才大略，但個性不免偏於武斷尖刻。這一點，司馬遷在《史記》的若干篇章已略加指明。但他最爲後世所詬病的，則是晚年迷信神仙，招延方士，建築神祠，不僅勞民傷財，更使得太子劉據被誣陷致死，朝政一時隳壞。宋人司馬光《資治通鑑》於此多所批評，相當中肯。而班固在《漢書．武帝紀》的贊語說：「如武帝之雄材大略，不改文、景之恭儉，以濟斯民，雖《詩》、《書》所稱，何有加焉！」隱約指出武帝過於強勢，倘能承襲其父祖恭儉謙和的作風，其成就必然更加可觀。（《漢書》卷六）

二、昭帝

昭帝名弗陵，武帝與趙倢伃所生。八歲立爲太子，武帝令霍光、金日磾、上官桀、桑弘羊四位大臣共同輔佐。又因昭帝年幼，恐日後女主專政，而將昭帝之母鉤弋夫人賜死。昭帝九歲即位，霍光秉承武帝「輪臺之詔」的內容爲其施政方針，輕徭薄役，與民休息，對匈奴和親，減少征戰，諸多措施，皆能收效，改善了武帝末年的凋敝景象。

昭帝在位十三年（西元前八六年～前七四年），於元平元年（西元前七四年）病逝。即位之初，燕王旦等謀反，旋即平定。但劉旦並未收斂，又與蓋長公主、上官桀等勾結。上官桀暗使人上書奏霍光「專權自恣，疑有非常」，請求燕王旦入京宿衛；但被十四歲的昭帝識破，下令逮捕僞造奏書者。上官桀又與蓋長公主密謀設宴款待霍光，伺機刺殺之，然後廢昭帝，迎燕王旦爲帝。然事機不密，楊敞、杜延年上奏昭帝，昭帝下詔逮捕上官桀等，族誅之；燕王旦自縊而死，時在昭帝元鳳元年（西元前八〇年）。霍光忠貞輔佐少主，但桑弘羊極力反對其政策，故霍光以昭帝名義，召集賢良文學六十餘人於朝廷，以問「民所疾苦，教化爲要」爲議題，進行辯論，事載於

《鹽鐵論》。這次辯論，及其後罷酒酤的措舉，在在提升了昭帝的政績。所以《漢書・昭帝紀》贊語說：「尊號曰昭，不亦宜乎！」（《漢書》卷七）

三、宣帝

宣帝劉詢，武帝太子劉據之孫。劉據死於「巫蠱之禍」，其時劉詢尚在襁褓中，其父史皇孫也被處死。廷尉監丙吉將劉詢送至民間收養，遇赦，被稱為皇曾孫。昭帝逝世，霍光奉皇太后命令，迎接昌邑王劉賀繼位。但劉賀昏庸無道，霍光上奏流放劉賀，並迎接流落在民間的劉詢進宮。劉詢為人儉樸仁慈，且熟讀《詩》、《書》，進宮不久，隨即繼位，是為漢宣帝。當時他十八歲，對霍光十分謙恭有禮，一切大事都先經過霍光。直到地節二年（西元前六八年）霍光去世，宣帝始得親政。但霍氏勢力龐大，日益驕縱。地節四年（西元前六六年）霍氏謀反被誅，朝政終告清通。

宣帝在位二十五年（西元前七三年～前四九年），吏治清平，民安其業。其為政原則雖採取「信賞必罰，綜核名實」的法家作風，但知人善任，頗親近儒士，故不致流於慘酷，堪稱漢朝政治的盛世。加上此時匈奴因天災內亂，臣服於漢，甘露三年（西元前五一年）匈奴呼韓邪單于入朝；又有趙充國平定羌亂，大漢天威得以重振。《漢書》贊曰：「孝宣之治，……功光祖宗，業垂後嗣，可謂中興，侔德殷宗、周宣矣。」以商代高宗武丁、西周宣王為媲美對象，可見其功。（《漢書》卷八）

四、元帝、成帝

西漢的衰微，是從元帝開始的。元帝劉奭，爲宣帝之太子，但「柔仁好儒」，與宣帝作風不合。宣帝並不喜愛他，曾說：「亂我家者，太子也。」還想把他換掉，但因念許皇后的舊情才作罷。宣帝臨終前下詔令樂陵侯史高、太子太傅蕭望之、少傅周堪等三人共同輔政。但史高嫉恨蕭、傅二人，與宦官石顯等勾結，朝中形成兩股相對抗的勢力。元帝不察，致使蕭望之等忠良相繼被害。元帝在位十六年，朝政皆由石顯等宦官把持。直到竟寧元年（西元前三三年）元帝去世，太子劉驁即位，是爲成帝，才將石顯罷官。石顯死於徙歸故里的途中，結束了宦官專政的局面。

成帝即位，隨之而起的是外戚專權。成帝荒淫無度，寵愛趙飛燕姊妹，朝政委任外戚王氏（王太后的兄弟）。王氏曾有「一日五侯」的殊榮，而王鳳更把持了大權，凡對王氏不滿的，即被處死。陽朔三年（西元前二一年）王鳳病死，王音、王商、王根相繼輔政。王根輔政四年，至綏和元年（西元前八年）請求告老還鄉，推薦王莽自代。十一月，王根正式告老，三十八歲的王莽就被拔擢爲大司馬而輔政。翌年，成帝死，由姪兒劉欣繼位，是爲哀帝。

元、成之世，貴族豪奢淫佚，賦稅苛重，人民生活困苦，盜賊四起，天下崩亂。元帝號稱仁柔、恭儉，但後宮用度耗費驚人，生活奢靡腐朽，致大臣直率指出，元帝「日撞亡秦之鐘，聽鄭、衛之樂」（《漢書．雋疏于薛平彭傳》）。成帝更是荒淫無道，史傳贊語說他「尊嚴若神」，有「穆穆天子之容」，但「湛于酒色，趙氏亂內，外家擅朝」，西漢王朝終於步入衰微之途。（《漢

書》卷九、十、十一）

五、哀帝、平帝、孺子嬰

哀帝即位後，其祖母傅氏和母親丁氏兩家外戚得勢。王莽被傅太后罷免、逐出朝廷。但王莽歸返新都後，即處心積慮，為自己累增聲望。元壽元年（西元前二年）因日蝕之故，哀帝召回王莽，陪侍王太皇太后。翌年，哀帝死，王太皇太后令王莽輔佐董賢治事。董賢是哀帝的寵臣，但柔佞無才，不久即被王莽收回大司馬印綬，逼迫自殺。王莽取代董賢之位，繼續輔政。

王莽重新輔政之後，首先與太皇太后議立嗣君。因哀帝無子，就以中山王箕子劉衎為帝，是為平帝，年僅九歲。為了杜絕外戚再起與王氏爭權，王莽不准平帝母親衛氏入京，王莽之子王宇企圖幫助衛氏，也被王莽處死。元帝在位五年，王莽積極剷除異己，培植心腹，朝廷上下皆為王莽所控制。平帝元始元年（西元一年）王莽進位為安漢公。不久，王莽更藉此權位，令百官不必向太后奏事，奪取太后的參政權。元始二年，王莽又將女兒嫁給十三歲的平帝為皇后。有司奏請厚賜王莽，王莽假意推辭，並以其中三千三百萬錢分給貧弱的族人。因此，群臣要求加安漢公為宰衡之稱，以比擬伊尹和周公。王莽的聲望漸高，賞賜愈重，至元始五年，太后更加王莽以九錫，可說貴重至極，無人出其左右。王莽的政策，並非皆不可取，《漢書．平帝紀》贊曰：「孝平之世，政自莽出，褒善顯功，以自尊盛」，但「至乎變異見於上，民怨於下，莽亦不能文也。」可見史書昭如日月，王莽不得諉過。平帝於元始五年十二月突然去世，據說被王莽鴆殺毒死。

平帝死後，王莽選立年僅兩歲的廣戚侯之子嬰即位，是爲孺子嬰。朝臣王舜等敦請太后下詔，令王莽「如周公故事」居攝，一切朝儀與天子同，代行皇帝之權。王莽自稱「假皇帝」，臣民稱之爲「攝皇帝」。初始元年（西元八年），四川梓潼人哀章獻銅匱，內有策書說王莽爲真天子。王莽欣然拜受，昭告天下，在未央宮即真天子位，改國號爲「新」，始建國元年爲西元九年。將孺子嬰逐出宮牆，封爲安定公。王莽時年五十三歲。漢王朝宣告衰亡，是爲西漢。（《漢書》卷十一、十二）

六、王莽

《漢書》把王莽的傳記放在第九十九卷，也就是敘傳之前，最後一篇傳記。以史家正統觀，王莽當然不宜放在帝王之列，這裡爲了敘述方便，姑且附於此，以總結西漢時代的政治與歷史。

王莽字巨君，父曼爲王太后的兄弟，早死，不及封侯。當王鳳等外戚專權時，莽獨孤貧，折節讀書。事母及寡嫂，養孤兄子，內行修敕，外交賢士，刻意事奉地方父老。他這種謙卑的行爲，後世都以爲是矯情僞飾，沽名釣譽罷了。自成帝時入仕，以迄假立孺子嬰，終至篡位，王莽的野心勃勃，不僅剷除異己，結黨營私，更可以犧牲自己的兒子、媳婦、叔父等，以鞏固自己專擅的政權。而其法令嚴苛，更促使盜賊四起，民不聊生。在外交方面，由於政令不當，與匈奴單于、高句麗、句町等外族均發生衝突，征戰連年，徒勞無功，也頗耗損國力。天鳳四年（西元一七年）起，國內又迭生旱災、蟲災，天怒人怨，終於引發民亂。及更始兵攻入長安，誅殺王莽，歷祚十四年（西元九年～二三年）的新朝，方告結束。

《漢書》本傳贊曰：「王莽始起外戚，折節力行，以要名譽，宗族稱孝，師友歸仁。及其居位輔政，成、哀之際，勤勞國家，直道而行，動見稱述。豈所謂『在家必聞，在國必聞』，『色取仁而行違』者邪？」「迺始恣睢，奮其威詐，滔天虐民，窮凶極惡，毒流諸夏，亂延蠻貉，猶未足逞其欲焉。……自書傳所載亂臣賊子無道之人，考其禍敗，未有如莽之甚者也！」可見虛僞矯詐的亂臣賊子必將遺臭萬年。（《漢書》卷九九）

第二節　文臣賢士

一、霍光

霍光是西漢出色的政治家。武帝死後，霍光輔佐昭帝、宣帝，執政二十年。其間施政寬和，民生富庶，社會安定。後世以周公、伊尹之賢稱讚他。

據〈霍光傳〉所述，霍光字子孟，爲驃騎將軍霍去病同父異母之弟。霍光十餘歲時，因去病的引薦，做了武帝的郎官，後提升爲侍中。去病死後，霍光做了車都尉光祿大夫，成爲武帝信任的人。出入宮廷二十多年，言行非常謹慎，不曾出錯。武帝晚年，認定霍光可以託負重任，就令畫工畫了「周公負成王朝諸侯」圖賜給霍光。武帝病重，詔令霍光輔佐少主。於是，霍光拜爲大司馬大將軍，金日磾爲車騎將軍，上官桀爲左將軍，桑弘羊爲御史大夫，四人共同輔佐八歲的昭帝，而由霍光總攬政權。

霍光爲人穩重謹慎，出入宮門下殿階，停走都有一定的位置。旁人暗中觀察記錄，每次都不差分寸。霍光開始輔政後，某一夜，因宮中發生怪事，霍光召見掌玉璽的小官，叫他交出玉璽。小官誓死保護代表天子威權的玉璽，不肯輕易交出。霍光認爲他做得很對，第二天就下令連升他兩級的俸祿。由此二事可知霍光嚴謹剛直的個性。

霍光執政二十年，「白姓充實，四夷賓服」。傳末贊語肯定他擁立幼君，如周公、伊尹，有安定社稷之功。在處理政事上，也能「因權制敵，以成其忠。處廢置之際，臨大節而不可奪，遂匡國家，安社稷」，相當有魄力。但霍光功高震主，霍氏家族因之富貴強大，形成一股惡勢力，有顛覆王室之虞，也不容諱言。是故，霍光死時備極哀榮，但三年內，其宗族都已被誅除殆盡，令人痛惜。（《漢書》卷六八）

二、金日磾

金日磾（ㄉㄧ）與霍光同受武帝遺詔輔政。〈金日磾傳〉云，金本是匈奴休屠王的太子，因休屠王作金人以祭天，故賜姓金，號翁叔。武帝元狩元年（西元前一二二年），霍去病率兵擊破匈奴右地，休屠王、昆邪王欲投降漢朝，以避免匈奴單于的殺害。後來休屠王後悔，昆邪王便殺死他，且帶了他的兵眾降漢。金日磾因爲父親是不降被殺的，所以沒入官中，派他到黃門養馬。這時他才十四歲，幾年後，受到武帝欣賞拔擢，拜爲馬監，隨即升遷侍中駙馬都尉光祿大夫。金日磾深得武帝信任，旁人因爲他是個胡人，就說出嫉妒誹謗的話，但武帝反而更加看重他。武帝還嘉獎他的母親，認爲她教子有方，下詔爲她死後畫像，題爲「休屠王閼氏」，掛在甘泉宮，金日磾孝思不匱，每見到畫像，都要跪拜哭泣一番。金日磾的兩個兒子也受到武帝寵愛，但金日磾並不容許他們胡作非爲，長子淫亂宮人，金日磾就把他殺了。武帝知情後，更加敬重他。金日磾非常機警，曾抱病擒拿亂黨莽何羅。武帝臨終囑託金日磾與霍光等一同輔助少主，可見他雖是外族，但才德皆爲人所信服。如同其傳末贊語云：「金日磾夷狄亡國，羈虜漢庭，而以篤敬寤主，忠信自著，勒功上將，傳國後嗣，世名忠孝，七世內侍，何其盛也！」（《漢書》卷六八）

三、蕭望之

蕭望之，字長倩，東海蘭陵人，徙杜陵。家本務農，至望之，好學，精研《詩》、《禮》。昭帝時，霍光輔政，因上官桀等謀亂，凡出入宮廷者皆須搜身，由兩衛士挾持乃入。望之直言此舉不當，雖因此不獲晉用，仍不以爲意。宣帝繼位，素聞望之聲名，召對。望之對奏，條理清晰，公正務實。宣帝拜之爲謁者。此後望之多上書建言，獲宣帝賞識採納。宣帝察其明經持重，論議有餘，任以左馮翊，主事三年，京師稱譽，遷大鴻臚。神爵三年（西元前五九年），望之代丙吉爲御史大夫。匈奴亂，朝臣多主張舉兵滅之。獨望之以爲應佐助呼韓邪單于定其國，以仁義收服四夷。宣帝從之。

望之直言諫議，但不免有逾越權責的時候。例如見百姓乏困，盜賊不止，便上奏自咎，宣帝以爲其意在詆毀丞相丙吉，相當不悅。有人奏望之傲慢不遜，對丞相無禮，宣帝乃將之左遷爲太子少傅。元帝繼位，弘恭、石顯掌權，欲剷除望之，上奏。元帝不知奏文中「謁者召致廷尉」即下獄之意，竟准其奏。望之年踰六十，不願受此屈辱，於是飲鴆自殺。元帝聞之大驚，涕泣哀慟良久。本傳贊曰：「望之堂堂，折而不橈，身爲儒宗，有輔佐之能，近古社稷臣也。」評價頗高。（《漢書》卷七八）

四、趙廣漢、張敞、王章

趙廣漢，字子都，蠡吾人。宣帝時任潁川太守，政績卓越，升遷爲京兆尹。爲人廉潔通敏，曾矯治豪俠杜建及其賓客，使之不敢囂張。杜建不從，終被處死棄市，京師人莫不稱快。又繼續整治潁川奸黨，吏民同心合作，制止亂源。因此威名遠播，名聞匈奴。趙廣漢認真盡責，時常接見吏民，以至通宵達旦。他最擅長「鉤距」法，類似今之市場調查的方法，來制定物價，維持經濟穩定。趙廣漢執法嚴格，後因丞相魏相夫人殺婢疑案，被蕭望之彈劾，以「摧辱大臣，欲以劫持奉公，逆節傷化，不道」之罪狀下獄。其時吏民爲之號泣者數萬，願代之死。趙廣漢最後仍然坐罪腰斬。

張敞，字子高，平陽人。宣帝時爲太僕，以切諫得名。遷膠東相，捕盜賊有功。後爲京兆尹，朝廷大事，多所以議處。因事忤霍光，出爲函谷都尉，又徙山陽太守。適逢京師盜賊數起，冀州亦有大賊，復起爲冀州刺史，平定賊亂。元帝立，欲召爲左馮翊。不巧，張敞病卒。張敞最爲人所熟知者，就是爲婦畫眉，當時有司以爲這是輕佻之舉，上奏，皇帝愛其才，不忍責備。

王章，字仲卿，鉅平人。少以文學名，但家貧不能自立。一日，病臥於牛衣中，以爲將死，與妻泣別。其妻義正辭嚴地教訓他、激勵他，才勉力振作。後出任諫大夫，剛直敢言。元帝初年，直諫石顯，免官。成帝繼位，當權者王鳳欲提拔他，給他京兆尹的高位，他不屑於攀附。發生日蝕現象，代表政治不安寧，王章上奏彈劾王鳳。妻子勸他不要強出頭，當記「牛衣涕泣」時的困頓。王章不聽，仍然上表，結果下獄而死。「牛衣對泣」成爲後人比喻貧賤夫妻的成語。

贊語云：「吏民爲之語曰：『前有趙、張，後有三王。』……廣漢聰明，下不能欺。……張敞衎衎，履忠進言，緣飾儒雅。刑罰必行，縱赦有度，條教可觀，然被輕媠（惰）之名。……王章剛直守節，不量輕重，以陷刑戮，妻子流遷，哀哉！」本卷所收人物，大底都是剛直正義之士。除前文所述外，尚有尹翁歸、韓延壽、王尊三人。（《漢書》卷七六）

五、龔勝

龔勝，字君賓，彭城人。好學明經，三度舉爲孝廉。與龔舍（字君倩）相交，並著名節，世稱楚之兩龔。龔舍通五經，不仕。王莽篡漢，特意籠絡龔勝，差使臣到他家，拜之爲講學祭酒。龔勝託病不應徵召。過了二年，王莽再差使臣捧璽書和太子師友祭酒的印綬，隆重去迎接他，龔勝仍然稱病不起。使臣把印綬加在他身上，龔勝每次都推開不受。使臣不得已只好每五天和太守去問候他的情況，又透過其子傳話給他，表示富貴指日可待，最好領受恩旨。龔勝自知無法推卻，就交代後事，絕食十四天而死。年七十九歲。門人、父老哭喪者百餘人。龔勝義不受詔，史贊曰「守死善道」。（《漢書》卷七二）

六、司馬遷

司馬遷的生平，《史記・太史公自序》已略見梗概。《漢書》卷六二爲其本傳。詳參前文《史記》作者介紹（本書頁六～八）。

七、楊惲

楊惲，字子幼。昭帝時丞相楊敞的兒子，司馬遷的外孫。宣帝時封爲平通侯，官至諸吏光祿勳。〈楊惲傳〉附於〈楊敞傳〉末。史書說他最先讀外祖司馬遷的《史記》，對《春秋》也很熟悉，相當有才華。喜歡結交才智出眾的儒生，名氣頗大，被提拔爲左曹。首先揭發霍氏家族謀反的事情，因此被封爲平通侯，升任中郎將。楊惲重義輕財，曾經把自己從父親那兒得來的五百萬錢財，散發給同宗族的人。後來又把繼母留給他的財產，分給繼母的兄弟，也是五百多萬錢。他最痛恨賄賂貪財，大力懲治了「山郎」送賄升官的惡習。但他自矜才調，爲人刻薄，在朝廷得罪了不少人。尤其與太僕戴長樂不合，終因而下獄。皇帝免其死罪，卻將他貶爲平民。楊惲退居鄉間，仍然忿忿不平，給友人孫會宗的回信中，大肆宣洩對現實的不滿，從而觸怒朝廷，被處以腰

斬，妻、子流放酒泉。楊惲的狂介，頗得外祖司馬遷之遺風。（《漢書》卷六六）

八、揚雄

揚雄，字子雲，蜀郡成都人。少好學，博覽群書。《漢書》本傳說他「爲人簡易佚蕩，口吃不能劇談，默而好深湛之思。」四十歲才得官，歷成、哀、平三世，都不曾升遷。王莽篡位，談說之士多因用符命頌功德而獲封爵，揚雄仍不得封侯，只以久爲耆老，轉爲大夫。後來王莽禁用符命，劉歆之子棻復獻之，王莽放逐棻。因爲棻曾跟從揚雄學作奇字，揚雄自忖不能免受牽連，所以治獄使者一到，揚雄就從校書的天祿閣往下跳，幾乎致死。後來王莽沒有再追究。揚雄早年好作辭賦，以司馬相如爲師法對象。成帝時，獻〈甘泉〉、〈河東〉、〈校獵〉（又稱〈羽獵〉）、〈長楊〉四賦，名動一時。但後來又頗悔少作，《法言・吾子篇》說是「童子雕蟲篆刻」、「壯夫不爲」，因此仿《易》作《太玄》、仿《論語》作《法言》等，想要抱經守義，闡揚儒者之道。揚雄爲人清靜簡樸，本傳說他「不汲汲於富貴，不戚戚於貧賤」，最終志向乃在於文章立名不朽，所以本傳也說他「實好古而樂道，其意欲求文章成名於後世。」但揚雄深受後人訾議，因他曾經說過恭維王莽的話，〈劇秦美新〉一文即是焦點所在。但此文本傳不載，見《昭明文選》；《漢書》是肯定揚雄的。今學者也多認爲，揚雄無權勢，面對凶殘的王莽，這些言論或許是出於自保。（《漢書》卷八七）

第三節 武將豪傑

一、蘇武

蘇武字子卿，其父蘇建以軍功封平陵侯，蘇武兄弟皆因此得任爲郎官。蘇武的傳記即附在〈蘇建傳〉末。蘇武有如今之外交官，然深入匈奴敵境，勇毅過人如豪傑，故列入本節。

武帝天漢元年（西元前一〇〇年），且鞮侯單于向漢室稱臣，於是武帝派遣蘇武以中郎將的身分持旄節出使匈奴，護送被扣留在漢朝的匈奴使者回國。但因爲副中郎將張勝介入緱王、虞常的謀反事件，因此激怒了匈奴單于，招來蘇武受審，要逼迫他投降。蘇武抵死不從，即使在飲雪吞氈，北海牧羊的艱困環境下，每天仍然拄著漢朝的旄節，不忘記自己的身分職責。

蘇武出使匈奴第二年，李陵投降了匈奴。過了很久，李陵才到北海會見蘇武。李陵意在勸降，反因蘇武大義凜然的言語而自慚形穢。第二次會面，李陵帶來武帝駕崩的消息，蘇武哀慟不已。昭帝繼位後，匈奴與漢朝和好結親。李陵三度會見蘇武，長歌泣別。《漢書》在寫蘇武與李陵的友誼，以及二人處境的對比，都相當細膩動人。

昭帝始元六年（西元八一年）春天，蘇武等九人回到京師。蘇武羈留匈奴凡十九年，「始以彊（強）壯出，及還，須（鬚）髮盡白」，其志節堅毅若是，後人推崇是民族氣節的表徵。

蘇武曾因爲燕王謀反事，坐罪免官。但昭帝逝世，宣帝仍相當器重蘇武，推崇他是著節老臣，

號為「祭酒」。「使於四方，不辱君命」的蘇武，享年八十餘，國人重之。（《漢書》卷五四）

二、張騫

張騫，漢中人。武帝建元二年（西元前一三九年）出使西域，目的在於聯絡大月氏，以夾擊匈奴。張騫的隊伍取道匈奴，被匈奴單于扣留，並為他選配妻室，生下兒子。大約過了十年，張騫才脫逃，到達大月氏。其時大月氏已併吞大夏，無意與匈奴為敵。張騫得不到大月氏要領，居留年餘，折返。回途又被匈奴俘獲，又扣留一年多，適單于去世，匈奴國內大亂，才帶著妻兒和部屬歸漢。總計張騫此次出使，凡十三年，被匈奴二次扣留，前後共十一年之久。出發時百餘人的隊伍，到歸來時，只餘二人。雖然情況慘淡，但張騫身體強健，為人寬大誠信，西域各國君主，都很欣賞他。他持節不降匈奴，也獲得漢室的肯定。

張騫歸國後，為武帝說明西域各國的地形、風俗。他建議與各國交通結盟，「誠得而以義屬之，則廣地萬里，重九譯，致殊俗，威德徧於四海。」武帝欣然納之，更積極開拓域外關係。元朔六年（西元前一二三年），張騫跟從大將軍衛青出擊匈奴，由於他熟悉地形，尋獲水草處供給人馬休養，有助於戰功，因此被封為博望侯。

元狩四年（西元前一一九年），張騫再次出使。他率領龐大的使團，攜帶豐厚的財貨，抵達烏孫。烏孫這才知道漢室果然富強，後來與漢室和親。張騫歸國後，擔任專門接待外國使節的大臣。一年多以後，去世。但他的副使仍繼續與大夏等國往來，西北各國和漢室開始通使交往，這都是張騫的功勞。因此以後出使西北各國的人，都沿稱博望侯，以取信於外國。張騫兩次出使，加強了漢民族與西域各族的聯繫，在經濟、文化的交流上，有重大的貢獻。（《漢書》卷六一）

三、趙充國、辛慶忌

趙充國，字翁孫，隴西上邽人，後徙金城令居。善騎射、好兵法，沈勇有謀略，通知四夷之事。武帝時，以假司馬從貳師將軍李廣利擊匈奴，身陷敵陣，受創二十餘處，仍奮戰到底。武帝親視其創，嗟歎嘉許，拜爲中郎將。後又擊定武都氐人，屢破匈奴，官拜後將軍。宣帝時，功封營平侯。西羌叛，其時充國七十餘歲，仍自動請纓殺敵。他抵達金城，首先招降罕、开，擊破先零，又奏陳屯田十二便，使寓兵於農，以便儲糧制敵，掌握軍心。

趙充國勇武忠謹，告老還鄉後，朝廷每有四夷大議，仍常常向他請教。卒年八十六。以功德和霍光齊等，列畫未央宮。成帝時，西羌嘗有警，皇帝更追緬充國的英勇，召揚雄即其圖畫而頌之，說他是「漢命虎臣」，對四夷「諭以威德」，「在漢中興，充國作武」，以周朝的方叔、召虎比喻充國的豐功偉業。

辛慶忌，字子真，狄道人。父武賢，亦爲武將。慶忌屯田烏孫赤谷城，有戰功。元帝時，鎮守張掖、酒泉，所在著名。《漢書》本傳說他居處儉敬，正直仁勇，與父親皆以勇武顯聞。匈奴、西域諸國咸敬其威信。（《漢書》卷六九）

四、傅介子、常惠、鄭吉

傅介子，義渠人。年四十，好學書，嘗自歎：「大丈夫當立功絕域，何能坐事散儒。」遂從軍。昭帝元鳳年間（西元前八〇年～前七五年），以駿馬監出使大宛。皇帝詔令責備樓蘭、龜茲兩國，因為二國都聽命於匈奴，對漢室不利。傅介子果然不負使命，使二國臣服，並且又斬殺了匈奴使臣，方才回到漢室。因此召拜他為中郎，後遷平樂監。傅介子又對霍光說，樓蘭、龜茲反覆不定，若不誅滅，不足為戒。霍光同意他先到樓蘭。傅介子用計誘殺樓蘭王安歸，帶著他的首級回京師。因為安歸曾經做過匈奴的奸細，出賣漢使，所以大家都說他是「以直報怨」，皇帝還封他為義陽侯。這個爵位可以世襲，直到王莽敗後，官爵才斷絕。

常惠，太原人。武帝時，隨蘇武出使匈奴，拘留十多年才歸返。昭帝拜為光祿大夫。宣帝時，為校尉，持節護烏孫兵擊匈奴，封長羅侯。後接任蘇武為典屬國，掌管外交事宜。勤勞有功，拜為右將軍。

鄭吉，會稽人。以小兵身分從軍，數出西域，熟習四夷之事。宣帝時，攻破車師，降日逐，威震西域，累官衛司馬，為西域都護。漢朝設立都護，自鄭吉始。

傅、常、鄭等人，皆因建功西域而立傳。同卷尚有甘延壽、陳湯、段會宗三人。（《漢書》卷七十）

五、馮奉世

馮奉世，字子明，上黨郡潞人。武帝末以良家子選爲郎。昭帝時以功次補武安長。後失官，年三十餘，改習兵法。宣帝時出使西域諸國，曾矯詔發兵擊莎車，威振西域。宣帝大悅，欲厚封重賞。少府蕭望之以爲奉世矯制違命，發諸國兵，雖有功效，不可以爲後法。宣帝以爲善，封奉世爲光祿大夫、水衡都尉。西河、上郡羌胡再次反叛，奉世持節率兵追擊。右將軍典屬國常惠薨，奉世代之，加諸吏之號。數年後，爲光祿勳。元帝永光二年（西元前四二年），西羌因饑荒而叛變，詔召丞相韋玄成、御史大夫鄭弘、大司馬車騎將軍王接、左將軍許嘉、右將軍馮奉世入議。丞相等人以爲派萬人屯守足矣，奉世以爲需四萬人，一月足以平定。最後宣帝派奉世率一萬二千人至隴西屯守。奉世兵分三路，所到皆捷，破羌虜盛多，於是請求增加兵馬三萬六千，以便完全平定。皇帝允諾發兵六萬，並派遣任千秋爲奮武將軍，前往援助。孰料奉世相當有自信，上書說：「願得其眾，不須復煩大將。」並要求增加軍需物資。皇帝責備他有私心，要他等待與奮武將軍會合聯擊。十月，援兵到達隴西，十一月，大破羌虜，羌胡潰逃出塞。次年二月，奉世還京師。後錄功拜爵，賜爲關內侯。奉世的武功事業，僅次於趙充國。有子九人，女四人。長女媛選入後宮，爲元帝昭儀，生中山孝王，爲平帝的祖母。（《漢書》卷七九）

第四節　女性、社會群相

一、元后

元帝皇后王政君，爲王莽之姑母。歷元、成、哀、平四朝爲天下母，年六十餘。性情婉順端謹，卜者言其「當大貴，不可言」，父王禁乃教書、學鼓琴。宣帝時，以家人子得幸於太子，有身，生成帝，爲嫡皇孫，宣帝愛之。宣帝崩，太子即位，是爲元帝，政君封爲皇后。元帝崩，成帝繼位，尊皇后爲皇太后，重用其同母兄王鳳爲大將軍。王氏之興，自鳳始。封侯者，凡十人。成帝崩，哀帝繼位，太后詔令王莽罷官回鄉，哀帝仍優遇之，封賞有功。元壽二年（西元前一年），徵召莽回京。次年，哀帝崩，太后以莽爲大司馬，立二歲的中山王爲帝。莽外壹群臣，令稱己功德，又內媚侍臣，賄賂以千萬，使爲之進言，因此深得太后寵信。莽簒位以後，太后始知其野心，內心十分怨恨，也不肯屈服，任莽更改朝服正朔，仍然奉漢正朔。莽請交出國璽，太后初不肯，迫於無奈，只得獻出。曾說：「我漢家老寡婦，旦暮且死，欲與此璽俱葬，終不可得！」語極悲慟壯烈，但班彪在傳末贊語說這是「婦人之仁」，因爲大勢已去，徒勞無功。論其源始，諸王氏也是因王太后而驕盛，王莽更是恃寵而驕；只能說王太后識人不明，悔恨已晚。（《漢書》卷九八）

二、班倢伃

班倢伃，左曹越騎班況之女，成帝之倢伃。善誦《詩》及古箴戒之書，賢德知禮。成帝遊於後庭，欲與之同車，班倢伃勸說不可，因爲古畫所示，賢聖之君皆有名臣在側，只有夏、商、周三代的末主才以女妾同行。成帝嘉許其言，並聽從之。趙飛燕得寵，班倢伃非常懂得自處，不憂

不懼。後來看見趙氏姊妹益加驕妒，自求到長信宮供養太后。成帝崩，她被安排守護園陵，死後即葬在園中。（《漢書》卷九七）

三、趙皇后

成帝趙皇后飛燕，善歌舞。本長安宮人，賜陽阿主。成帝微行出訪陽阿主，見飛燕而悅之，召入宮，大幸。飛燕復召其妹入，俱爲倢伃，貴傾後宮。成帝廢許皇后，立飛燕爲皇后，其妹爲昭儀。趙氏所居，黃金白玉，後宮未嘗有如此富貴者。而其妹昭儀更得專寵，凡後宮嬪妃有孕者，不是被她逼死嬰兒，就是被迫吃藥墮胎。成帝也一任趙氏姊妹的驕縱，至死都沒有子嗣。趙飛燕姊妹淫亂後宮，也成爲後人警戒的對象。謂之「紅顏禍水」。（《漢書》卷九七）

四、平王后

平帝皇后，王莽之女也。平帝即位，王莽欲效霍光故事，以九歲女兒配給平帝。大后初不願意，不得已許之。平帝崩，數年後，莽篡位自立。時王后年十八，爲人婉懿有節操，常稱疾不朝會。莽敬憚傷哀，欲嫁之。王后聞之大怒，稱病不起，莽亦不敢勉強。到漢兵誅莽，火燒未央宮時，王后悲歎：「何面目以見漢家！」自投火中而死。王后雖爲王莽之女，但淑德兼備，不爲存亡改意，可謂節行不污。（《漢書》卷九七）

五、王昭君

王昭君，名牆（嬙），元帝後宮良家子。竟寧元年（西元前三三年），匈奴請和親，元帝乃以昭君賜呼韓邪單于。昭君嫁至匈奴國，號寧胡閼氏，生一男。呼韓邪死，其子雕陶莫皋繼立，依胡俗，復妻昭君，生二女。其事見《漢書》卷九四〈匈奴傳〉。史上王昭君事跡相當簡略，但可謂和親有功。而自晉人《西京雜記》起，對昭君和番故事多所增添，形成元帝與昭君哀怨動人的浪漫愛情，歌頌昭君寧死不嫁匈奴的高貴節操。這都是後來對史事的附會，雖然失真，但卻具有華夷之辨的民族意識。

六、儒林

《漢書．儒林傳》記述西漢儒生及儒學發展的情形。武帝建元五年（西元前一三六年），崇尚黃、老的竇太后去世，武帝便設立了《詩》、《書》、《易》、《禮》、《春秋》五經博士，獨尊儒術。元朔五年（西前一二四年），任博士公孫弘為丞相，並納其議，於太學招收博士弟子員，學成通過考核則可任官。儒學由是興盛。到宣帝朝，博士弟子員增多，論學也有多方面的發展，於是在甘露三年（西元前五一年），命諸儒於石渠閣講論五經異同，結果將五經博士的門派由七家擴增為十四家。但這些都屬於今文經博士，他們研讀的是以當時通行的隸書抄錄口傳下來的經文與章句解釋。另有古文經，係以漢代之前的古文字寫成，因秦嚴禁《詩》、《書》，這些古文簡冊多藏於夾壁地下，慢慢才被發掘出來，獻給官方。孔安國、劉歆都是重要的古文經家。平帝元始元年（西元一年），劉歆奏立古文經於學官，《左氏春秋》、《毛詩》、《逸禮》、《古文尚書》才設立博士學官。（《漢書》卷八八）

七、循吏

《史記・循吏傳》未言及西漢的良吏，其〈酷吏傳〉則言及西漢的惡吏，顯然有強烈的褒貶意味。《漢書・循吏傳》所述者，爲西漢一代「上順公法、下順人情」的良吏。他們奉公守法，公正廉明，執法不至於嚴苛，而使人民順服，可說是稱職的地方官，和酷吏相比較，循吏在情理法上拿捏合宜，因此更得人民愛戴。例如景帝末，文翁爲蜀郡守，仁愛好教化，於成都修立學官，使蜀人好學向善。他終老於蜀，死後人民還爲他立祠堂祭祀。由於他的影響，巴、蜀一帶，頗好文雅。又如黃霸，少習律令，立志爲官。但在武帝、昭帝朝，上位者用法嚴深，黃霸並不因此而更加嚴酷，以討好上位者，他仍然依法處議，寬和愛民。宣帝即位，知其賢明，召以爲廷尉正，數決疑獄，舉朝上下，都稱美他執法公平。黃霸後來做到太子太傅，遷御史大夫，甚至一度代丙吉爲丞相。但黃霸擅長的是治理民務，對於丞相之職，並不十分適任。《漢書》給他的定位是：「然自漢興，言治民吏，以霸爲首。」（《漢書》卷八九）

八、酷吏

《漢書・酷吏傳》篇首有言，治理人民最理想的境界是孔子所說的「導之以德，齊之以禮，有恥且格。」但當天下姦軌愈起，上下相遁，至於朝綱不振，「當是之時，吏治若救火揚沸，非武健嚴酷，惡能勝其任而婾快乎？」故知在天下多亂之際，酷吏行嚴刑峻法，實不得已也，並不能引爲常理。

〈酷吏傳〉中，嚴延年的事跡最引人注目。延年字次卿，東海下邳人。其父爲丞相府文書，故延年少學法律於丞相府。霍光廢昌邑王，尊立宣帝。宣帝初即位，延年劾奏光「擅廢立，亡人臣禮，不道。」雖不被採納，但朝廷對他肅然敬憚。派任涿郡太守。涿郡富豪爲亂，盜賊四起，延年首先重懲高氏富豪，窮竟其姦，誅殺數十人。從此郡中震恐，路不拾遺。三年，遷河南太守。摧折豪強，扶助貧弱，威名遠播。又擅長文書，文案整密，操控判決大權，連親近的小吏都不能探知其意。凡盡忠盡節者，延年皆厚遇之如骨肉，因此深得人心，治下無隱情。某年冬月，傳令縣囚，聚集郡府，一概處死，流血數里，時人號曰「屠伯」。從此令行禁止，郡中正清。當時的京兆尹張敞，與延年有交情，嘗勸他不要刻急，殺人太多。延年的母親，也曾經嚴正規勸，但延年不聽勸，自以爲是。黃霸以寬恕爲治，得宣帝重賞，延年更不以爲然。不久，左馮翊出缺，宣帝欲徵召延年，因其酷吏的名聲，作罷。最後因爲有人上奏延年十大罪名，經查明屬實，延年被斬棄市。（《漢書》卷九十）

九、游俠

游俠之風，始自戰國。漢初，外戚大臣仍然競逞豪俠風氣，布衣者如劇孟、郭解，權行州域，力折公侯，其權勢之大，不容忽視。這裡介紹西漢末年的游俠陳遵。

陳遵，字孟公，杜陵人。祖父與宣帝有舊交情，因此得官。陳遵少孤，與張竦俱爲京兆史。張竦博學通達，以廉儉自守，而陳遵放縱不拘，兩人個性截然不同，但友誼深厚。哀帝時，二人同入公府爲官。陳遵身材高大，長頭大鼻，相貌偉岸。行事不拘小節，好飲酒，賓客盈門。略通傳記，善於文辭，也擅長書法，得到他書信的人，都如獲至寶。治理公事，也很簡明快速。任河南太守時，只是口授文書給各大小官員，但皆切中要意，令人吃驚。王莽敗，大臣推薦陳遵出使匈奴。單于欲脅迫陳遵，陳遵爲之詳說利害曲直，單于大奇之，遣還。留守朔方，酒醉被賊所殺。陳遵性格豪邁，有才氣，結交天下豪傑，確實有俠者之風。（《漢書》卷九二）

《漢書》尚有〈貨殖傳〉寫有名的商人，〈佞幸傳〉寫寵臣，〈外戚傳〉記后妃，其中若干女性已於前文介紹。〈外戚傳〉是《漢書》新立的標目，非《史記》所有。此外，記載中國鄰近的民族，有〈匈奴傳〉、〈西南夷兩粵朝鮮傳〉、〈西域傳〉等，其中〈西域傳〉所載西域各國之戶口、軍隊、物產、民情、與漢朝的關係等，都已經超越《史記．大宛列傳》。

第四章　《後漢書》人物選析

《後漢書》所收錄人物，屬東漢時代。東漢自光武帝稱帝至曹丕篡漢，朝祚共一九五年（西元二五年～二二〇年）。前期的光武帝、明帝、章帝、和帝四朝，爲東漢政權承平時代，共八十一年（西元二五年～一〇五年）；和帝以後，東漢政權已轉向衰微。由於宦官與外戚爭權，因而發生黨錮之禍，再加上社會紊亂、百姓不安，黃巾賊亂，因此後期的殤帝、安帝、順帝、沖帝、質帝、桓帝、靈帝、少帝與獻帝等，局勢每下愈況，終致無可挽回。

第一節　帝　王

一、光武帝

光武帝劉秀，字文叔，爲景帝之子長沙定王發的後裔。父劉欽，於劉秀九歲時去世。兄劉縯，任俠好賓客，而劉秀則謹厚種田維生。王莽地皇三年（西元二二年），劉縯、劉秀兄弟起兵於舂陵（湖北棗陽）。李通、鄧晨等亦先後舉事。劉縯兵勢強大，連破王莽多位大將。但眾人畏懼劉縯嚴明，因而擁立劉玄（劉縯族兄）為皇帝，改元更始（西元二三年）。

昆陽一役，劉秀嶄露頭角。但此役不久，更始皇帝殺掉劉縯。劉秀因無力與之對立，因此隱忍謙遜，也不敢為劉縯服喪。更始拜他為破虜大將軍，封武功侯。更始二年（西元二四年），更始遷都長安後，生活腐化，軍紀敗壞，赤眉軍竄起，天下更加衰亂。更始三年，更始投降赤眉。劉秀於河北平亂，拒絕罷兵南歸。適儒生彊華獻符命。劉秀因此稱帝，改元建武，宣布大赦天下，是為光武帝。

建武元年（西元二五年）十月，劉秀建都洛陽。建武三年，赤眉軍投降，長安亦為劉秀所有。此後著手廓清各地亂軍，直到建武十三年始告統一。

光武帝治理天下，以「安靜」為主，簡樸、不擾民，與民休息。他深知自起事以來，百姓遭受戰爭荼毒，因此輕徭薄賦，使百姓可以重新安定生活。在選任方面，他退功臣而進文吏，尤其重視有氣節的文士。同時又削弱地方軍權、嚴禁外戚參政，使政權更加鞏固。光武帝大力提倡節儉，不僅身體力行，更形成影響。例如文書信札，皆「一札十行，細書成文，勤約之風，行於上下」（〈循吏列傳〉）；連後宮的郭皇后、陰皇后也恭儉自持，絕少嗜玩。光武帝身為開國帝王，史書說他「雖身濟大業，兢兢如不及，故能明慎政體，總攬權綱，量時度力，舉無過事。退功臣而進文吏，戢弓矢而散牛馬，雖道未方古，斯亦止戈之武焉。」可知他不僅有征戰的本事，也懂得文治天下，是個文武才智兼備的英明帝王。（《後漢書》卷一）

二、明帝、章帝

明帝劉莊，陰皇后所生。光武帝有十一個皇子，明帝爲第四子。建武十七年（西元四一年），郭皇后失寵被貶爲中山王太后，太子劉彊自動請求備藩國，將太子位讓出。於是光武帝於建武十九年改立劉莊爲皇太子，其年十九。三十歲即位，在位十九年。在位期間，謹守光武帝的政規，更經常下詔減輕刑罰或赦免罪犯，減免稅收與傜役，敦促官吏務平刑罰等等。又實施「假民公田」，把公田租借給貧民耕作。對於外戚，也謹守「後宮之家不得封侯與政」，連大將馬援，因其女爲皇后，也刻意抑制其地位。

明帝對諸侯王採取寬容的態度，東海靖王劉政、濟南安王劉康都曾觸法，明帝只是輕罰，削去若干食邑而已。楚王劉英企圖謀反，有司查證屬實，奏請誅之。但明帝不忍，赦其死罪，徙丹陽（安徽境內）涇縣，不久劉英自殺。但搜捕其黨羽，坐死、徙者以千數。直到章帝建初二年（西元七七年）才了結。

明帝「善刑理，法令分明。……斷獄得情，號居前代十二（減少十分之二的刑罰）。」史書認爲他可以和光武帝相提並論。

章帝劉炟，明帝之第五子。十九歲即位，治國十三年。個性寬容，喜好儒術。明帝重視法令，不免嚴苛，章帝則更寬厚，仁民愛物，選用良吏，更徹底執行「假民公田」，鼓勵人民生產，自給自足。章帝崩，亦恪遵自光武、明帝以來之法制，不立寢廟。史書對章帝十分讚賞，說他治理

天下，「體之以忠恕，文之以禮樂」，所以「氣調時豫，憲平人富」，是一代明君。（《後漢書》卷二、三）

三、和帝

和帝劉肇，爲梁貴人所生，章帝第四皇子。梁貴人爲竇后所誣，抑鬱而終，竇后將劉肇收養爲己子。章和二年（西元八八年），章帝去世，由太子劉肇繼位，因其年僅十歲，故由竇太后臨朝聽政，開啟東漢外戚干政之局。

章帝時，竇后的哥哥竇憲、弟弟竇篤即已得到章帝的豐厚賞賜。他們以此財力而廣結賓客，培養自家勢力，日益驕縱。不僅對朝臣，就連陰氏、馬氏等外戚以及諸侯王、公主都不放在眼裡。章帝死，和帝即位，竇氏更直接掌握權柄。有上書諫言者，都被害死。直到永元四年（西元九二年）和帝與中常侍鄭眾等，先將竇氏黨羽逮捕下獄處死，然後收回竇憲大將軍印綬，改封爲冠軍侯，並命其與竇篤等就國。竇憲等歸封國後，即被迫自殺。和帝這才親自掌理政權，繼續施行前朝的政策，例如輕傜薄賦、接納諫言、去奢省費等等。

和帝親政，雖頗有政績，但他去世以後，宦官外戚就互相爭權，東漢政局逐漸走向衰亡之路。（《後漢書》卷四）

四、桓帝、靈帝

和帝於元興元年（西元一〇五年）去世，其下即位者，多是年幼的少主，由母后臨朝聽政，母后以其父與兄弟執政而產生外戚專權；待皇帝成年，又與宦官聯合對付外戚。如此，外戚與宦官互相傾軋，朝政大壞，人民生活困苦，因此產生黃巾之亂，東漢政權終於衰亂而告終結。

質帝本初元年（西元一四六年）去世，桓帝劉志即位，時年十五。梁太后臨朝聽政，由梁冀把持政權，達二十餘年之久。延熹二年（西元一五九年）桓帝與宦官單超等五人逼退梁冀，但此後宦官專橫擅權，比起梁冀有過之而無不及。史論曰：「及誅梁冀，奮威怒，天下猶企其休息。而五邪嗣虐，流衍四方。自非忠賢力爭，屢折姦鋒，雖願依斟流彘，亦不可得已。」就是指這種情形。由於宦官跋扈專權，太學生與忠正之士相結交，臧否人物、批評時政，形成清流、清議。而為了杜絕這種聲音，延熹九年，桓帝下詔逮捕黨人，李膺、杜密、范滂等二百餘人均被捕下獄，勾連入罪者，不計其數。永康元年（西元一六七年）桓帝下詔大赦天下，釋放黨人二百餘人歸回鄉里，禁錮終身，永不錄用，史稱「黨錮之禍」。而隨著內政分崩離析，各地民亂也伺機而起，東漢政權已如風雨飄搖矣。

永康元年十二月，桓帝去世。外戚竇武（時為城門校尉）與太后策定，迎立解瀆亭侯劉宏繼位，是為靈帝。靈帝年僅十二，由竇武任大將軍輔政，竇武起用陳蕃為太傅，與司徒胡廣共參錄尚書，李膺、杜密、范滂等皆列於朝廷，共參政事。但宦官曹節、王甫等諂事太后，欲以此相抗衡。竇武等雖極力奏請太后罷斥宦官，終不得其法。建寧元年（西元一六八年），陳蕃、竇武等計畫誅除宦官，卻被宦官察覺，宦官王甫等擁靈帝至德陽殿，下令逮捕竇武。雙方衝突結果，年已七十餘的陳蕃遇害身亡，竇武兵敗自殺。次年，宦官侯覽、曹節又乘機奏捕李膺、杜密、范滂等百餘人，並加以誣殺，受牽連而被流放、禁錮、處死者達六、七百人，太學生有千餘人被捕，這是第二次黨錮之禍。此時，黃巾賊聚集徒眾，已作亂多次，中平元年（西元一八四年）黃巾賊首張角起事，各地紛紛響應，亂事延續二十餘年。

靈帝於中平六年（西元一八九年）去世，何皇后與其兄何進立劉辯即位，是為少帝，時年十四。少帝在位僅一年，之後的獻帝，由董卓控制朝政，各地紛紛起兵，以討伐董卓為名，各自割據。東漢政權已名存實亡。〈靈帝紀〉的論贊中，以趙高指鹿為馬，紿譎二世為比喻，說明宦官趙忠、張讓欺誑靈帝的情形，「故知亡敝者同其致矣。」足為後世君王之鑑。（《後漢書》卷七、八）

第二節　文臣賢士

一、杜詩、廉范

杜詩字君公，河內汲人。少有才能，仕郡功曹，有公平稱。更始時，辟大司馬。光武帝朝，始則率兵突擊亂賊，繼而任都尉、太守，所至之處，皆稱民治。任南陽太守時，政治清平，為民造作水排，鑄為鐵器，事半功倍，百姓便利。又修治水利，廣拓土田，民生富庶。漢初南陽有賢吏召信臣，故當時人作歌謠誦讚：「前有召父，後有杜母。」以「杜母」稱之，可見深受民眾愛戴，是盡責愛民的父母官。杜詩受光武帝信任，身雖在外，仍可隨時獻策諫言。任太守七年，政化大行。其爲人清廉儉樸，死後貧困無田宅，喪無所歸，由官方爲他發喪。

廉范字叔度，京兆杜陵人，趙將廉頗之後也。曾祖父褒，成、哀間爲右將軍，祖父丹，王莽時爲大司馬庸部牧，皆有名前世。范父遭喪亂，客死於蜀漢，范遂流寓西州。後歸鄉里，年十五，辭母西迎父喪。途中船觸石破沒，范抱持棺柩，與之俱沉。幸得旁人鉤救。范少年有骨氣，事父盡孝，不願受人資助。後至京師，事博士薛漢。隴西太守鄧融厚遇之。鄧、薛二人先後因故下獄死，范親自收斂服喪，毫不畏懼牽連坐罪，明帝特別嘉許赦免，因此名聲顯揚。歷任武威、武都二郡太守，隨俗化導，各得治宜。後遷蜀郡太守，其俗尚文辯，好相議論，范母教以淳厚之道，務求改正澆薄之習。蜀地民物豐盛，房屋逼連，舊制禁止人民舉火夜作，以防火災。但人民更相隱蔽，舉火夜作者日盛。范乃取消舊令，但嚴令貯水防災。百姓以爲便，歌謠誦之：「廉叔度，來何暮？不禁火，民安作。平生無襦今五絝。」可見治理相當成功，使民安樂富庶。

杜詩、廉范都是中正盡職的良吏，個人品格也端正廉潔，值得立傳。同卷諸人，大都有此特色。（《後漢書》卷三一）

二、楊震

楊震，字伯起，弘農華陰人。祖先多有功名，父寶，習《歐陽尚書》，不應徵召，光武帝高揚其氣節。震少好學，亦習《歐陽尚書》，明經博覽，無不窮究。諸儒讚賞他爲「關西孔子楊伯起」。初不應仕，講學於鄉里。年五十，乃始仕州郡。震爲政公廉，不受私謁。昌邑令王密夜懷金十斤贈之，震以「天知，神知，我知，子知，何謂無知」的凜然正氣，斥退王密。因爲廉潔自持，其子孫常蔬食步行，故舊長輩或勸他治產業，震認爲以清白傳家，是最好的祖訓。安帝元初四年（西元一一七年），徵入爲太僕，遷太常。自入京師爲官，震實事求是，推舉賢才，同時直諫安帝乳母王聖及其子女，認爲宜速出內倖小人。又拒絕帝舅大鴻臚耿寶、皇后兄執金吾閻顯等權貴推薦的人選；震不畏強權，反遭怨怒。延光三年（西元一二四年），中常侍樊豐等藉太史言星變逆行，進讒言震之罪狀，召遣震歸大郡。震行至城西几陽亭，痛恨姦臣惡變不能誅，乃慷慨自決，服毒而死，時年七十餘。臨終前，謂諸子以牛車薄棺，載柩還鄉。露棺道側時，民眾皆爲之涕泣。震一生光明磊落，有爲有守，其子嗣亦多賢能。史贊稱他：「抗直方以臨權枉，先公道而後身名，可謂懷王臣之節，識所任之體矣。」（《後漢書》卷五四）

三、陳蕃

陳蕃字仲舉，汝南平輿人。年少有奇志，一日，父友同郡薛勤來訪，見蕃居室庭宇蕪穢，乃詰問之何不洒掃以待賓客。蕃答曰：「大丈夫處世，當埽除天下，安事一室乎！」時年十五，已顯現廓清天下之志。初仕郡，舉孝廉，除郎中。遭母憂，棄官行喪。服畢，仍不就仕宦。外戚梁冀爲大將軍，時遣書詣蕃，有所請託，不得通，使者詐求謁，蕃怒，笞殺之，因左遷脩武令。由此可知蕃個性介直，不願為外戚權臣所困。稍後遷尚書。時零陵、桂陽山賊為害，公卿商議，以為應廣詔天下，舉孝廉、茂才。上疏駁斥，當擇善而授之，不宜浮濫。以此忤帝，故出為豫章太守。蕃個性冷峻耿介，不隨俗附眾，對於忠臣志士，蕃則惺惺相惜，以身力保，例如白馬令李雲抗疏諫，桓帝怒，當伏誅。蕃上書救雲，坐免歸田里。復徵拜議郎，數日遷光祿勳。蕃見內寵猥盛，上疏諫言，請求桓帝出宮女，以禁姦違，以行王道。帝納其言。但桓帝並非完全採納蕃的忠言，延熹六年（西元一六三年）蕃上疏諫帝校獵，書奏不納。九年，李膺等黨人入罪，蕃上疏極諫，其言激切，桓帝有所忌憚，免去其職。桓帝崩，竇太后臨朝，優詔蕃為太傅，與竇武共同輔政。蕃曾上書十封，推辭固讓，不受高陽鄉侯食邑。宦官王甫、曹節專擅政權，蕃以七十高齡挺身相忤，被害於承明門。友人陳留朱震，時為銍令，聞而棄官哭之，收葬蕃屍，匿其子逸於甘陵界中。事發繫獄，震誓死不言，故逸得免。後黃巾賊起，大赦黨人，乃追還逸，官至魯相。

東漢末世，朝政昏壞。幸有陳蕃等人，能「樹立風聲，抗論惛俗」。其直言進諫，冒死與宦官抗爭，正義的形象，令人肅然起敬。因此史論曰：「以仁心為己任，雖道遠而彌厲。」「功雖不終，然其信義足以攜持民心。漢世亂而不亡，百餘年間，數公之力也。」（《後漢書》卷六六）

四、馬融

馬融字季長，扶風茂陵人。東漢經學大師。為人美辭貌，有俊才。嘗從京兆摯恂遊學，博通經籍。恂奇融才，以女妻之。安帝、桓帝朝，融皆出仕，最後拜為議郎，於東觀著述，後以病去官。桓帝延熹九年（西元一六六年）卒於家，年八十八歲。融從政生涯中，因有事忤鄧氏，被禁錮六年，不敢復違忤權臣，遂爲外戚梁冀草奏李固，又作大將軍〈西第頌〉，此事頗爲正直者所譏。但馬融才高博洽，爲一代通儒，教養諸生，常有千數。涿郡盧植、北海鄭玄，皆其徒也。喜好音樂，居所器用，浮華奢侈，個性瀟灑，不拘小節。常坐高堂，施紅紗帳，前授生徒，後列女樂，弟子以次相傳，鮮有入其室者。其本傳論贊，並不十分欣賞馬融的作爲，但在中國經學史上，馬融確是自成一家。（《後漢書》卷六十）

五、鄭玄

鄭玄字康成，北海高密人。亦爲東漢經學大家。玄有志於學，不樂爲吏。父數怒之，不能禁。遂造太學受業，師事京兆第五元先、東郡張恭祖。以山東無足問者，乃西入關，事扶風馬融。融素驕貴，玄在門下，三年不得見，乃使高業弟子傳授於玄。玄日夜尋誦，未嘗怠倦。終得融召見，與諸生考論疑義，問畢辭歸，融喟然謂門人曰：「鄭生今去，吾道東矣。」玄自游學，十餘年乃歸鄉里。適黨錮之禍，遂隱修經業，杜門不出。其後雖有何進、董卓、袁紹等人相繼召進，但玄以傳述先聖經籍爲念，始終不仕。他的德聖學問，備受禮敬。國相孔融奏請高密縣特立「鄭公鄉」、「通德門」；黃巾賊流竄高密，見玄皆拜，相約不敢入縣境，由此可見玄的社會地位崇高。比起馬融，鄭玄更有大儒的風範，其所注解的經典，都成爲後世典範。享年七十四歲。（《後漢書》卷三五）

六、班固

班固的傳附在《後漢書》卷四十父親班彪之後。班氏父子完成《漢書》，是漢代的史學家。班固也是辭賦家，其〈兩都賦〉、〈典引賦〉、〈典引〉等，都是華贍富麗的鉅製名篇。詳參前文《漢書》作者介紹（本書頁十～十一）。

七、王充

王充字仲任，會稽上虞人也，其先自魏郡元城遷徙到南方。少孤，鄉里稱孝。後至京師，受業太學，師事扶風班彪。好博覽而不固守章句。家貧無書，常於洛陽書肆瀏覽諸書，過目不忘，輒能誦憶，遂淹通百家之言。仕途不順。除早年及晚年兩度做過小官之外，其餘時間都賦閒，潛心著述。《論衡》一書，最能見出他的思想。王充在當世並不受重視，直到清代，才受到學術界的看重。今人胡適推崇王充具有科學家重實驗效果的方法與態度。後世對其《論衡》的批評，雖然貶多於褒，但其「疾虛妄」的求真精神，確實是東漢社會虛僞迷信風氣的針砭。（《後漢書》卷四九）

八、張衡

張衡字平子，南陽西鄂人。世爲望族。衡少善屬文，游於三輔，入京師，觀太學，遂通五經，貫六藝。嘗作〈二京賦〉，以寓諷諫，構思十年乃成，傳誦於世。尤精天文曆算之學，作渾天儀及候風地動儀，世服其機巧。才高於世，而無驕尚之情。舉止從容恬淡，不好交接俗人。順帝永和年間，見宦官爲禍，衡思有所建言，爲當道所阻，乃作〈思玄賦〉、〈歸田賦〉等以明志。出爲河間相，在位三年，政績甚佳。永和三年（西元一三八年），徵拜尚書。次年卒，年六十二歲。張衡兼具文學與科學才智，是相當突出的人才。（《後漢書》卷五九）

九、蔡邕

蔡邕字伯喈，陳留圉人。博學，工書法，好辭章、數術、天文，妙操音律。性篤孝，母嘗滯疾三年，邕親侍湯藥，不暇寢寐者七旬。母卒，廬於冢側，動靜以禮。與叔父從弟同居，三世不分財，鄉黨高其義。邕無意仕宦，桓帝時，中常侍徐璜等五侯擅恣，聞邕善操琴而辟召，邕不得已，行到偃師，稱疾而歸。靈帝時，召拜郎中，校書東觀。邕乃校訂五經文字，書寫鐫碑，立於洛陽太學門外，稱爲熹平石經，當時學人皆奉爲標準。以直諫爲宦官所陷，下獄論罪，髡鉗流放朔方者九月。遇赦還鄉里，以避怨家，流浪吳中凡十二年。獻帝時，董卓當國，被迫至京，任祭酒，累遷至左中郎將。初平三年（西元一九二年），王允誅董卓，邕坐罪下獄死，年六十一歲。史傳對於蔡邕感懷董卓之恩，因此導致身敗名裂，最爲惋惜。（《後漢書》卷六十）

第三節　武將豪傑

一、鄧禹

鄧禹字仲華，南陽新野人。爲東漢開國名將，熟諳《詩》、《書》，善謀略，屬儒將典型。年十三，能誦《詩》，受業長安。時光武帝亦遊學京師，二人遂相親附。光武帝起兵，禹奔赴河北投靠。光武帝問禹願得封仕否？禹稱不願晉封，只願貢獻謀略。禹即爲光武帝說天下大勢，光武帝大悅，號禹爲大將軍，時年二十四。從光武帝斬將破敵，大勝赤眉兵。禹軍乘勝入長安，鄉野殘賊皆自動降服，父老童穉聞風感悅，名震關西。建武十三年（西元三七年），天下平定，詔封禹爲高密侯，食高密等四縣。禹爲人斯文淳厚，事母至孝。天下既定，則遠離政治舞臺，有子十三人，使各通一門經書。鄧氏家教優良，孫女鄧綏後爲和帝皇后，賢慧明禮。明帝繼位後，感念禹爲先帝元臣，拜禹爲太傅，甚見尊寵。永平元年（西元五八年）薨，享年五十七歲，諡曰元侯。安帝時，下詔圖繪元功二十八將，禹列爲首位。（《後漢書》卷十六）

二、馮異

馮異字公孫，潁川父城人。爲東漢開國名將，通《左氏春秋》、《孫子兵法》，建功而不矜誇，可謂文武雙全，才德兼備。初，馮異守父城，爲新莽拒漢兵。後知劉秀（後來的光武帝）賢明，乃開門奉牛酒，以迎劉秀軍將。隨劉秀至洛陽，屢次從旁建議謀畫，劉秀曾經兵敗而氣餒，異察言觀色，爲之進言，劉秀納其計而重新振作。與劉秀共患難，有上豆粥、進麥飯的袍澤之情，又與諸將定議，爲光武上帝號。異進退有節，諸將並坐論功，異常獨屏樹下，因號「大樹將軍」。代鄧禹平定三輔赤眉兵，威行關中。或謗異欲自立爲王，光武帝遣使示書，以測知其意。異相當惶恐，表明決無貳心。建武六年（西元三〇年），異入京朝見，光武帝特詔謝當年豆粥、麥飯之情，異稽首拜謝。後爲漢室平定隴、蜀。建武九年，任征虜將軍，守天水，常爲眾軍先鋒。次年，死於軍中。謚曰節侯。（《後漢書》卷十七）

三、竇融

竇融字周公，扶風平陵人。竇氏爲世家，王莽時，融以軍功封建武男。妹爲大司空王邑次妻。融家長安，出入貴戚，聯結閭里豪傑，以任俠爲名。初，受命於王莽而與劉秀兄弟之義兵爲敵，繼降於更始。但融已察知更始無道，故自請赴河西創立新局面。河西五郡，南連氐羌，北連匈奴，王莽亡後，當地官兵散漫無主。融以孤軍遠適客地，整合部隊，安定民心，獲五郡共推「行河西五郡大將軍事」。待光武接位河北，建元建武，隗囂亦稱帝於天水，並派張玄爲說客，招撫融。融拒絕隗囂，下檄文切責之。光武帝聞知，非常欣賞，特詔書敘述漢家與竇氏的深厚關係，囑融克期會師。待隴西底定，公孫述割據的政權亦告消滅，融即東返洛陽，朝見光武。光武帝委以大司空的高位，融至誠謙讓，光武帝仍留任之。此後，融得光武寵信，恩禮有功，過於諸勳舊功臣。

但融謙恭謹愼，不致遭人猜忌。明帝即位後，融自祖及孫，富貴無比，時謂「竇氏一公，兩侯，三公主，四二千石」，可見其尊寵。然其子孫縱誕，多不法。永平五年（西元六二年），融長子穆犯法，明帝大怒，重罰諸竇。會融卒，年七十八歲，諡曰戴侯。論教育子孫，竇融不如鄧禹。融雖頗得光武信任，然未列於開國二十八將之列。其後有曾孫竇憲，大敗匈奴，權震朝廷，卻陰圖篡漢，和帝迫令自殺。（參見本書頁十、九六）唯五世孫竇武，有清望於當時，受「黨錮之禍」，未得善終。（《後漢書》卷二三）

四、馬援

馬援字文淵，扶風茂陵人。武將世家。其先祖趙奢爲戰國趙將，封馬服君，故部分子孫遂姓馬。漢武帝時，始由邯鄲徙扶風茂陵。重合侯馬通乃援之曾祖父。援爲東漢名將，爲光武征討四方，功業彪炳。「馬革裹屍」，「窮當益堅、老當益壯」等名言，皆出自援口。

援少孤，嘗受學《齊詩》，但無意爲文儒，而欲墾拓邊郡，以濟補家困。會兄況卒，服喪後至北地牧畜，創業有成，馬羊錢穀，累積無數。然援不願意爲「守錢虜」，盡散錢財與昆弟故舊，有任俠之風。援頗負聲名，王莽、隗囂先後辟爲武官。隗囂令援至洛陽見光武，援佩服光武恢弘大度，力勸隗囂歸順。隗囂假意從之，實則暗中坐大。建武六年（西元三〇年），援忖度隗囂已不可爲，乃受光武詔，夜至營中，爲之指陳形勢，示進取之路。光武從其議，大破天水。光武復以來歙與馬援等平定隴西諸郡邑。援對於自己前期的軍旅生涯，有過說辭：「當今之世，非獨君擇臣也，臣亦擇君矣！」語極豁達坦然。

援成為漢家武將後，曾以隴西太守之職，平定西羌。又南定交阯，為了擘畫水利、律法等民生政務，有功於南疆，封新息侯。其在交阯，凡四年，還都以後，北方烏桓、匈奴為患。援休息不過三個月，即自請出征。出屯於襄國，作攻擊匈奴之根本。烏桓聞風驚惶，四散潰逃。援以三千騎兵，安定北境。建武二十四年（西元四八年），武陵五谿蠻夷反。時援年已六十二，因先遣將領劉尚、李嵩、馬成等皆敗，援復請出征。然梁松、耿弇聯合誣告援乘機掠奪，光武大怒。蠻亂已平，援卒於軍中，光武仍下詔追收其新息侯印綬，賓客故人，皆不敢前往弔喪。援妻與姪嚴向光武請罪，雖揭發梁松陰謀，但又有馬武等誣諂援自交阯私載明珠文犀回京，光武未加詳查，援含冤莫得昭雪。直到章帝建初三年（西元七八年）始飭令追諡為忠成侯，平反冤情。

馬援相貌堂堂，一表人才。善於應對，亦善於述說前代故事。又善兵策，光武帝言：「伏波論兵，與我意合。」號稱伏波將軍的馬援，確實是位幹練的軍政家。馬援死後，明帝立其女為后。馬王后謹慎謙讓，深得家風，因此不因父親遭誣諂而坐罪。明帝非常尊重馬王后。而馬援被誣，當時有故舊朱勃上疏為之訟冤，清王先謙作《後漢書集解》，亦有持平之論。（《後漢書》卷二四）

五、班超

班超字仲升，扶風平陵人。班彪次子，兄固，妹昭。有口才，涉獵書傳，然投筆從戎，立功西域，封定遠侯。明帝永平五年（西元六二年），班固被召詣校書郎，超與母隨至洛陽。家貧，常爲官府抄寫書籍以供養母親。久而思歎：當效傅介子、張騫立功異域，以取封侯，安能久事筆硯間！永平十六年，隨竇武出擊匈奴，多斬首虜而還。復從郭恂出使西域。至鄯善，獨率吏士三十六人，夜入胡營，建立奇功。其有言「不入虎穴，不得虎子」，可見其氣勢膽量。其後出使西域諸國，于窴、龜茲、疏勒、莎車、康居等皆爲震服。明帝崩，章帝即位，下詔徵超。超將發還，疏勒、于窴兩國皆不忍其行，由此可知超在西域之威信德望。李邑嘗詆毀超安樂外國，無內顧心。章帝知其賢，切責之。又平月氏、焉耆。計超出入西域，凡三十一年，五十餘國莫不賓從，揚大漢天威。章和元年（西元八七年），超以久在絕域，年老思土，上疏乞歸。過了二年，超才回到洛陽。因舊疾復發，其年九月卒，年七十一歲。（《後漢書》卷四七）

第四節　女性、社會群相

一、皇后

後漢諸皇后，以光武郭皇后、陰皇后，明帝馬皇后，最爲賢德。

郭皇后諱聖通，真定稾人。雖爲王家女，而好禮節，有母儀之德。自光武起事，即跟隨帝左右，後因恩寵稍衰，數懷怨懟而見貶。

陰皇后諱麗華，南陽新野人。貌美，光武嘗言：「仕宦當作執金吾，娶妻當得陰麗華。」更始元年（西元二三年）納之，時年十九。性情恭儉仁孝，少嗜玩，不喜笑謔。七歲失父，雖已數十年，言及未嘗不流淚。明帝即位，尊之爲皇太后。明帝性亦孝愛，追慕無已。

馬皇后諱某，伏波將軍馬援之小女也。少喪父母，十歲時即治理家事，內外圓通，事同成年。選入後宮，以德見立爲皇后。身材高䠷、方口、美髮，能誦《易》，不喜華服，亦不愛遊娛之事。於政事能分解議理，而未嘗以家私干欲。故寵敬日隆，始終無衰。明帝崩，章帝即位，尊之曰皇太后。（《後漢書》卷十）

二、列女

《後漢書》特立〈列女傳〉，表彰女德。本類傳收錄鮑宣妻等十七位賢慧女性。鮑宣妻、王霸妻皆能捨棄富貴，與丈夫安貧樂道。樂羊子妻，廉潔貞義。嘗規勸樂羊子歸還路邊所拾之黃金，又斷機杼以激勵其向學。羊子遊學七年不返，妻常躬勤養姑，又遠饋其夫。有盜入宅侵犯，妻舉刀刎頸而死。太守嘉其懿行，以禮葬之，號曰「貞美」。又如程文矩妻，善待前妻四子，終於感化頑劣，四子並爲良士。孝女曹娥，爲尋父屍骸，年十四，投江而死。縣長爲立曹娥碑。董祀妻，即蔡邕之女琰，字文姬，博學有才辯，又妙於音律。初嫁與衛仲道，夫亡無子，歸寧於家。漢末天下喪亂，文姬爲胡騎所獲，沒於南匈奴左賢王，在胡中十二年，生二子。曹操因邕故，遣使贖回，再嫁於祀。有〈悲憤詩〉傳世。曹世叔妻，即班彪之女，名昭，字惠班，一名姬。博學高才，有節行法度。兄固著《漢書》，八表與〈天文志〉未竟而卒，和帝詔昭續成。帝數召入宮，令皇后諸貴人師事焉，號曰大家（ㄍㄨ）。作〈女誡〉七篇。（《後漢書》卷八四）

三、黨錮

〈黨錮列傳〉收錄劉淑、李膺、杜密、范滂、張儉、賈彪等二十一位清流之士的傳記。「黨錮」為東漢士人評議時政，不畏奸佞的高尚表現；故當時即有三君、八俊、八顧、八及等稱號，見其互相標榜，欲為一代宗師英傑，以匡正天下。本傳雖以劉淑為首，而李膺的影響尤見深遠。史論曰：「李膺振拔汙險之中，蘊義生風，以鼓動流俗，激素行以恥威權，立廉尚以振貴埶（勢），使天下之士奮迅感概，波蕩而從之，幽深牢破室族而不顧，至于子伏其死而母歡其義。壯矣哉！子曰：『道之將廢也與？命也！』」可見對李膺的崇敬，以及感慨黨人的失敗似有命定，正道無可挽回。（《後漢書》卷六七）

四、循吏

由於光武帝出身民間，深知民間疾苦，故自身勤樸成性，對於臣下，也力倡儉約。因此〈循吏列傳〉收錄的，正是勤政愛民，可以導德齊禮的良吏。前文所述的杜詩，基本上即是循吏的典範。又如王景，字仲通，樂浪誧邯人。少學《易》，博覽群書，好天文術數之事，個性沈穩，又多技藝。能治理水患，與王吳共修作浚儀渠，水不復為害。平帝時，任廬江太守。率吏民招墾荒地，教用犁耕，由是農產增加，境內豐給。又教民蠶織，作堪輿曆書以便民。王景不僅愛民，更能化民、便民，可謂優秀的地方官。（《後漢書》卷七六）

五、酷吏

〈酷吏列傳〉收錄董宣、樊曄、李章、周紆、黃昌、陽球、王吉七位酷吏的事跡。酷吏不一定是濫用刑罰、殘害人民的官吏，也有專事威斷，先行後聞，肆情剛烈，利用嚴刑峻法打擊豪強，以成其不橈之威的官吏。前文所述嚴延年即是一個例子。

本篇先介紹董宣。董宣字少平，陳留圉人。他不畏湖陽公主的權勢，拒不在公主面前下跪認錯，而有「強項令」的稱號；又因爲不怕地方惡勢力，剷除惡霸，而有「臥虎」的美稱。至今地方戲曲還搬演董宣的故事。關於董宣傳記的導讀賞析，詳見本書附錄。

這裡再介紹陽球。陽球字方正，漁陽泉州人。大姓望族之後。性嚴厲，好申、韓法家之學。郡吏有辱其母者，球率少年數十人，殺吏，滅其家，由是知名。出爲高唐令，以過於嚴苛，郡守舉劾。九江山賊作亂，因知球有理姦才，拜九江太守。球到，設方略，凶賊殄破，收郡中姦吏盡殺之。宦官王甫、曹節擅權，球深惡痛絕，遷爲司隸校尉，即嚴刑拷問王甫，誅除之。後爲曹節等誣諂，下獄，誅死。陽球作風嚴酷，可惜仍抵擋不住宦官奸宄的惡行。（《後漢書》卷七七）

六、獨行

〈獨行列傳〉收錄二十四位特立獨行之士的傳記。篇首云：「中世偏行一介之夫，能成名立方者，蓋亦眾也。或志剛金石，而剋扞於強禦。……雖事非通圓，良其風軌有足懷者。……以其名體雖殊，而操行俱絕，故總爲〈獨行篇〉焉。」可知其旨趣。例如重義的范式，與張劭友善，期約二年，果然如期到訪。張劭病危，以不見「死友」（可以託付死事之友）范式爲憾。范式於夢中見劭，覺而悲泣，速往奔喪。范式未及到，而喪已發引，然柩不肯進壙，待范式至，爲執紼而引，始得安葬。眾人皆同感涕泣。范式的深情厚誼，使得儒生陳平子也相當仰慕，因爲未曾謀面，所以平子病危時，還囑附家人，必得將屍骨埋在范式門前。范式因此也把他視爲「死友」，親自爲他送喪到臨湘。（《後漢書》卷八一）

七、逸民

〈逸民列傳〉收錄隱逸之士的傳記。計有野王二老等十七人。由於東漢王室重氣節，故隱逸者多矣。他們有的是本性愛好山林，所以避居海濱；有的是懷才不遇，所以遨遊江湖之上；當然也會有藉此沽名釣譽，以便被舉爲孝廉、茂才，辟就幕府。〈逸民列傳〉序言說得很清楚。例如嚴光，少與光武同遊學。及光武即位，乃變名姓，隱身不見。帝思其賢，乃令以訪求。然嚴光無意仕祿，以巢父自比。與帝共偃臥，嚴光以足加帝腹上，其藐視權位，我行我素若此。拒不就仕，年八十，終於家。嚴光可謂真正不慕榮利的隱士。（《後漢書》卷八三）

《後漢書》類傳特多，除前述諸篇外，尚有〈宦者列傳〉（卷七八），錄有發明造紙的蔡倫；

〈儒林列傳〉（卷七九），錄有著作《說文解字》的許慎；〈文苑傳〉（卷八十），錄有孝子黃香，其博學經典，究精道術，能文章，京師號曰「天下無雙江夏黃童」。

此外，《後漢書》對於西域四夷，也立有〈東夷列傳〉、〈南蠻西南夷列傳〉、〈西羌傳〉、〈西域傳〉、〈南匈奴列傳〉、〈烏桓鮮卑列傳〉等篇。

第五章 《三國志》人物選析

《三國志》收錄東漢末年及三國時代的歷史與人物。自董卓挾持漢獻帝，以至曹操統一北方，而後在獻帝建安十三年（西元二〇八年），赤壁一戰，形成魏、蜀、吳三雄鼎立，天下局勢大致確立。但要等到曹操死後，其子曹丕於延康元年（西元二二〇年）廢漢獻帝，自稱皇帝，國號魏，年號黃初，三國時代才正式開始。次年，劉備在成都稱帝，承用漢朝國號，陳壽《三國志》改稱「蜀漢」，其實當時歷史上沒有蜀國，吳國人也稱四川是「漢」，不是蜀。魏明帝太和三年（西元二二九年），吳王孫權也稱帝，國號吳。魏元帝景元四年（西元二六三年），魏滅蜀；咸熙二年（西元二六五年），司馬炎篡魏，建立晉朝，是爲晉武帝，改年號太始，三國時代宣告結束。晉武帝太康元年（西元二八〇年），晉滅吳，天下復歸統一。

《三國志》凡六十五卷，分爲魏書、蜀書、吳書三大部，而以魏武帝曹操爲全書開篇，董卓、呂布等皆包含在魏書中。故本章依時代先後及仿《三國志》體例，先介紹東漢末年重要人物，其次引述曹魏、蜀漢、孫吳人物，就其帝王、文臣、武將、后妃等，加以介紹。

第一節 東漢末年人物

一、董卓

東漢末年，皇室崩亂，內有宦官專權，外有黃巾賊亂，於是群雄蔚起，逐鹿中原。在魏、蜀、吳三分天下之前，董卓無疑是這段動亂歷史中的重要人物。他以邊疆州將而入主中原，廢少帝、立獻帝，專擅兵權，且以伊尹、霍光自比，自稱「尚父」。可惜，他並非賢相良臣，反而殘暴不仁，弄得天怒人怨。陳壽在本傳評曰：「狼戾賊忍，暴虐不仁，自書契以來，殆未之有也。」

據董卓本傳所述，董卓是隴西臨洮人，少好游俠，出入羌、胡之地，盡與當地豪帥相結交。因此，他最初建立事功，也是以討平羌、胡爲著。望垣硤一役，他出奇制勝，嶄露頭角，由此拜爲前將軍，徵爲幷州刺史。靈帝崩逝，少帝即位。大將軍何進召董卓進兵洛陽，以除宦黨。董卓兵未至，何進已敗。董卓將少帝迎回，並收服亂軍。這時呂布也殺了丁原，投靠在董卓手下。京都兵權俱在董卓。董卓旋以少帝闇弱爲由，廢之；另立陳留王爲獻帝。董卓遷升相國，封郿侯。

董卓勇武多謀，但貪財好色，不容異己，睚眦必報，尤其殘賊陰忍，泯滅人性。對待俘虜，往往斷其舌、斬其手足，甚至烹煮之。所至之地，燒殺擄掠，姦淫逆亂，罄竹難書。在他統轄之下，法令嚴苛，經濟破產，人心惶惶。獻帝初平元年（西元一九〇年），強遷天子都長安，焚燒洛陽宮室，挖掘皇陵，搶奪寶物。又高築郿塢，搜括民脂民膏，積存三十年的穀糧，以爲終老之用。廣封自家親族，連其侍妾懷抱中的幼子，也都封官拜爵。凡此所見，董卓個人野心貪欲太重，無法雄霸天下，經略四方。

獻帝初平三年，司徒王允、尚書僕射士孫瑞、卓將呂布共謀誅董卓。呂布使李肅埋伏在未央殿掖門，待董卓進京，即圍捕董卓。董卓素來信任呂布，此時仍驚呼呂布來救。呂布懷天子詔書，刺殺董卓，夷其三族。主簿田景上前觀看董卓屍首，呂布又殺之；一連殺了三人，無人敢輕舉妄動。

在〈董卓傳〉末，陳壽的史筆特地描寫其死後慘狀，連部下李傕想要厚葬董卓，也都「大風暴雨震卓墓，水流入藏，漂其棺槨。」其死後屍骨不得安身，可謂天譴。（《三國志》卷六）

二、呂布

呂布字奉先，五原郡九原人。善射騎，膂力過人，號爲飛將軍。在當時即有盛名：「人中有呂布，馬中有赤兔。」（《三國志》注引〈曹瞞傳〉）英雄名馬，相得益彰。但呂布歷事丁原、董卓，後又從王允伐卓，一再變節，成爲世人談論的把柄，故陳壽對他評價不高：「呂布有虓虎之勇，而無英奇之略，輕狡反覆，唯利是視。自古及今，未有若此不夷滅也。」

後世小說家，以他和董卓之間的恩怨大作文章，再加上司徒王允借「貂蟬」行使美人計，終於促使呂布刺殺董卓，剷除一代梟雄。參照陳壽所撰的〈呂布傳〉，董卓確實十分寵信呂布，但董卓個性剛戾褊狹，也曾因小事動怒，以手戟刺向呂布；這使得呂布懷恨在心。董卓派呂布防守內宅，呂布卻與其丫鬟私通，又深怕被揭發，內心忐忑不安。這個無名丫鬟，或許正是美女「貂蟬」的原型。

呂布刺殺董卓之後，王允拜他爲奮武將軍，封爲溫侯，共理朝政。但呂布打不過董卓部屬李傕，大約六十天後，就帶領數百名騎兵出武關，打算投奔袁術。袁術不肯收容，呂布又北走見袁紹。袁紹忌恨呂布，呂布轉而與張邈合治兗州，占有濮陽。獻帝興平二年（西元一九五年），曹操打敗呂布，呂布投靠劉備。劉備東去攻打袁術，呂布乘機襲取下邳，令劉備另守小沛，並自稱徐州刺史。袁術大軍犯小沛，呂布出面協調。他以精準的射術，震服諸將，因此各方罷兵議和。由此可見呂布的確有他的才能。

此後，呂布勢力坐大，朝廷還拜他爲左將軍。但曹操的勢力也已擴張，決定征討呂布。獻帝建安三年（西元一九八年），曹操親自出征。呂布因性好猜忌，不能統領各將帥，使上下互相猜疑，故屢戰屢敗。曹操圍城三月，終於平定之。呂布指望曹操重新任用他，但劉備在旁提醒曹操，勿蹈丁原、董卓之覆轍。最後，曹操下令絞死呂布。（《三國志》卷七）

三、袁紹

袁紹字本初，汝南汝陽人。自高祖袁安以下四代，都位居朝廷三公的要職，因此袁家的勢力在當時數一數二。袁紹與何進共謀，欲誅滅宦黨；又曾計畫討伐董卓；以冀州爲基地，和曹操對抗。最後在官渡一役（建安五年，西元二〇〇年），敗給曹操。兩年後，袁紹病死。

袁紹曾經雄據北方，是曹操的大敵。但他與曹操卻是少年之交。《三國志》本傳說他「有姿皃（貌）威容，能折節下士，士多附之，太祖（曹操）少與交焉。」他風姿翩翩，器度不凡，但非常內斂，憂喜不形於色，而且內心頗多疑忌。如誅滅宦黨時，因何進被宦官段圭等誘殺，袁紹兵到，凡沒有鬍鬚者，都視爲閹宦，一律格殺。死者多達二千餘人。當時有無鬚而誤死者，也有必須暴露身體，證明不是宦官者，才能逃過一劫。處死田豐，也是一例。田豐勸袁紹先培養深厚的實力，不必急於一戰克勝曹操，寧可作持久戰，以求勝券在握。袁紹不從，還把田豐囚禁起來。官渡兵敗，袁紹對左右說：「吾不用田豐言，果爲所笑。」於是殺了田豐，田豐爲忠貞之士，苦諫不成，反罹殺禍，恰可反映袁紹的尖刻猜忌心理。

袁紹有個堂弟叫袁術，以任俠好義名聞當時，但兄弟不合，各自擁聚兵馬。建安二年（西元一九七年），袁術自稱帝，曹操討伐他，術敗。建安四年，袁術卒。（《三國志》卷六）

四、劉表

劉表字景升，山陽高平人。容貌俊偉，是當時的「八俊」之一。靈帝崩逝，劉表代替王叡爲荊州刺史，自後坐守荊州，爲南方勢力的代表。

袁術、孫堅曾聯手攻打劉表，但不成功。建安元年（西元一九六年），曹操遷天子於許昌，劉表雖然也派使者進貢，但實際上仍與北方的袁紹聯盟。劉表先後收服張濟、張羡、張懌，於是領地南有零陵、桂陽，北據漢川，所統領的區域廣及數千里，甲兵十多萬。袁紹和曹操在官渡對峙不下時，曾差人向劉表求援。劉表口頭上答應，實際按兵不動。他也不幫助曹操，打算保住江漢一帶，坐觀天下情勢的變化。劉表的部屬韓嵩、劉先與蒯越都勸劉表歸附曹操，劉表相當猶豫，就派韓嵩去打聽，韓嵩回報，盛讚曹操賢德。劉表懷疑韓嵩被曹操反間利用，就先拷問並殺了跟隨他的部下，證實沒有這回事，才放過韓嵩。這件事，也顯示劉表是個內心多疑忌的人。

劉備投奔劉表，但未得重用。建安十三年（西元二〇八年），曹操征劉表，兵尚未到，劉表病卒。繼位的幼子劉琮，舉州投降曹操，曹操以他爲青州刺史。劉表的長子劉琦，早先已派往江夏爲太守。劉備等走奔夏口。同年，孫權在赤壁大破曹軍，上表劉備領荊州牧，荊州才成爲劉備的根據地。（《三國志》卷六）

五、孫堅、孫策

漢末州郡將領中，孫堅據守東吳。孫堅字文臺，吳郡富春人，是春秋時兵法家孫武的後人。孫堅少年英武，十七歲即討海賊有功。又平定會稽妖賊許昌，從皇甫嵩、朱儁討擊黃巾賊。孫堅作戰經常在頭上戴紅布頭巾，身先士卒，奮勇無敵。董卓專權，各州郡義兵紛起，意欲共同討伐董卓，孫堅也起兵。董卓畏懼孫堅的勇猛，乃遣部下將軍李傕前來求和，願結爲兒女姻親。又請孫堅將子弟姓名，列表成冊，董卓準備錄用爲刺史或郡守。孫堅毫不爲所動，誓滅董卓三族。但孫堅率兵入洛陽時，董卓已遷都長安，西行入函谷關。孫堅在洛陽修整諸皇陵墓，隨後即引兵回，停駐於魯陽。獻帝初平三年（西元一九二年），袁術使孫堅征伐荊州劉表。劉表遣部將黃祖迎戰，黃祖兵敗，渡過漢水。孫堅單騎追趕，在峴山被黃祖伏兵射殺。

孫堅有四子：策、權、翊、匡。長子孫策，與周瑜結交，在江、淮之間，頗得人心。孫策召集士眾數百人，投靠袁術，企求發展。但沒有得到袁術的重用與支援，於是率眾渡江，終於拔取廬江劉勳，併取江東。孫策體貌俊美，爲人幽默，性情豁達，能察納雅言，知人善任；帶兵嚴謹，不侵百姓；因此無論士民，都相當擁護孫策。孫策死於建安五年（西元二〇〇年），被前吳郡太守許貢的門客刺殺。孫權稱帝，下文再述。（《三國志》卷四六）

第二節 曹魏人物

一、曹操

曹操字孟德，沛國譙人。出身於宦官家庭。漢末起兵參與鎮壓黃巾賊、討伐董卓，後來又掃平群雄，統一中國北方，爲魏國的開國者。其子曹丕稱帝後，尊他爲武皇帝。《三國志》以曹魏爲正統，因此曹操的傳記放在第一篇，稱〈武帝紀〉。

〈武帝紀〉以編年的方式，記載曹操一生的征戰武功。曹操曾鎮壓黃巾賊、平定潁川賊、討擊黑山賊等亂民，在獻帝初平二年（西元一九一年），由袁紹表爲東郡太守，治東武陽。當群雄並起時，他和袁紹維持良好的關係。他曾攻打袁術、徐州牧陶謙，與呂布激烈爭戰。後來破袁術、袁紹，北定三郡烏桓。他的權位，也節節上升。建安元年（西元一九六年），獻帝賜曹操符節黃鉞，使之統領兵權，總理內政。洛陽殘破，曹操迎帝於許昌，史稱「挾天子以令諸侯」。

建安十三年（西元二〇八年），曹操進位丞相。赤壁之戰，曹軍大敗，劉備因此據有荊州江南諸郡。天下三分，魏、蜀、吳三國鼎立。十八年，曹操賜爵魏王。吳、蜀聯盟，曹操多次攻伐，相持不下。二十三年秋，曹操西征劉備。二十四年春，曹將夏侯淵與劉備戰於陽平，爲備所殺。秋，遣于禁助曹仁擊關羽於樊城。適漢水溢漲，曹軍破敗，于禁被擒，曹仁受圍。冬，關羽觸怒孫權，孫權遣使上書，願討伐關羽。曹操已自洛陽南下，尚未到達，其將徐晃已攻破漢軍，關羽敗走，曹仁圍解。翌年（西元二二〇年），曹操回到洛陽，孫權擊殺關羽，將其首級獻給曹操。不久，曹操崩逝，享年六十六。遺囑交代：天下尚未安定，葬禮完畢，立即除喪服，恢復戍守。以平時所穿入殮，不要陪葬金玉珍寶。

曹操一生大小數十戰，勝多敗少，顯現了卓越的軍事才華。在政治上，他抑制豪強，整頓吏治，用人唯才，也打破了傳統的價值觀。在經濟上，他推行屯田制度，獎勵農業生產，促進了民生復甦。故史傳裡的曹操，可謂傑出的政治家、軍事家。傳末評論：「太祖（曹操）運籌演謀，鞭撻宇內，擥申（不害）、商（鞅）之法術，該韓（信）、白（起）之奇策，官方授材，各因其器，矯情任筭，不念舊惡，終能總御皇機，克成洪業者，惟其明略最優也。抑可謂非常之人，超世之傑矣。」這樣的評價，和後世以爲曹操是一代梟雄、奸相的形象，可說大異其趣。（《三國志》卷一）

曹操的文學成就也不錯。他的樂府詩，質樸真率。南朝梁・鍾嶸《詩品》說「曹公古直，甚有悲涼之句。」清・沈德潛《古詩源》說他：「沈雄俊爽，時露霸氣。」其作品〈短歌行〉：「對酒當歌，人生幾何？譬如朝露，去日苦多」等詩句，膾炙人口，傳誦千古。

二、曹丕

曹丕字子桓，靈帝中平四年（西元一八七年），生於譙。據《三國志》注引其《典論・自敘》，曹丕自幼即隨父親曹操征討四方，曹操又親自教他射騎，因此他六歲而知射，八歲而能騎射。建安初，曹操南征荊州，降張繡，當時曹丕兄子修、堂兄安民皆遇害，唯有十歲的曹丕騎馬脫險。曹丕頗以此爲傲，他說：「夫文武之道，各隨時而用，生於中平之季，長於戎旅之間，是以少好弓馬，于今不衰；逐禽輒十里，馳射常百步，日多體健，心每不猒（厭）。」又曾經學劍法，師事河南史阿、陳國袁敏，劍術精良，攻防有法。曹丕又說，父親曹操雅好《詩》、《書》文籍，雖在軍旅，手不釋卷；因此他自幼誦讀《詩經》、《論語》，及長而備歷五經、四部，對於史書、諸子百家之言，也相當熟悉。曹丕可稱得上文武雙全，故陳壽在本傳贊曰：「文帝天資文藻，下筆成章，博聞彊（強）識，才藝兼該。」

建安二十二年（西元二一七年），曹丕立爲魏太子。第三年，曹操去世，曹丕嗣位爲丞相、魏王，改年號爲延康。是年冬，曹丕登壇受禪，是爲魏文帝。改號黃初元年，大赦天下。追封祖父曹嵩爲太皇帝，父親曹操爲武皇帝。曹丕一共在位七年，享年四十歲。其間孫權曾經來降，旋

復叛變；蜀漢方面，大將軍黃權率軍來降，但蜀漢仍堅守西南的陣地。（《三國志》卷二）

曹丕之後，明帝曹叡繼位。明帝在位十三年，而後為齊王芳、高貴鄉公髦、元帝曹奐。

三、曹植

曹植字子建，曹丕之弟。自幼聰穎，熟讀詩文辭賦，十多歲時，應命作〈銅雀臺賦〉，於諸兄弟中出類拔萃，受到父親曹操喜愛。曹植性情簡樸，不注重外表。每逢曹操問難，都能對答如流，因此曹操甚為器重，幾次都想立他為太子。但因為其兄曹丕善於偽裝掩飾，又懂得推銷自己，最後曹操立曹丕為太子。曹操仍想重用曹植，建安二十四年（西元二一九年），曹仁在樊城被關羽包圍，曹操命曹植為南中郎將，行征虜將軍，前往搭救。然曹植醉酒不能受命，曹操憤而收回成命。

曹丕即位，曹植封為王。黃初二年（西元二二一年），曹植又因「醉酒悖慢，劫脅使者」之罪，貶爵安鄉侯。而後曹植雖然屢次上書，欲求見用立功，但曹丕都不予理會，而且一再遷徙曹植的封地，削減其食戶，曹植歷封鄄城王、雍丘王、東阿王與陳王。明帝太和六年（西元二三二年），死於陳，年四十一歲。諡思，世稱陳思王。陳壽贊曰：「陳思文才富豔，足以自通後葉，然不能克讓遠防，終致攜隙。」後二句說的，正是曹植不能自保，終被曹丕迫害的情形。曹植本欲在政治上建功樹名，但因身世遭遇之故，終於將此熱情投注於文學，其〈贈白馬王彪七首〉，尤能道盡曹氏兄弟互相傾軋排擠的痛苦與悲憤。曹植乃成為魏晉時期，成就非凡的才子詩人。（《三

國志》卷十九）

四、夏侯惇

夏侯惇字元讓，沛國譙人，漢侯王夏侯嬰之後人。個性剛烈，自曹操初起，即爲其副將，隨之征討四方。曹操出兵討伐呂布，夏侯惇在作戰時，被飛箭射中左眼，受了傷。夏侯惇一直受到曹操信任重用，幾次戰功，使他歷任陳留、濟陰太守，封高安鄉侯；又遷升伏波將軍，領河南尹；常與曹操同車，可自由出入其寢宮，最後拜爲前將軍。曹操還把女兒清河公主嫁給夏侯惇的兒子楙。曹丕即位，拜爲大將軍，但他幾個月後就去世了。曹丕將一千戶封邑，分賜給其七子二孫，並各封爵爲關內侯。

夏侯惇雖爲武將，仍然虛心向學。軍旅中，猶親自迎接老師接受教誨。性情淡泊儉約，有多餘的錢財就分送給需要的人，從不爲自己購置產業。最初領濟陰太守時，天下大旱，蝗蟲爲患。夏侯惇親自率領將士，斷水作土陂，耕種田地，使人民獲利。夏侯惇可謂曹魏的元功大臣。（《三國志》卷九）

五、荀彧

荀彧字文若，潁川潁陰人。原爲袁紹僚屬，荀彧估計袁紹終不能成大事，獻帝初平二年（西元一九一年），離開袁紹而從隨曹操。曹操大喜，說：「吾之子房（張良）也。」任爲司馬，時年二十九。荀彧是個思慮縝密，又有長遠計策的謀士。他勸曹操首先鞏固兗州，作爲根據地；再迎接獻帝；又爲之分析曹、袁的優劣強弱，說曹操必以「度勝」、「謀勝」、「武勝」、「德勝」等四種優勢條件平服袁紹，進而經略天下；勸曹操留在官渡與袁紹堅持，並在打敗袁紹之後乘勝追擊，一舉平定河北。

建安九年（西元二〇四年），曹操領冀州牧，想要擴張領地，效法古代九州的制度。荀彧勸止，以爲若行九州之制，則天下諸將恐怕自己土地、軍隊被兼併剝奪，一定會釀成大禍。曹操採納其言，擱置原議。建安十七年，董昭等提議曹操應該進爵爲國公，行九錫之禮，以表彰其特殊功勳。荀彧不贊同，認爲曹操以義兵匡衛社稷，應該秉持忠貞美德，表現退讓，不可僭越邀功。曹操由此對他不滿，在征伐孫權時，就派荀彧去譙縣勞軍，實際上已疏遠荀彧，閑置不用。荀彧最後病死於壽春，享年五十。

陳壽贊曰：「荀彧清秀通雅，有王佐之風，然機鑒先識，未能充其志也。」頗爲他後來不得志而抑鬱以終，感到遺憾。（《三國志》卷十）

六、王粲

漢、魏之間，文學興盛。三曹父子、建安七子，爲當時文壇的佼佼者。他們共同塑造了「建安風骨」的文學風格，影響後世甚深。三曹即曹操、曹丕、曹植父子；七子即王粲、陳琳、徐幹、阮瑀、應瑒、劉楨六人，加上稍長的孔融。《三國志》魏書〈王衛二劉傅傳〉首述王粲生平。〈王粲傳〉中，亦兼及陳、徐、阮、應、劉。

王粲字仲宣，山陽高平人。獻帝西遷，王粲也遷至長安。當時才位貴重的蔡邕，相當欣賞王粲。聽說王粲求見，還來不及穿好鞋子就跑出去迎接他，在座的賓客，看王粲年紀小，身材又短，十分震驚。蔡邕大力推薦，而且自以爲文才不如王粲。當時，王粲十七歲。王粲依靠荊州劉表，但因相貌醜陋、身體虛弱，不被劉表重用。劉表卒，王粲勸其子琮歸降曹操。曹操於是徵用他爲丞相屬官。王粲博學多聞，問無不對。當時舊禮廢弛，由王粲主持建立各種制度。建安二十一年（西元二一六年），王粲跟隨曹操征吳。翌年春，病死於途中，年四十一歲。

王粲記憶力特強。能夠背誦路邊所見的碑文；棋局亂了，可以照原局擺出來。又善於計算，略知算學原理。更擅長寫文章，下筆便成，不用修改。他的〈七哀詩〉、〈登樓賦〉等作品感人最深，允爲七子之冠。（《三國志》卷二一）

七、華佗

華佗爲著名醫學家，他的傳記見《三國志．魏書．方技傳》。〈方技傳〉所錄：華佗之醫診，杜夔之聲樂，朱建平之相術，周宣之相夢，以及管輅之術筮；可說是一篇描繪社會群相的類傳。

華佗字元化，沛國譙人，曹操同鄉。通曉方藥，擅長內、外、針灸各科，藥到病除。尤其用「麻沸散」爲病人麻醉，可以開膛剖肚，刳割內臟，清洗病腸，這些手術，反映了當時中國醫學的發達。他相當注重養生，當時人都以爲他年近百歲而貌似壯年。他曾創造一套「五禽戲」的健康操，模仿虎、鹿、熊、猿、鳥的動作，用運動使血脈流通，關節舒暢，以達到長壽青春的目的。

曹操聽說華佗的名聲，就經常把他召來，陪伴在側。曹操有頭痛的毛病，常常心亂目眩，華佗爲他在膈俞穴下針，便馬上痊癒。後來，曹操病重，叫華佗醫治。華佗長期爲曹操治療，某日，藉口得到家書，回家探視。而後就說妻子生病，多次請假不歸。曹操又命令郡縣官吏催他回來。華佗本是個士人，此際已不願行醫爲業，更不想被人役使，就拒不上路。因此被捕下獄，荀彧曾爲他求情，但曹操還是堅決地殺了他。華佗死後，曹操仍不惋惜，直到愛子倉舒病危，曹操才後悔殺了華佗，倉舒也枉死。（《三國志》卷二九）

八、后妃

《三國志》卷五收后妃五人：武宣卞皇后、文昭甄皇后、文德郭皇后、明悼毛皇后及明元郭皇后。以下介紹前二位。

武宣卞皇后，是文帝曹丕的生母。出身倡家，二十歲時，曹操在譙地納她爲妾。爲人謹守本分，有節度。董卓作亂，袁術傳來曹操遇難的惡耗，卞皇后表現鎮靜，穩定軍心，諸將乃繼續留守洛陽。事後曹操聽說此事，認爲她很了不起。當曹丕被立爲太子時，卞皇后沒有大肆鋪張，也沒有得意忘形，又獲得曹操稱讚。卞皇后具有慈母風範，曹操諸子中沒有母親的，都由卞皇后負責照顧教養。

文昭甄皇后，是明帝曹叡的生母。十餘歲時，世亂饑荒，甄皇后勸母親不要收買珍寶，以免招來災禍；應該拿出糧食來賑濟鄰里，廣布恩惠。全家人聽了，都從善如流，由此可見其慈惠的心腸。甄皇后原是袁紹次子袁熙的妻子，袁熙去了幽州，甄皇后留在故居侍奉婆婆。曹軍平冀州，攻破鄴城，甄皇后被俘，因其貌美非凡，被曹丕迎娶爲妃，深得寵愛。曹丕稱帝後，郭皇后得寵，甄皇后多有怨言，曹丕一怒之下，賜死。直到明帝曹叡即位，才追謚皇后。

甄皇后因爲姿色過人，所以後人附會曹植〈洛神賦〉是爲她而寫，形成浪漫動人的愛情故事。但考諸正史則不見任何記載。

陳壽贊曰，這些后妃雖然享有富貴，但並沒有像漢朝的外戚干政，形成亂源。他認爲，這是很好的規範，足以做百世帝王的法式。（《三國志》卷五）

第三節　蜀漢人物

一、劉備

劉備字玄德，涿郡涿縣人，漢景帝子中山靖王勝之後人。劉備以漢皇室後裔自重，但家道中落，父親早逝，與母親賣草鞋、草蓆爲生。自幼即顯現領袖的氣質和意向。同宗長輩劉元起經常資助他，認爲他必能出類拔萃，成就非凡事業。劉備身長七尺五寸，垂手下膝，眼睛能看見自己的耳朵，相貌不凡。不太讀書，喜歡玩狗馬、聽音樂、穿華美的衣服。話說的少，體恤下人，但喜怒不形於色。他喜歡結交豪俠，結合草莽英雄關羽、張飛等，號召徒眾，起兵討黃巾賊。在漢末諸雄中，劉備勢力最弱，被呂布、曹操打擊，只能投靠荊州劉表。建安十二年（西元二〇七年），劉備得諸葛亮，增添新機運。十三年，聯吳抗曹，赤壁之戰，形成三分天下的局面。但劉備始終沒有自己的根據地，直到荊州刺史劉琦（劉表之子）病死，才被推爲荊州牧，治公安。十九年，進圍成都，降劉璋，於是兼領益州牧。次年，孫權欲得荊州，蜀、吳交惡。因聞曹操定漢中，劉備乃與孫權聯合，分治荊州。二十四年，曹操自長安舉眾南征，但漢軍據漢水固守，曹軍敗走，劉備遂有漢中。是年秋，劉備爲漢中王。魏文帝黃初二年（西元二二一年），劉備建年號爲章武，史稱蜀漢先主。

劉備立爲漢中王，即還治成都。但此時關羽戍守荊州，先擊敗曹軍，後被孫權襲殺，荊州失守。劉備一向聯吳抗曹，此後忿恨難消，便率軍東征孫權。章武三年（西元二二三年），劉備兵敗、病危，託孤於諸葛亮，病逝於永安宮，年六十三歲。

陳壽贊言：「先主之弘毅寬厚，知人待士，蓋有高祖之風，英雄之器焉。……機權幹略，不逮魏武（曹操），是以基宇亦狹。然折而不撓，終不爲下者，抑揆彼之量必不容己，非唯競利，且以避害云爾。」劉備才略稍遜於曹操，但其度量寬大，禮賢愛士，則勝過曹操，因此能深得人心，爲亂世中的英雄。（《三國志》卷三二）

二、諸葛亮

諸葛亮字孔明，琅邪陽都人。少孤，隨叔父諸葛玄先後投靠袁術、劉表。叔父去世後，諸葛亮在南陽鄉間耕讀，自比管仲、樂毅，和崔州平、徐庶相善。徐庶向劉備推薦諸葛亮，劉備「三顧茅廬」，才得以會見。諸葛亮爲劉備分析天下大勢，主張據有荊州、益州，聯吳抗曹，將來分兵兩路進取洛陽、長安，這番話就是「隆中對」，這年諸葛亮才二十七歲，就能讓劉備深深折服，於是延攬諸葛亮爲謀臣，君臣二人「情好日密」，惹得關羽、張飛不高興。劉備說：「孤之有孔明，猶魚之有水也。願諸君勿復言。」由此可見劉備對他的倚重和欣賞。

建安十三年（西元二〇八年），夏口危急。時孫權擁兵在柴桑，觀望成敗。諸葛亮過江東遊說孫權。諸葛亮首先以「漢室貴冑」鞏固劉備的身分地位，接著爲孫權分析曹軍不善水戰，而漢軍有關羽的水軍精甲萬人，可謂勝券在握。孫權被說動了，就派遣周瑜、程普、魯肅等水軍三萬，支援劉備，在赤壁大敗曹軍。曹軍歸鄴，魏、蜀、吳形成三分天下的局面。

經略益州，也是出自諸葛亮的籌畫。建安十六年，益州牧劉璋迎接劉備，派他去討伐張魯。諸葛亮與關羽鎮守荊州。劉備從陝西葭萌回攻劉璋，諸葛亮與張飛、趙雲等率眾溯江而上，分路攻下各郡縣，與劉備共圍成都。十九年，成都底定，劉備任諸葛亮爲軍師將軍，署理左將軍府事。劉備出益州，就由諸葛亮鎮守成都，負責軍需物資。

魏文帝黃初二年（西元二二一年），劉備稱帝，改元章武，冊命諸葛亮爲丞相。章武三年（西元二二三年），劉備臨死託孤，並告訴他若後主劉禪不才，「君可自取」，可取而代之的意思。諸葛亮回答說：「臣敢竭股肱之力，效忠貞之節，繼之以死！」表明忠貞扶主的決心。劉備教他的兒子要「事之如父」。後主即位，年號建興，事無小大，一律由諸葛亮裁決。諸葛亮以國遭大喪，未便增加兵馬，另方面則遣使聘吳，聯結和親，蜀、吳成爲盟國。

後主建興三年（西元二二五年），諸葛亮率軍南征，平定了四郡的叛亂，國富兵強。於是練兵講武，準備大舉北伐。五年，率軍北駐漢中。出發前上〈出師表〉明志，陳壽將全文抄錄於《三國志》本傳內。這篇表先寫天下國家，後半才寫自己；結尾先釐清自己和群臣的責任，囑咐各府署職守之後，才提出國君的職分。君臣分際，拿捏得十分清楚。全文提及「先帝」十餘次，處處稱揚先帝劉備之言德，感念先帝的知遇之恩，也表露自己誓死盡忠的決心。諸葛亮又多次以父執輩的關懷惕勵，叮囑後主何事「宜」、何事「不宜」，語氣懃懃懇懇。而末尾兼致臨別眷念之悃，想當時諸葛亮的心情，不止在說理規勸，也有許多臨別的感傷，字字感人肺腑，爲千古傳誦的佳作。

然而諸葛亮北伐不成功，蜀將馬謖違背諸葛亮的部署，在街亭被魏將張郃大敗。諸葛亮回到漢中，殺馬謖向將士謝罪，並上疏自責，請降三級，以示受懲。時爲後主建興六年，當魏明帝太和二年（西元二二八年）。

建興七年，後主下詔，復諸葛亮丞相職。九年，諸葛亮出祈山，用木牛運輸軍需。與魏軍交戰，射死張郃。十二年，統率大軍，由斜谷開出，用流馬運輸物資，佔領武功縣五丈原，與司馬懿在渭水之南對壘。兩軍相持百餘日。是年八月，諸葛亮病重，死於軍中，得年五十四歲。

諸葛亮爲曠世奇才，深諳兵略陣法，其「八陣圖」世所聞名。又善於改進連弩，製作木牛流馬，顯示他的發明本領。其言論、教令、書劄情理合宜，多可誦讀。陳壽對他評價甚高，以爲他懂得安撫百姓，以身作則，開誠布公，賞罰分明。不僅是個軍事家，也是個政治家，可比擬管仲、蕭何。（《三國志》卷三五）關於諸葛亮傳記的分析，詳見本書附錄〈諸葛亮的再認識〉一文。

後人將諸葛亮神奇化，宛如一位足智多謀、未卜先知、料事如神的仙人道士，可參看《三國演義》。

三、關羽

關羽，世人敬稱關帝、關公。他在民間的形象，已經成爲聖神，是忠義精神的象徵。但《三國志》的〈關羽傳〉，卻很客觀地寫出關羽爲蜀漢一代名將的雄風，和「剛而自矜」的性格。

關羽字雲長，本字長生，河東解人。亡命奔涿郡，與劉備、張飛結交，共同開創大業。史傳未言三人結拜爲兄弟，但云「先主（劉備）與二人（羽、飛）寢則同牀，恩若兄弟。」建安五年（西元二〇〇年），曹操東征劉備。在下邳城擒獲關羽及劉備妻眷。曹操拜關羽爲偏將軍，十分禮遇他。袁紹遣大將軍顏良攻打白馬城，曹操命張遼及關羽擔任先鋒迎擊。關羽一看見顏良麾蓋，立即策馬刺殺，提回顏良首級。曹操表封他爲「漢壽亭侯」。但關羽不理會豐厚的賞賜，隨即離開曹營，奔向劉備。曹操仍嘉許他是個義士。

劉備稱帝，拜關羽爲前將軍。建安二十四年（西元二一九年）秋，曹將曹仁、于禁守樊城，關羽得天時地利之便，天雨，漢水潰決淹沒曹軍。關羽又斬了曹將龐德。當時梁縣、郟縣與陸渾三地的群盜，遙受關羽的官印、封號，成爲他的支黨，關羽威震華夏。曹操還想遷移許都，以避開他的鋒芒。這是關羽最得意成功的一戰。

不久，曹將司馬懿、蔣濟以利誘使孫權攻荊州。先前，關羽曾拒絕把女兒嫁給孫權的兒子，觸怒了孫權。而後，麋芳、傅士仁都嫌惡關羽看不起他們，又聽說關羽還軍後要懲治他們，內心更加恐懼，因而倒戈叛亂。曹操遣徐晃救曹仁，關羽不敵，引軍退還。孫權在江陵，俘擄關羽的部眾妻子。最後在臨沮，擒殺關羽和他的兒子關平。

關羽爲當世勇將，他的美髯也爲時人所欣賞。他曾經被流矢射中左臂，醫者爲他刮骨療傷，他仍然喝酒吃肉，談笑自若。但是他個性剛強，自矜有功，善待卒伍而驕於士大夫。據守荊州，卻因個人喜怒而忘卻聯吳抗曹的大計，又不與其他將領和諧相善，更輕易被東吳的呂蒙、陸遜蒙騙；高估自己，過於輕敵，終於失守荊州，大大削減蜀漢的國力。歷史上的關羽大體上是個忠義之士，但以短取敗，落人口實。不過，因爲後人的崇敬，歷來論關羽守荊州的功過，往往形成正負兩派的看法。（《三國志》卷三六）

四、張飛

張飛字益德，涿郡人。他和關羽同事劉備，史傳說「羽年長數歲，飛兄事之。」合上述〈關羽傳〉諸言，大概就是劉、關、張「桃園結義」的由來。張飛是一員猛將，和關羽同稱「世之虎臣」。建安十三年（西元二〇八年），劉表卒，曹操進軍荊州。劉備倉皇落敗，曹操追至當陽的長阪。劉備留下張飛二十騎將斷後。張飛據水斷橋，瞋目橫矛大喝：「身是張益德也，可來共決死！」敵皆無敢近者，因此退敵。長阪一役，使張飛青史留名。

張飛雄壯威猛，與關羽同號「萬人敵」，他敬愛君子而不恤小人。劉備常勸戒他，不要隨意鞭打殺害手下士兵，否則會有禍害。果然，張飛最後被他的手下張達、范彊出賣，割下他的頭顱，提去見孫權。

張飛的傳記，與關羽同篇。這篇合傳還收錄了馬超、黃忠和趙雲的事跡。此五人乃蜀漢將領，也是後人所稱的「五虎將」。（《三國志》卷三六）

五、后妃

甘皇后，沛人。劉備住小沛時納爲妾。因嫡室（糜夫人）早亡，故甘皇后常代攝後宮諸事。隨劉備入荊州，生下後主劉禪。曹軍追至當陽長阪，幸賴趙雲身抱後主，護甘皇后出重圍，倖免於難。死後謚爲照烈皇后，與劉備合葬於惠陵。

穆皇后，陳留人。少孤，與其兄吳壹跟隨世交劉焉入蜀。劉焉聽說穆皇后日後必當大貴，就聘娶她爲媳婦，給兒子劉瑁做妻子。劉瑁死，穆皇后寡居。劉備平定益州，而孫夫人已返回東吳，群下就勸他聘娶穆皇后。於是納她爲夫人。建安二十四年（西元二一九年），立爲漢中王后。後主即位，尊之爲皇太后。死後與劉備合葬。（《三國志》卷三四）

孫夫人，孫權之妹。建安十四年（西元二〇九年），劉備領荊州牧，勢力鞏固，因此「權稍畏之，進妹固好。」（見卷三二〈先主傳〉）企圖以結親籠絡劉備。十九年，劉備平定益州。這時孫夫人還吳（見卷三四〈二主妃子傳〉），據《三國志》注引《漢晉春秋》、《（趙）雲別傳》都說，孫夫人想要帶走後主，諸葛亮派遣趙雲在江邊攔截，才留下後主。這樁婚姻，本來就是政治婚姻。孫夫人並無專傳，但在正史只出現那麼幾句話，卻成爲後世小說戲曲的張本，孫權嫁妹，「賠了夫人又折兵」，遂成爲人們茶餘飯後的談天題材了。

第四節　孫吳人物

一、孫權

孫權字仲謀。父孫堅，兄孫策。漢使劉琬曾說，孫氏兄弟中，唯孫權形貌奇偉，資質不凡，將來必定富貴又長壽。最初孫權隨從孫策征討廬江太守劉勳。建安五年（西元二〇〇年），孫策去世，將後事交代給孫權。在張昭、周瑜、程普、呂範、魯肅、諸葛瑾等才俊名士的輔佐下，開始經略大業。

孫權首先整定浙、皖一帶。建安十三年，諸葛亮游說孫權結盟抗曹，於是派遣周瑜、魯肅往會劉備，共同在赤壁打敗曹軍。此後，吳、蜀同盟，共討曹魏，爲其基本政策。

獻帝延康元年（西元二二〇年），曹丕篡漢，登基。孫權自居其下，接受魏的策封，實則猶豫不定，虛與委蛇。魏看穿他的心意，就要求立下誓約，並將保舉其子（孫登）爲官。孫權不接受，就派人往白帝，和劉備再度通消息。魏文帝黃初五年（西元二二四年），吳正式和魏決裂。魏明帝太和三年（西元二二九年），孫權稱帝，年號黃龍，史稱吳大帝。蜀遣使來賀，於是雙方分土裂境，以函谷關爲界，並簽下盟約，以討魏爲志，互相援助，和平共處。吳、蜀兩軍曾在吳大帝嘉禾三年（西元二三四年）聯合出擊，但魏明帝親率水軍東征，又派兵支援司馬懿，吳、蜀兩國無功而返。

內政方面，孫權曾下令禁止奔喪，以免妨害公事。處置校事呂壹，並下詔書要求群臣忠心直諫，效法齊桓公和管仲的君臣之義。孫權晚年，諸子骨肉殘殺，他大爲傷心，於是假託神道，企求改變情勢，也冊立皇后，以明嫡庶。孫權卒於神鳳元年（西元二五二年），享年七十一歲。二十八年後，吳亡於晉。

陳壽贊曰：「孫權屈身忍辱，任才尚計，有句踐之奇英，人之傑矣。故能自擅江表，成鼎峙之業。然性多嫌忌，果於殺戮，暨臻末年，彌以滋甚。……其後葉陵遲，遂致覆國，未必不由此也。」（《三國志》卷四七）

二、周瑜

周瑜字公瑾，廬江舒人。爲吳國名將。體格健碩，容貌俊秀。與孫策同齡，兩人友好，周瑜把路南的大宅讓給孫策，還進入內宅拜見孫策的母親，在金錢上互通有無，毫無閒隙。兩人分別娶喬公的兩個女兒，孫策娶大喬，周瑜娶小喬，二女都是國色天香。

孫策起兵江東，周瑜即與之並肩作戰。袁術曾經想網羅周瑜，周瑜觀察袁術不會有大成就，故託辭東歸。孫權親自迎接周瑜，授建威中郎將，領兵兩千人，馬五十匹。時爲建安三年（西元一九八年），周瑜年二十四，吳人都稱他周郎。周瑜跟隨孫策破廬江，討江夏，定豫章、廬陵，後來留鎮巴丘。孫策死後，太妃命孫權事之如兄，於是留在吳，做到前部大督的位置。建安十三年的赤壁之戰，周瑜謀算精準，爲破曹第一功臣。本傳特別寫到黃蓋詐降，周瑜火燒曹軍船艦的情形。周瑜繼續追趕曹軍時，被流矢射中右臂，化膿生瘡，因此引兵還吳。

孫權拜周瑜爲偏將軍，領南郡太守，屯據江陵。劉備以左將軍領荊州牧，詣京見權。周瑜上疏，主張把劉備留置吳國，爲他築宮室，送給他美女珍寶，以便瓦解蜀軍的士氣。但孫權以爲此時應當廣納英雄，對抗曹操，未採納其言。本傳這段記載，成爲小說戲曲東吳招親劉備的前因。

建安十五年，周瑜向孫權請兵，想和劉備一同討擊蜀寇張魯，再由襄陽打擊曹操，征服北方。但周瑜在返回江陵途中，病死於巴丘，年三十六歲。（《三國志》卷五四）

周瑜精通音樂，即使喝酒三巡，樂工有誤，他還是清楚得很，而且一定回頭看看。當時人說：「曲有誤，周郎顧。」周瑜英年早逝，但他的功勳與才情，卻令人懷念不已。因此蘇東坡的〈念奴嬌・赤壁懷古〉詞說：「遙想公瑾當年，小喬初嫁了，雄姿英發。羽扇綸巾，談笑間，強虜灰飛煙滅。」

充分勾勒出周瑜和諸葛亮鬥智，三氣周瑜的情節，則是《三國演義》杜撰，正史未曾記載。

三、魯肅、呂蒙

魯肅字子敬，臨淮東城人。生而失父，與祖母居。常施捨家財賑濟貧窮，鄉里稱美。周瑜曾向他求借軍糧，他毫不遲疑就撥出三千斛米，兩人因此定交。周瑜向孫權推薦魯肅，君臣相談甚歡，孫權還留他合榻對飲。魯肅極力主張與劉備交好，協心共謀抗曹。建安十三年（西元二〇八年），劉表去世，吳將多人主張乘機聯結曹操，唯魯肅緘默不語，孫權追問，他才說出反對意見。孫權本意即此，故深表贊同。周瑜病危，上疏乞求以魯肅代之。魯肅屯兵江陵、陸口，恩威並施，兵眾增加萬餘人，拜漢昌太守、偏將軍。建安二十年，魯肅在益陽與關羽相拒，欲討還荊州。會談結果，劉備答應割湘水為界，才罷軍離去。

建安二十二年，魯肅去世，得年四十六。孫權為他舉喪，諸葛亮也為他發哀。魯肅的傳記，與周瑜同卷。注引《吳書》說，魯肅為人謹嚴，不務俗好。令出必行，手不釋卷。善於談論，亦能為文，思度弘遠，有過人之明。陳壽贊曰：周瑜、魯肅皆為奇才。

與周瑜、魯肅同卷的，另有呂蒙其人。呂蒙本是輕率妄殺的武夫，但受到孫權指點，開始好學不倦，累積才學。曾經為魯肅謀畫五策，令魯肅一改其印象。征討關羽時，呂蒙令精兵偽裝白衣商人，又能撫慰鄉里百姓，因此突擊成功，令關羽措手不及。陳壽說他「終於克己，有國士之量，豈徒武將而已乎！」呂蒙的事例，相當具有教訓意義。（《三國志》卷五四）

四、陸遜

陸遜字伯言，吳郡吳人。世為江東大族。二十一歲那年，出仕孫權幕府。陸遜深具軍事指揮才能，曾經用計，破丹楊賊帥費棧及其黨羽。孫權欲討伐關羽，陸遜往見呂蒙，商議其計。陸遜先寫信給關羽，措詞謙卑自託，使關羽鬆懈戒心，而後吳軍乘虛而入，一舉得勝。魏文帝黃初三年（西元二二二年），吳、蜀戰於夷陵，陸遜採用拖延戰術，直到蜀軍已疲弱，才連下數營，劉備大敗，走避白帝城。這可說是陸遜最突出的一次表現，也使得其他將領心服口服。孫權更加器重他，凡與蜀國書詔，都先給陸遜看過。陸遜後來拜為丞相，在政治上也頗有成就。吳主赤烏八年（西元二四五年），陸遜病逝。其病危時仍上疏言志，囑託國事。陳壽對他評價很高，說他可比忠誠憂國的社稷之臣。（《三國志》卷五八）

五、妃嬪

步夫人，臨淮淮陰人。漢末，她的母親帶著她遷往廬江，廬江為孫策所破，故而東渡長江。因為姿貌美麗，得到孫權寵愛，為後宮之冠。又因她個性不妒忌，還替孫權引進許多美女，所以一直受到寵愛。孫權稱帝，本想立步夫人為皇后，但群臣卻都建議徐夫人，孫權猶豫了十多年。宮裡的人還是稱呼她為皇后。步夫人死後，才追贈皇后。

潘夫人，會稽句章人。因父親犯法處死，潘夫人和姊姊都被送到宮廷紡織。孫權愛其美貌，召入後宮，寵幸而有身孕，生子孫亮，立為太子。太元元年（西元二五一年），孫權立潘夫人為皇后。潘夫人生性陰險，嫉妒其他美女，讒害袁夫人等多人。潘夫人還曾經問中書令孫弘關於呂后專制的故事。後來因爲服侍孫權的病，過於勞累，被幾個宮人趁昏睡時，把她勒死。孫權不久也死了，合葬在蔣陵。

孫權有雄才大略，但因爲嫡庶不分，造成後宮骨肉相殘；〈妃嬪傳〉其實等同一卷婦女因爭寵而互相傾軋傷害的歷史。陳壽認爲，孫權這點甚不可取，不能做到「刑于寡妻，至于兄弟，以御于家邦」[1]的模範。（《三國志》卷五十）

1 《詩經·大雅·思齊》。

參、史學篇

第一章 《史記》的史學特色

司馬遷《史記》一書，得力於父親司馬談先作了些史料整理的工作，又得力於良好的學養訓練，包括求學受教的歷程，以及走遍名山大川的遊歷。植基於此，《史記》有其輝煌的史學成就。

第一節 取材嚴謹

司馬遷寫歷史，注重實地訪察，注重材料的去僞存真，秉持尊重事實的史學態度，爲我國上古史料留下忠實的紀錄。〈五帝本紀贊〉自述取材的經過十分詳盡：

> 太史公曰：學者多稱五帝，尚矣。然《尚書》獨載堯以來，而百家言黃帝，其文不雅馴，薦紳先生難言之。孔子所傳〈宰予問五帝德〉及〈帝繫姓〉，儒者或不傳。余嘗西至空桐，北過涿鹿，東漸於海，南浮江淮矣，至長老皆各往往稱黃帝、堯、舜之處，風教固殊焉，總之不離古文者近是。予觀《春秋》、《國語》，其發明〈五帝德〉、〈帝繫姓〉，章矣。

顧弟弗深考，其所表見皆不虛。《書》缺有閒矣，其軼乃時時見於他說。非好學深思，心知其意，固難爲淺見寡聞道也。余并論次，擇其言尤雅者，故著爲本紀書首。（《史記》卷三）

此段文字顯示，司馬遷撰寫古代歷史頗爲困難，而他作《史記》的史料來源，首先是《尚書》及孔子所傳著作，所謂「折中於夫子」[1]、「考信於六藝」[2]。實則，在漢代之前，中國學術一是王官學，就是六經；一是百家言，就是諸子。即使是六經也有三傳、三禮之不同，也有「儒者或不傳」的實例。而在諸子，更是龐然紛雜，莫衷一是。對此現象，司馬遷採取實地觀察、驗證的步驟，將長老之言與古籍相印證，最後加上自己「擇其雅言」的努力，所以他又說：「厥協六經異傳，整齊百家雜語」[3]。上述過程，何等謹嚴！末了他提出「好學深思，心知其意」的說法，恐怕是對自己的期許，也是對讀者的要求了。

司馬遷在〈三代世表序〉也說：

太史公曰：五帝、三代之記，尚矣。自殷以前諸侯不可得而譜，周以來乃頗可著。孔子因史文次《春秋》，紀元年，正時日月，蓋其詳哉。至於序《尚書》則略，無年月；或頗有，然多闕，不可錄。故疑則傳疑，蓋其慎也。（《史記》卷十三）

於此可見，孔子詳於《春秋》，略於《尚書》，乃史家「信以傳信，疑則傳疑」的治學態度，司馬遷《史記》承接此精神。在〈老子韓非列傳〉，只說出老子姓李名耳，又或曰「老萊子」，又或曰「儋即老子」，留此三說，乃當時所知如此，其餘不敢斷定。（《史記》卷六三）在〈仲尼弟子列傳贊〉也說：「學者多稱七十子之徒，譽者或過其實，毀者或損其真，鈞之未覩厥容貌則論言。弟子籍出孔氏古文，近是。余以弟子名姓文字，悉取《論語》弟子問，并次爲篇，疑者闕焉。」（《史記》卷六七）在〈大宛列傳〉，據張騫出使西域之經歷，認定「言九州山川，《尚書》近之矣。至《禹本紀》、《山海經》所有怪物，余不敢言之也。」（《史記》卷一二三）這都是非常客觀公允、力求真實，以第一手史料取代傳言的寫作實例。

第二節　實踐《春秋》精神

嚴謹的取用史料外，司馬遷更秉持《春秋》精神下筆爲文，《史記．太史公自序》載：

1 《史記．孔子世家贊》。
2 《史記．伯夷列傳》。
3 《史記．太史公自序》。

上大夫壺遂曰：「昔孔子何爲而作《春秋》哉？」太史公曰：「余聞董生曰：『周道衰廢，孔子爲魯司寇，諸侯害之，大夫壅之。孔子知言之不用，道之不行也，是非二百四十二年之中，以爲天下儀表，貶天子，退諸侯，討大夫，以達王事而已矣。』子曰：『我欲載之空言，不如見之於行事之深切著明也。』」（《史記》卷一三〇）

這段話告訴我們，周朝王政傾頹以後，善言不用，正道不行，是非泯滅，海內紛然，孔子乃有意樹立天下儀表，遂藉魯史所見之事，褒貶人物，譏刺貴族，有《春秋》之作。其目的即在借用誅心之筆，使亂臣賊子戒懼。錢穆《中國史學名著·史記（中）》說：

周道衰微，正是「王者之迹熄而《春秋》作」[4]。孔子就在這二百四十二年中間，來講它的是是非非，要爲天下立下一個標準，所以他「貶天子，退諸侯，討大夫」，這樣可把理想上的王者之事表達出來。這是司馬遷引述董仲舒講孔子《春秋》的話。太史公《史記》是學孔子《春秋》，那麼在《史記》裡偶然講到漢高祖、漢武帝，有些處近似《春秋》「貶天子」。

按《漢書·司馬遷傳》無「天子、退」三字，可是《史記》卻勇於批評高祖、武帝，故「貶天子」實爲《史記》之筆法。且看司馬遷在寫〈高祖本紀〉時，用了許多篇幅描述劉邦如何發跡，而這些事情是當時流傳的怪誕故事，因此據實寫出來；不過《論語．述而》不是記載孔子說過嗎：「子不語怪力亂神。」那麼寫出這些內容，其目的就隱含了劉邦不當得到帝位，有貶抑意味。司馬遷在〈酷吏列傳〉對武帝時代的政治現實，以及姦盜出身而又善於逢迎諂媚的張湯、杜周、義縱、王溫舒之徒，作了非常真實深刻的批判，這不正是「貶損當世」、「討大夫」嗎？可見《史記》的確是上承《春秋》精神。

司馬遷雖生在「天人感應說」甚囂塵上的年代，但他在〈伯夷列傳〉卻提出對天道的強烈質疑，而在〈封禪書〉也頗能揭露一系列方士騙人的伎倆，細寫秦始皇、漢武帝迷信神仙，祈求長生不死的種種愚蠢行爲，對這些現象的嘲諷，還見於〈河渠書〉所述田蚡事、〈儒林列傳〉所述董仲舒事。事實上，《漢書．五行志》就將自然界的一切變故一一與人事相比附（《漢書》卷二七），在〈路溫舒傳〉說「路溫舒辭順而意篤，遂爲世家，宜哉！」（《漢書》卷五一）在〈張湯傳贊〉說「其推賢揚善，固宜有後」（《漢書》卷五九）；在〈霍光傳〉後半寫了許多奇怪現象，印證其家族即將敗亡（《漢書》卷六八）。這些地方與《史記》相較之下，司馬遷「反迷信」的思想尤其令人稱道。嚴格說來，《春秋》精神不只帶給司馬遷「褒貶」觀念而已，那份對歷史敬業、負責任的態度，常常表露於筆端。

4 《孟子．離婁下》。

第三節　以人物爲中心

錢穆《中國史學名著．史記（上）》說：

> 《尚書》、《春秋》（《左傳》也在裡邊）、《史記》，這是中國史書中三個階段，也是三種體裁。……《尚書》是記事的，《左傳》是編年的，而《史記》是傳人的，中國歷史體裁不外此三種：事情、年代、人物分別爲主。一切歷史總逃不過此三項。

可見《史記》以紀傳人物爲主，是史學發展的一大進步。不過，我們也別忘了，《史記》有「表」十篇，其中分世表、年表、月表，以表格的形式，標示對照錯綜複雜的史實，這部分似編年體。《史記》有「書」八篇，敘述政治、經濟、天文、地理等方面制度的源流和變化，這部分似記事體。據《史記．三代世表》可知，太史公是借鑒已有的書籍體例，參酌孔子著書可詳則詳、存疑則闕的態度而建構《史記》的。

「本紀」以各代帝王爲中心，記述朝代的興衰和重要政治事件，無關國家大事者，不入於此。此例貴在簡要，是史書的大綱。「十表」和「十二本紀」時間相等，兩者關係密切。「表」比「本紀」更簡要，有提要、彙整之功，是用來「綜其終始」[5]。〈三代世表〉上起黃帝，年代遙遠，情事闊略不可考，可掌握的資料有限，故以世代寫成。凡年代接近，事跡清晰者，立年表；事跡變化劇烈者，立月表。《史記》月表僅有〈秦楚之際月表〉，因陳涉抗秦、項羽稱王、劉邦定天下，「五年之間，號令三嬗，自生民以來，未始有受命若斯之亟也。」（《史記》卷十六）足徵事繁變化大，須記載詳盡者，不得不以月繫事。

然而，《史記》立表仍以人物爲重，終不離乎紀傳精神。趙翼《廿二史劄記》卷一〈各史例目異同〉說：

> 《史記》作十表，昉於周之譜牒，與紀傳相爲出入。凡列侯、將相、三公、九卿，功名表著者，既爲立傳，此外大臣無功無過者，傳之不勝傳，而又不容盡沒，則於表載之。作史體裁，莫大於是。

由此可知，「表」亦能傳寫人物，保存史料。至於「書」也有這方面的價值，如〈封禪書〉也能諷刺人物（見前，頁一四九），又如〈平準書〉也說到漢武帝缺乏軍餉時，不惜壓榨商人以求備戰。

《史記》三十世家，記述諸侯世系及大事；七十列傳有單傳，也有二人合傳，還有以類相從的類傳，兼顧官吏、策士、軍事、文學、隱士、刺客、游俠、日者、滑稽、醫卜、商人等各階層

---

5 司馬遷：〈報任少卿書〉，《文選》卷四一。

人物的活動。尚有一部分叫四夷列傳，其中包括〈匈奴列傳〉、〈南越列傳〉、〈東越列傳〉、〈朝鮮列傳〉、〈西南夷列傳〉、〈大宛列傳〉，分別記載了中國邊陲民族的生活情況，代表司馬遷開闊的民族學眼光。司馬遷親見各地經濟情況、物產狀況，瞭解其在民間生活的重要，寫出甚具價值的〈貨殖列傳〉。

《史記》重視一般民眾對社會的影響力，因此他爲許多中下層人物立傳；有些傳主雖是王侯將相，但幫助他們成就功業的人，也勾勒表彰出來，如侯嬴、朱亥、毛遂、馮諼等；更在〈太史公自序〉講到陳涉時提出極高的評價說：「桀、紂失其道而湯、武作，周失其道而《春秋》作，秦失其政而陳涉發迹。」（《史記》卷一三〇）把陳涉與聖賢並列，提高了平民百姓影響歷史的地位。班固《漢書．司馬遷傳》指責司馬遷：「序〈游俠〉則退處士而進姦雄，述〈貨殖〉則崇埶（勢）利而羞賤貧」（《漢書》卷六二），並認爲司馬遷所歌頌的朱家、郭解等是「以匹夫之細，竊殺生之權，其罪已不容於誅矣。」[6]班、馬的觀點，在這方面可說是截然對立的。

---

6 班固：《漢書》卷九二〈游俠傳〉語。

第二章 《漢書》的史學特色

班固作《漢書》，一方面得力於承平時局，目睹許多史料；一方面也秉承家風學養，其父班彪已整理部分史料；更重要的是，站在《史記》的體例基礎上，推陳出新，而有傑出的史學成就。

第一節 重視政經學術史料

表面上看來，《漢書》沿襲了《史記》的體例，實則大有不同。例如楚漢相爭時，項羽未嘗稱帝，但分封天下，握有大權，《史記》將其列入「本紀」，而《漢書》則重視是否稱帝的名分，改入「列傳」。又如惠帝雖有皇帝的名義，其實只是傀儡，《史記》沒有「孝惠本紀」，而以〈呂后本紀〉取代，內容在闡述呂氏集團的興亡史，名雖爲「紀」，其實爲「傳」；《漢書》則分立〈惠帝紀〉與〈高后紀〉，僅敘寫全國大事，真正成了「紀」體。衡量歷史人物的地位，司馬遷所依據的是他們的實際成就，而不是獲得何種名位；班固顯然不願如此處理。這固然是司馬遷寄寓了個人深情，或者另有具主觀意志的考量，但與孔子「正名分」的理想，似乎背道而馳？可以這麼說，《史記》是史學，也是文學，有作者內心個人的情感表述；《漢書》則配合國家王朝的需求，逐步走向嚴謹的史學道路。自《漢書》以下，正史的史筆意味更趨濃厚，重史不重文的企圖日益明顯。《漢書》雖然是一部早期的史學著作，還沒有完全與文學分開，仍有文史合一的味道，不過，班固總是把史學放在優先考量。這就是爲什麼《漢書》的文學性不如《史記》，而史學意義卻有所增強和發展的緣故。

《史記》起自五帝，迄至漢武帝，爲通史，凡五十萬言；《漢書》只記一代，乃八十餘萬言；故《史記》文筆簡潔而《漢書》繁縟。司馬遷重視行文風格，班固更重視事理詳明。以《史記》、《漢書》所重疊之漢初八十餘年史事而論，司馬遷於經術之文、幹濟之策，多不收入；班固撰寫〈高后紀〉、〈文帝紀〉、〈景帝紀〉加進了許多皇帝的詔令和群臣的上書，又在〈賈誼傳〉載入〈治安策〉，〈鼂錯傳〉收入〈教太子〉、〈言兵事〉、〈募民徙塞下〉、〈削藩〉、〈賢良策〉、〈論貴粟〉，〈賈山傳〉增載〈至言〉，〈鄒陽傳〉增載〈諷諫吳王濞邪謀書〉，〈枚乘傳〉增載〈諫吳王謀逆書〉，〈路溫舒傳〉增載〈尚德緩刑書〉，〈韓安國傳〉增載與王恢反覆論辯征伐匈奴的說辭，〈董仲舒傳〉收入〈賢良三策〉，〈公孫弘傳〉增載〈賢良策〉、〈待詔時上書〉，以及〈趙充國傳〉收入〈屯田奏〉等，據趙翼《廿二史劄記．漢書多載有用之文》的看法是，事關國計民生，切於實用而不可缺。上述文章，實有助於認識當時國情，也彰顯了作品所欲表現的思想與人格。例如《史記．屈原賈生列傳》只收了賈誼〈弔屈原賦〉及〈鵩鳥賦〉，描述一位懷才不遇的騷人墨客而已，《漢書．賈誼傳》收入〈治安策〉，他的政治才華就被彰顯出來。《史記・袁盎鼂錯列傳》重點寫出鼂錯身爲忠臣而被帝王殺害的悲劇，寄與同情，《漢書・鼂錯傳》也寫了這些內容，但更增加了鼂錯「爲國遠慮」的獻策，其中徙民塞下、充實邊防，削藩以及重農抑商的作法，不僅影響漢朝，也影響到後世。《漢書》將爰（袁）盎、鼂錯合傳，對照看來，鼂錯的建言確實值得留下紀錄。《漢書・鼂錯傳》的贊說：「悲夫！錯雖不終，世哀其忠。故論其施行之語著于篇。」這是很有深意的。班固另一方面也很重視文學家，例如司馬相如之〈論巴蜀檄〉、〈諫獵賦〉等，亦因其爲後世辭賦之祖，而收錄在本傳。郭預衡《中國散文簡史》講述《漢書》文章的新特點說：

> 《漢書》的文章比《史記》更具歷史文獻的特徵，文章的學術性質更突出了。特徵之一是《漢書》從文獻、學術的角度增設了一些傳記。特徵之二是《漢書》從文獻的角度於《史記》原有的傳記中增加了一些關於學術的事跡，且增載了一些經世之文。特徵之三是《漢書》更著力於爲學者立傳，文章更多學術氣息。

上述特徵，增強了學術氣息的介紹，在作家文集尚未編印成書的年代，也有其保存文獻的極大功勞。

第二節 以「通史」觀念作「志」

班固重視政治、經濟文獻的表現，尤在於以貫通上下古今的「通史」觀念，寫出十志，贏得後世高度的讚譽。他把《史記》的〈律書〉、〈曆書〉合為〈律曆志〉，把〈禮書〉、〈樂書〉合為〈禮樂志〉，把〈平準書〉改為〈食貨志〉，把〈封禪書〉改為〈郊祀志〉，把〈天官書〉改為〈天文志〉，把〈河渠書〉改為〈溝洫志〉。這樣就總括了《史記》的舊例，此外，他還創立〈刑法志〉、〈五行志〉、〈地理志〉、〈藝文志〉，則填補了《史記》的空缺。

以改易舊作來說，錢穆《中國史學名著．范曄後漢書和陳壽三國志》指出：「平準」是漢武帝時一項極重大的經濟政策，但只是講「貨」，班固再加上「食」，講述了國家經濟最重要的兩件事，擴大為上自周秦，下迄新莽的一部經濟專史。後代每一部正史都可以寫〈食貨志〉，但不一定都有一項平準制度。又如〈封禪書〉也不過只講武帝一朝的封禪，班固改題為政府從古至今的大禮節，「郊」是祭天，「祀」是祭地，這郊天祀地的演變，講法無多大差別，但題目變了，意義便有別。又如武帝之前黃河決口，漢朝屢施救治，〈河渠書〉著眼於治理水患。班固再把此題目擴大，所述「溝洫」，本指古代井田制度裡的水利灌溉，當然治水患、開河渠，皆可寫在裡面。至於《漢書》新增的四篇志，可說就是上及周秦的古代法律簡史、山川日月變動的珍貴紀錄、重要的歷史地理資料、古代學術流變及圖書目錄學的經典之作。其中〈藝文志〉講論學術源流，把文化學術納入史的視野，與紀傳多載入學術、經世文章相呼應，更是一大貢獻。其影響深遠，不在話下。錢穆《中國史學名著・范曄後漢書和陳壽三國志》說：

> 《史記》八書，每每特舉一事作題目，而《漢書》則改成一個會通的大題目，不限在一件特別的事上。《漢書》雖是斷代爲史，而他的十志則是上下古今一氣直下，從古代一路講來，卻不以朝代爲限斷。司馬遷《史記》本是一部通史，而他的八書命題，偏重當代。……班氏找出幾項最大的題目來作「志」，於是此一體在歷代正史中成爲一特出的。

《漢書》記載典章制度極爲詳細具體，實則不限於「志」而已。例如《史記・漢興以來將相名臣年表》爲《漢書・百官公卿表》所繼承，然前者只有「三公」，後者添加了「九卿」，尤其重要的是，《漢書》在該表的開頭有一段很長的文字，敘述了漢代的官制沿革。《漢書・外戚傳》開頭也有一段長文字，敘述漢代後宮裡的制度與官階，同樣富含史料價值。

第三節 補充《史記》之不足

如前所述，班固《漢書》因襲了《史記》的體例，取用了部分材料，而又能擴充內容，再創體制新義，顯見《漢書》的成就非凡。在某些地方，《漢書》提出不同的觀點，或是補充一些史料，也值得我們注意。如《史記・孝文本紀》讚美文帝「廢除肉刑」，謳歌讚頌不遺餘力。《漢書・文帝紀》則指出名爲德政，其實殺人如麻的事實。又如《史記》雖在〈酷吏列傳〉略論武帝晚年刑法之殘酷，《漢書・公孫賀傳》更寫出了當時多位宰相死於非命，以至於接替者往往嚇得跪地求饒的情景，筆調生動傳神，更烘托出武帝的暴虐性格。《漢書・鼂錯傳》也增加不少七國之亂前後的材料，內容更爲豐富。又例如《漢書・匈奴傳》引用《詩經》篇章，敘述了玁狁與周宣王發生戰爭的情景，補足匈奴族的前身事情。《史記・匈奴列傳》於此付之闕如。

此外，《史》、《漢》同有〈循吏列傳〉、〈酷吏列傳〉，而寫作立場迥異。《史記・循吏列傳》記載春秋時代孫叔敖、子產、公儀休、石奢、李離五位本法循理的好官吏，而漢代不及一人。〈太史公自序〉云：「奉法循理之吏，不伐功矜能，百姓無稱，亦無過行，作〈循吏傳〉第五十九。」在他心目中的良吏，有點近於漢初文景之治時期「清靜無爲」、「與民生休養生息」的吏治。《史記・酷吏列傳》介紹張湯、義縱、王溫舒、杜周等十餘位殘酷刻薄的不良官吏，卻全是漢朝人。似乎司馬遷有「慨世之心」，主觀認定漢初無循吏，而又深刻體驗酷吏的可怕，因此在〈絳侯周勃世家〉、〈酷吏列傳〉有過逼真的描述。《漢書・循吏列傳》的處理方式較爲持平，添入漢朝初年吳公、文翁，〈酷吏傳〉將張湯、杜周獨立成傳，更強調儒家的積極有爲，他們以化民成俗爲己任，能治理地方使其「所居民富，所去見思。」（《漢書》卷八九）班固《漢書》更能看到昭、宣以下實幹教化型的循吏，他們代表了儒家的德治，一方面奉行朝廷法令妥善治理地方，另一方面又兼具了儒家文教（即儒師）的功能，兼有儒家教化民風的理想，[1]《漢書》關於循吏的取材撰史更趨於客觀獨立，對後世循吏傳統的建立影響甚大。

另外最值得一提的是《漢書·李廣蘇建傳》內記載李陵的故事。司馬遷於〈李將軍傳〉末及〈太史公自序〉寫到李陵，不過數行，簡略之至。這可能因爲司馬遷在世時史料不足，也可能是即使知道事實真相也不便詳寫。班固此傳較之《史記》增加了八、九倍篇幅，完成了司馬遷想要完成而未能完成的重要部分。他詳細描寫李陵作戰的過程，刻畫李陵奮不顧身、英勇善戰的形象，帶有悲壯情思，極其精彩。若與司馬遷〈太史公自序〉、〈報任少卿書〉對照看來，觀點十分接近，對李陵毫無貶意。又將司馬遷爲李陵辯白的那整段文字幾乎原封不動地載述下來，等於再爲司馬遷申訴一次。班固對李陵的讚揚甚至不在司馬遷之下，行文酷似司馬遷者，以此篇爲最。

清朝姚鼐說：「史家之體多矣，而紀傳之敘載爲詳。爲紀傳者亦多矣，而司馬遷、班固爲首；故言史法者，宗《史》、《漢》而已。」[2]他肯定史書中的紀傳體具有豐富的史料價值，而史書又以司馬遷《史記》、班固《漢書》爲首，故而這兩本書尤須重視。

---

1 余英時：《中國思想傳統的現代詮釋》（臺北：聯經出版公司，一九八七年），〈漢代循吏與文化傳播〉，頁一九七～一九八。

2 姚鼐：〈乾隆庚寅科湖南鄉試策問五首〉其二，《惜抱軒詩文集》，頁一三六。

第三章 《後漢書》的史學特色

西漢國祚二一五年（西元前二〇六年~八年），經過新莽十四年、更始二年，而後有東漢國祚一九五年（西元二五年~二一九年）。論土地、人口、物產，及所發生的制度與事件，兩漢實無分軒輊。范曄即在此基礎上，完成資料翔實的《後漢書》。

第一節 史料豐富

據清王先謙《後漢書集解述略》的考證，范曄可能得見的後漢史書，除屬於官史性質的《東觀漢紀》外，私人編撰有三國吳謝承的《後漢書》、晉薛瑩的《後漢記》、司馬彪的《續漢書》、華嶠的《後漢書》、謝沈的《後漢書》、張瑩的《後漢南記》等十八家。其中司馬彪《續漢書》的八志三十卷，南朝梁劉昭加以注釋增補，附在范曄《後漢書》之後，餘則僅存袁宏《後漢紀》流傳於世而已。這反而彰顯了范曄之作的兩大價值：

一、劉昭《後漢書注補志序》曾說，范曄《後漢書》較各家爲佳，唐劉知幾《史通・書事》

也稱許「范曄博採眾書，裁成漢典，觀其所取，頗有奇工。」

二、范曄《後漢書》成爲史料寶庫，見之於目錄的傳主就達五百餘人，超過了《史記》和《漢書》。又如收錄在〈桓譚傳〉裡的〈陳時政疏〉，〈馮衍傳〉裡的〈說廉丹書〉、〈說鮑宣書〉，〈王符傳〉裡的〈潛夫論〉五篇，〈仲長統傳〉裡的〈樂志論〉、〈昌言〉，〈崔寔傳〉裡的〈政論〉，〈張衡傳〉裡的〈客問〉、〈上疏陳事〉、〈請禁圖讖〉，〈蔡邕傳〉裡的〈釋誨〉、〈條陳所宜行者七事〉，這些都是研究後漢社會的政治、經濟、文化的珍貴材料，也是文學名篇，幸賴范書載錄，後人才可以得而讀之。

第二節　體例推陳出新

其次，范曄《後漢書》在編寫體例方面有所創新。范曄生前，完成十紀和八十列傳，同《史記》、《漢書》相比，《後漢書》改〈外戚傳〉爲〈皇后紀〉，以適應東漢時代六位太后臨朝所造成的皇權變遷，並爲某些重要外戚立傳。此外，前代史書已有「以類相從」的人物列傳，范曄考察後漢社會的真實情況，創設了〈黨錮〉、〈宦者〉、〈文苑〉、〈獨行〉、〈方術〉、〈逸民〉、〈列女〉七種列傳，其中〈黨錮〉、〈獨行〉、〈逸民〉傳，表彰氣節，推崇重操守人物，頗合乎東漢初年以來的道德風氣，敘述其行事磊落，慷慨激昂的言論，至今讀之，仍然擲地有聲。前代史書只有講經學的〈儒林傳〉，而沒有講文學的〈文苑傳〉，這是因爲文學獨立自覺觀念盛行於魏晉以後，專門文章之士多了起來。范曄實爲東晉之後的人，因此重視屬文下筆之士，而爲他們立傳。〈列女傳〉謳歌卓越女子的聰穎才智，嘉言懿行，讀之能體察立傳的深衷。這些列傳，深刻地反映出後漢紛繁的歷史演變現象，〈文苑〉與〈列女〉傳，後世史書相沿不衰。

第三節 評價公正允當

再其次，范曄對歷史人物的評價大體能持平立論，褒貶允當。特別是與早先完成的《三國志》相比較，顯得格外突出，如〈孝獻帝紀〉載「曹操自爲丞相」、「曹操自進號魏王」等，凡是陳壽在《三國志》中有所迴護避諱的事，范曄《後漢書》大都改正，以恢復歷史本來面貌。這種作法，曾受到趙翼《廿二史劄記》卷六〈後漢書三國志書法不同處〉的肯定，他說：

> 范蔚宗于《三國志》方行之時，獨不從其例，……此史家正法也。

清王鳴盛《十七史商榷》卷六一也論其優點在於：

> 貴德義，抑勢利；進處士，黜姦雄。論儒學則深美康成（鄭玄），褒黨錮則推崇李（膺）、杜（密）。宰相多無述，而特表逸民；公卿不見采，而惟尊獨行。

由〈馮異列傳〉、〈馬援列傳〉、〈班超列傳〉，知其欣賞武將之德義；由〈梁統列傳〉所載梁冀故事、〈宦者列傳〉所載多位宦官故事，知其痛斥權臣之專橫殘暴，於〈鄭玄列傳〉高度肯定學界鴻儒，於〈黨錮列傳〉推崇李、杜等人，於〈逸民列傳〉推許漢陽老父、嚴光、梁鴻等人。今天看來，作者在撰寫《後漢書》時，與東漢的歷史人物已無直接利害關係，是其能正確記述史實和公允評價人物的客觀原因；不過，他所處的時代教化，他的良史品格，也應是不可忽略的主觀因素，民初章太炎《略論讀史之法》明白指出：「《史》、《漢》之後，首推《後漢書》。」這是對其史筆的高度肯定。

第四章 《三國志》的史學特色

與前三史相較，三國時代政局紛亂，地方群雄並起，其時人才輩出，地方獲得用心開墾，而在典章制度方面則難以恆久。撰史者顯然須面對政權核心的問題、朝代正統的問題，以及史料散至各地方的問題。於此，陳壽《三國志》提出了獨到的看法。

第一節 迴護魏、晉

陳壽《三國志》共六十五卷，包括《魏書》二十卷在前，《蜀書》十五卷、《吳書》二十卷在後。其中只魏帝稱本紀，蜀、吳諸王均稱傳，趙翼《廿二史劄記》卷六〈三國志書法〉說：

> 蓋壽修書在晉時，故于魏、晉革易之處，不得不多所迴護。而魏之承漢，與晉之承魏一也，既欲爲晉迴護，不得不先爲魏迴護，如《魏紀》書天子以公領冀州牧，爲丞相、爲魏公、魏王之類，一似皆出于漢帝之酬庸讓德，而非曹氏之攘之者，此例一定，則齊王芳之進司

馬懿爲丞相，高貴鄉公之加司馬師黃鉞，加司馬昭袞冕、赤舄、八命、九錫，封晉公，位相國，陳留王之封昭爲晉王，冕十二旒，建天子旌旗，以及禪位于司馬炎等事，自可一例敘述，不煩另改書法，此陳壽創例之本意也。……《魏志》稱操曰太祖，……曹丕受禪後稱帝，而于蜀、吳二主，則直書曰劉備、曰孫權。……《魏書》于蜀、吳二主之死與襲皆不書，……蜀、吳二志，則彼此互書。……而于本國之君之即位，必記明魏之年號，……此亦何與于魏，而必係以魏年，更欲以見正統之在魏也。正統在魏，則晉之承魏爲正統，自不待言。此陳壽仕于晉，不得不尊晉也。然《吳志》孫權稱帝後，猶書其名，《蜀志》則不書名而稱先主、後主，陳壽曾仕蜀，故不忍書故主之名，以別于《吳志》之書權、亮、休、皓也。此又陳壽不忘舊國之微意也。

這段文字再加闡述如次：

一、《三國志》以魏爲正統，於是有曲筆迴護的現象，趙翼《廿二史劄記・三國志多迴護》言之更詳。此「惡例」既開，後患無窮。

二、陳壽對蜀主仍有尊重之心，迫於時勢不得不先尊魏、晉耳。此意宋代高似孫、南宋末黃震（東發）《黃氏日鈔》，皆一再剴切指陳，朱彝尊《曝書亭集・陳壽論》也說：「著昭烈之紹漢統，予蜀以天子之制，足以見良史之用心苦矣。」惲敬《大雲山房文稿・三國志書後》更繼朱氏之說，舉例闡發陳壽尊蜀爲正統之微意。錢穆《中國史學名著・范曄後漢書和陳壽三國志》說：

依當時歷史講，不應稱「蜀」，應稱「漢」；陳壽以撰史者身分改寫歷史真貌，確實不宜，這是《三國志》很大的缺失。不過，書名定爲《三國志》，已承認三國並峙這一事實。且曹丕受禪時，群臣上符瑞、頌功德者先後百餘人，見裴松之注所引，而陳壽均不記載；至於蜀漢先主王漢中，群臣請封之辭、勸進之表、告祀之文，大書特書。

再者，據劉知幾《史通‧正史》記載，當初魏吳兩國已設史官，有魏秘書監王沈《魏書》四十卷、吳侍中韋曜（即韋昭）《吳書》五十五卷，都是官修的紀傳體；尚有魏郎中魚豢《魏略》三十八卷，止於明帝，是私修的作品。陳壽《三國志》的魏、吳部分，大都取材於以上三書。惟獨蜀漢無史書傳世，《蜀書》完全是陳壽獨立完成。

第二節　取材嚴謹

陳壽對史料的擇取，態度相當嚴謹審慎，他採用三國並立、分別記述的方法，按照歷史發展的線索選擇傳主，這是《三國志》很大的優點。趙翼《廿二史劄記‧三國志書事得實處》說：

> 其剪裁斟酌處，亦自有下筆不苟者，參訂他書，而後知其矜慎也。

趙翼將《三國志》原文與裴松之注合觀，發覺〈獻帝傳〉載曹丕代漢時，有群臣所上勸進表十一道，曹丕所下辭讓令也是十餘道，勸進是諛詞，辭讓也是造作之辭，所以《三國志・魏書・文帝紀》一概不收。又如《魏略》、《九州春秋》都說諸葛亮先求見劉備，劉備以其年少輕之，這與〈出師表〉說「先帝不以臣卑鄙，猥自枉屈，三顧臣於草廬之中」不合，所以陳壽不取此說。又如後世傳爲美談的「七擒孟獲」、「空城計」故事，裴注引《漢晉春秋》、郭沖的說法，可知晉朝人大肆流傳，而事有可疑，《三國志・蜀書・諸葛亮傳》一概摒棄。上述事件，後世《三國演義》多所發揮，而《三國志》不同於小說筆法，正是其嚴謹的表現。又《三國志・吳書・陸凱傳》附錄陸凱諫孫皓的奏表，陳壽特加說明：「予連從荊、揚來者得凱所諫皓二十事，博問吳人，多云不聞凱有此表。又按其文殊甚切直，恐非皓之所能容忍也。或以爲凱藏之篋笥，未敢宣行，病困，皓遣董朝省問欲言，因以付之。虛實難明，故不著于篇，然愛其指擿皓事，足爲後戒，故鈔列于凱傳左云。」（《三國志》卷六一）由此更可見陳壽處理史料的慎重，且有以史爲鑑之用心。

第三節　裴注價值高

陳壽《三國志》敘述簡略，南朝宋文帝遂命裴松之作注，引用書目多達二百一十餘種，其後南北朝長期大亂，九成以上原書今已失傳，因此它有很高的史料價值。裴松之〈上三國志注表〉說，其體例不在於訓詁、名物、制度的解釋（雖然也有許多這些材料），而在於對史事的補闕、備異、懲妄與論辯。舉例來說，漢末重大人物劉表、陶謙、袁術等，在《三國志》中雖有傳而事跡不完整，如楊修、孔融、禰衡等，略去而不予立傳，只在他人傳文中附帶提幾句。曹操屯田是重要事件，也付之闕如。又如張仲景與華佗齊名，而張氏無傳，劉知幾《史通．人物》已指出這一點，認爲是「網漏吞舟」。又如機械專家馬鈞，魏晉間政治上的重要人物桓範、何晏，也都未立傳。〈嵇康傳〉更加明顯，全文只二十七字：「時又有譙郡嵇康，文辭壯麗，好言《老》《莊》，而尚奇任俠。至景元中，坐事誅。」（《三國志》卷二一〈王衛二劉傅傳〉）對這位在當時影響極大、死時有太學生三千請命的人物，竟然未明言其畢生行事及生卒年，未免過於簡略。所以裴松之不得不廣爲搜集材料，大量加注，補充〈嵇康傳〉傳文之不足，結果裴注竟長達千餘字。至於邊疆少數民族，陳壽只撰寫〈烏丸鮮卑東夷傳〉，其他地區則無。

錢穆《中國史學名著．范曄後漢書和陳壽三國志》說：

> 大概講裴注，大體可以分成六項：
>
> 一、「引諸家論，辨是非」，這屬史論方面的。
>
> 二、「參諸書說，核譌異」，一件事有兩說以上不同，他「參諸書說」來校核其「譌異」之所在。
>
> 三、「傳所有事，詳委曲」，這些事陳壽《三國志》裡有，或者太簡單，中間委曲的地方，他來詳細地補注。

四、「傳所無事，補闕佚」，在陳壽《三國志》裡根本沒有這事，他補進去。

五、「傳所有人，詳生平」，《三國志》裡有這人，可是生平不詳，他補進了。

六、「傳所無人，附同類」，《三國志》裡根本沒有講到這人，他就把這人附在同類人的傳裡。所以裴注比陳書不曉得要多了多少事情、多少人。……他所抄的部分，都是從頭到尾自成篇段。此種史注，前無其例，而此下也更無後起，所以裴注很特別。後來凡讀《三國志》的，無不兼讀裴注，而且陳志、裴注總是合刻，不再分行。……現在拿來比較，陳壽的不一定都好，裴松之引進的，有些是理論正確，事情重要，並不全出陳志下。

可見裴注旁搜博採，復自創體例，其保存史料之功，與《三國志》難分軒輊，同等重要。繆鉞《三國志選注．前言》則指出裴注的價值有三：一、爲注解古書開創新體例。二、爲史學考證的先行者。三、開史學評議之端。

肆、文學篇

第一章　《史記》的文學藝術

《史記》文筆生動流暢，傳神寫意、敘事抒情，樣樣具備，前人讚述多矣！揚雄《法言・重黎》稱爲「實錄」，班固《漢書・司馬遷傳》也說：「自劉向、揚雄，博極群書，皆稱遷有良史之材，服其善序事理，辨而不華，質而不俚。其文直，其事核，不虛美，不隱惡，故謂之實錄。」以上所述，是站在史家立場，肯定其敘事質實之後，再頌揚其文筆。若再細述其文筆之美，則請進入以下三節的討論。

第一節　敘事技巧

《史記》基本上由人物傳記構成，每篇採用第三人稱的敘述技巧，有其客觀性，文末「太史公曰」以下，才是作者評論的文字，於是「撰史」與「評史」涇渭分明，客觀與主觀的畛域也因而區隔開來。

爲了再現歷史上的場景和人物活動，《史記》很多傳記，是用一系列栩栩如生的故事所構成。

如〈晏子傳〉是由救贖越石父、薦舉馬車夫等故事構成的；〈魏公子傳〉是由親迎侯生、竊符救趙、從博徒賣漿者流等故事構成的；〈廉頗藺相如傳〉是由完璧歸趙、澠池會、負荊請罪等故事構成的；〈孫武傳〉主體是吳宮教戰的故事；〈孫臏傳〉包含教田忌賭馬、馬陵道破殺龐涓等故事；其他如〈荊軻傳〉補敘高漸離故事，〈淮陰侯傳〉〈韓信傳〉插敘蒯通相命故事，〈留侯世家〉〈張良傳〉插敘圯上老人授《太公兵法》的故事……。這種情況非常普遍，是《史記》特別具有文學魅力的原因之一。

《史記》的故事，又常富於戲劇性。在逼真的場景中，展開尖銳的衝突，使讀者幾乎忘了敘述者存在。如〈項羽本紀〉中的「鴻門宴」：

沛公旦日從百餘騎來見項王，至鴻門，謝曰：「臣與將軍戮力而攻秦，將軍戰河北，臣戰河南，然不自意能先入關破秦，得復見將軍於此。今者有小人之言，令將軍與臣有郤。」項王曰：「此沛公左司馬曹無傷言之，不然，籍何以至此。」項王即日因留沛公與飲。項王、項伯東嚮坐。亞父南嚮坐，亞父者，范增也。沛公北嚮坐。張良西嚮侍。范增數目項王，舉所佩玉玦以示之者三，項王默然不應。范增起，出召項莊，謂曰：「君王爲人不忍，若入前爲壽，壽畢，請以劍舞，因擊沛公於坐，殺之。不者，若屬皆且爲所虜！」莊則入爲壽。壽畢，曰：「君王與沛公飲，軍中無以爲樂，請以劍舞。」項王曰：「諾。」項莊拔劍起舞；項伯亦拔劍起舞，常以身翼蔽沛公，莊不得擊。於是張良至軍門，見樊噲。樊噲曰：「今日之事何如？」良曰：「甚急！今日項莊拔劍舞，其意常在沛公也。」噲曰：「此迫矣！臣請入，與之同命！」噲即帶劍擁盾入軍門。交戟之衛士欲止不內，樊噲側其盾以撞，衛士仆地，噲遂入。披帷西嚮立，瞋目視項王，頭髮上指，目眥盡裂。項王按劍而跽曰：「客何爲者？」張良曰：「沛公之參乘樊噲者也。」項王曰：「壯士，賜之巵酒。」則與斗巵酒。噲拜謝，起，立而飲之。項王曰：「賜之彘肩。」則與一生彘肩。樊噲覆其盾於地，加彘肩上，拔劍切而啗之。項王曰：「壯士，能復飲乎？」樊噲曰：「臣死且不避，巵酒安足辭！夫秦有虎狼之心，殺人如不能舉，刑人如恐不勝，天下皆叛之。懷王與諸將約曰：『先破秦入咸陽者王之。』今沛公先破秦入咸陽，毫毛不敢有所近，封閉宮室，還軍霸上，以待大王來。故遣將守關者，備他盜出入與非常也。勞苦而功高如此，未有封侯之賞，而聽細說，欲誅有功之人，此亡秦之續耳，稱爲大王不取也！」項王未有以應，曰：「坐。」樊噲從良坐。坐須臾，沛公起如廁，因招樊噲出。

沛公已出，項王使都尉陳平召沛公。沛公曰：「今者出，未辭也，爲之奈何？」樊噲曰：「大行不顧細謹，大禮不辭小讓。如今人方爲刀俎，我爲魚肉，何辭爲！」於是遂去。乃令張良留謝。良問曰：「大王來何操？」曰：「我持白璧一雙，欲獻項王；玉斗一雙，欲與亞父。會其怒，不敢獻。公爲我獻之。」張良曰：「謹諾。」當是時，項王軍在鴻門下，沛公軍在霸上，相去四十里。沛公則置車騎，脫身獨騎，與樊噲、夏侯嬰、靳彊、紀信等四人持劍盾步走，從酈山下，道芷陽閒行。沛公謂張良曰：「從此道至吾軍，不過二十里耳，度我至軍中，公乃入。」沛公已去，間至軍中，張良入謝，曰：「沛公不勝桮杓，不能辭。謹使臣良奉白璧一雙，再拜獻大王足下；玉斗一雙，再拜奉大將軍足下。」項王曰：「沛公安在？」良曰：「聞大王有意督過之，脫身獨去，已至軍矣。」項王則受璧，置之坐上。亞父受玉斗，置之地，拔劍撞而破之，曰：「唉！豎子不足與謀！奪項王天下者，必沛公也，吾屬今為之虜矣。」沛公至軍，立誅殺曹無傷。（《史記》卷七）

此處無論人物的出場、退場，神情、動作、對話、反應，乃至座位的朝向，都交代得一清二楚。其中項莊舞劍，意在沛公；樊噲忠誠勇猛，慷慨陳詞；范增果斷兼急躁，項王默然不應；而樊噲英勇懾人的言行，項王居然起了英雄相惜之心，也默然接受其說辭；最後劉邦膽怯、脫身，張良從容應對；范增擊碎禮物；情節參差變化，轉換極快。「人為刀俎，我為魚肉」、「豎子不足與謀」，也成為後世流傳的成語。章培恆、駱玉明《中國文學史》說：

這段故事不需要花多少力氣，就可以改寫成真正的戲劇作品在舞台上演出。這一類戲劇性的故事，具有很多優點：一則具有逼真的文學表現效果；二則避免了冗長鬆緩的敘述，具有緊張性，由此產生文學所需要的激活力；三則在尖銳的矛盾衝突中，最容易展示人物的性格。

〈項羽本紀〉通篇寫出項羽遇事則大怒，表現一向躁進、猴急的性格，而「諸將皆慴服，莫敢枝梧，……莫敢縱兵，……莫敢仰視」，亦見項羽的英雄壯勇。司馬遷作此長篇傳記，實有「草蛇灰線」式的寫法，其所欲傳達的訊息，實已斷斷續續貫串全文，形成一股綿密不絕的文氣，可舉二例爲證：

其一是衝動易怒的性格：

> 行，略定秦地。函谷關有兵守關，不得入。又聞沛公已破咸陽。項羽大怒，使當陽君等擊關。
>
> 沛公左司馬曹無傷使人言於項羽曰：「沛公欲王關中，使子嬰爲相，珍寶盡有之。」項羽大怒曰：「旦日饗士卒，爲擊破沛公軍！」
>
> 項羽聞漢王皆已并關中，且東；齊、趙叛之；大怒。
>
> 楚下滎陽城，生得周苛。項王謂周苛曰：「爲我將，我以公爲上將軍，封三萬戶。」周苛罵曰：「若不趣（促）降漢，漢今虜若，若非漢敵也！」項王怒，烹周苛，并殺樅公。
>
> 爲高俎，置太公其上，告漢王曰：「今不急下，吾烹太公。」漢王曰：「吾與項羽俱北面受命懷王，曰：『約爲兄弟。』吾翁即若翁；必欲烹而翁，則幸分我一桮羹。」項王怒，欲殺之。
>
> 楚挑戰三合，樓煩輒射殺之。項王大怒，乃自被甲，持戟，挑戰。

於是，項王乃即漢王相與臨廣武閒而語。漢王數之。項王怒，欲一戰，漢王不聽。乃東行，擊陳留、外黃。外黃不下；數日，已降，項王怒，悉令男子年十五已上詣城東，欲阬之。（《史記》卷七）

其二是楚漢相爭期間，糧食盡絕的過程：

漢王得淮陰侯兵，欲渡河南；鄭忠說漢王，乃止壁河內。使劉賈將兵佐彭越，燒楚積聚。項王東擊破之，走彭越。漢王則引兵渡河，復取成皋，軍廣武，就敖倉食。

當此時，彭越數反梁地，絕楚糧食，項王患之。

楚、漢久相持未決，丁壯苦軍旅，老弱罷（疲）轉漕。是時，彭越復反，下梁地，絕楚糧。大司馬怒，渡兵汜水。士卒半渡，漢擊之，大破楚軍，盡得楚國貨賂。大司馬咎、長史翳、塞王欣皆自剄汜水上。

是時，漢兵盛，食多；項王兵罷（疲），食絕。

漢欲西歸，張良、陳平說曰：「漢有天下太半，而諸侯皆附之；楚兵罷食盡，此天亡楚之時也，不如因其機而遂取之。」

項王軍壁垓下，兵少，食盡，漢軍及諸侯兵圍之數重。（《史記》卷七）

上述兩大段文字，各有其深刻意涵。前者寫出項羽悲劇命運的根源，乃源自其悲劇性缺陷——衝動易怒的性格。隨處可見這種充滿攻擊性的發怒，潛藏的內在個性本質時時外現出來，有憤恨、有衝動，隨時可能轉而爲殘暴行爲。這與劉邦的陰忍、沈穩，乃至深謀遠慮，形成強烈對比。後者寫出項羽在「心懷思欲東歸」後，放棄了地利天險、物資豐饒的關中，而逐步走向「食絕」、「食盡」的過程。此爲項羽主觀意志也無法扭轉的事實，誠如姚祖恩《史記菁華錄》在「是時，漢兵盛，食多；項王兵罷，食絕」下批語：「成敗大關目」之言！司馬遷常用細密扎針的手法，將傳主一生成敗關鍵，以不漏痕跡的方式，一點一滴地述說清楚。

另外，《史記》所創造的「互見法」，亦爲敘事技巧之一種，因其特殊首見，後人多所因襲。互見法出現於重要人物身上，將一個人的事跡在不同的地方分述，而以其本傳爲主；或將同一事件分散在不同的地方，而以一個地方的敘述爲主。司馬遷運用此法，不僅是爲了避免重複，更是爲了使每一篇傳記都有審美意味上的統一性，使傳主的形象具有藝術上的完整性。例如「鴻門宴」發生之前一天晚上，沛公對項伯說明他進入關中後的舉措，和次日樊噲當面對項羽所說的話，如出一口，顯然漢營已經套好招數；而「鴻門宴」涉及人物最多，實爲項羽一生錯失良機的關鍵，此時劉邦尚未形成氣候，放在〈項羽本紀〉更能凸顯其悲劇英雄性格，〈高祖本紀〉就不再詳述此事。又如蒯通游說韓信：「相君之面，不過封侯，又危不安，相君之背，貴乃不可言！」清楚說明楚漢相爭後期之勝負關鍵，繫在韓信一人身上，韓信終未謀反，故高祖「見信死，且喜且憐之」，事見〈淮陰侯列傳〉，更能凸顯其含冤莫白的史實。《史記》就不再另立蒯通的傳記。

《史記》七十列傳之撰述，主要爲「合傳」體裁。大約可區分爲「歷史性質相同的人物」與「互有關係的人物」兩大類。前者如〈管晏列傳〉、〈屈原賈生列傳〉等；兩位傳主實際上是前後各自成篇，端賴司馬遷的妙筆從中勾連——「後百餘年而有晏子焉」（《史記》卷六二）、「自屈原沈汨羅後百有餘年，漢有賈生，爲長沙王太傅，過湘水投書以弔屈原」（《史記》卷八四），如此簡妙數語，總結前文，領起下文，使得相距一、二百年的管晏、屈賈在史上具有相當的地位，能夠互相輝映。有時，又因傳主時代相近、涉及相關事件而產生關聯，情況較爲複雜，司馬遷在綰合事件與人物時，不得不觀照到較多層面，採取多種方式來撰寫。例如〈魏其武安侯列傳〉中重要人物有三：魏其侯竇嬰、武安侯田蚡及將軍灌夫。竇嬰政治地位開始下降，田蚡適時竄起，司馬遷乃把握這一關鍵點，將二位人物銜接在一起。待竇嬰第二次受挫，田蚡驕橫無度時，司馬遷又引進灌夫這個人物。藉政治地位升降以銜接人物，本不足爲奇，但權勢的移轉，影響賓客的去從，尤能強化利益衝突的效果。這一點，司馬遷運用甚多：例如竇嬰平定吳楚之亂，「諸游士賓客爭歸魏其」、「孝景時每朝議大事，條侯、魏其侯，諸列侯莫敢與亢禮」；田蚡以王太后親幸，「數言事多效，天下吏士趨勢利者，皆去魏其歸武安」，後復爲丞相，「天下士郡諸侯愈益附武安」……。趨炎附勢，本爲人之常態，是故由賓客門人的趨附，更可看出利益衝突後之抉擇，而成爲「得勢」、「失勢」的指標。篇中描寫最精彩處，莫如王太后賜宴時，田蚡上酒稱壽，座皆避席伏地，以示尊敬；而竇嬰上酒，唯獨故舊避席，餘半皆膝席而已，世態炎涼有如此者！不唯酒宴如此，即如嚴肅的公庭上，諸侯史臣亦不敢得罪權貴，充分流露唯唯諾諾的猥瑣。其文曰：

> 御史大夫韓安國曰：「魏其言灌夫父死事，……魏其言是也。丞相亦言：灌夫通姦猾，……丞相言亦是。唯明主裁之！」主爵都尉汲黯是魏其；內史鄭當時是魏其，後不敢堅對。餘皆莫敢對。上怒內史曰：「公平生數言魏其、武安長短，今日廷論，局趣效轅下駒，吾並斬若屬矣！」（《史記》卷一〇七）

武帝即位之初，田蚡專權日甚。但田蚡倚仗王太后的勢力，武帝乃不得不有所拘忌。直到竇、田之爭，武帝才取得制伏的機會。武帝採取「廷辯」的方式，十分高明：一方面「俱宗室外家，故廷辯之」，對王太后有所交代；另一方面也藉此試探群臣的態度，實是一舉數得。而朝臣既畏於田蚡的聲勢，又忌憚於王太后，更不敢忤逆武帝，在種種利益衝突下，大部分的人都噤若寒蟬；雖有汲黯、鄭當時爲竇嬰辯護，其後也「不敢堅對」；而善於解析雙方長短處的韓安國，更以「唯明主裁之」請示。於是這一場廷辯，除了襯托田蚡的囂張氣燄，更點染出武帝的威嚇力量。武帝最後忿忿地說：「吾並斬若屬矣。」語氣至爲冷酷，把一個嚴峻的帝王描摹得十分傳神。

整篇傳記，正面描寫竇嬰、田蚡的權勢鬥爭、利益衝突，也側面描寫灌夫剛烈強悍的性格所導致的禍果，最後點出武帝的形象，因而鋪展出當代的歷史空間，也寄寓了司馬遷深沈的悲慨之情。

第二節 人物形象塑造技巧

《史記》描寫人物，數量眾多，類型豐富，個性頗爲鮮明。在描寫人物時，常注意到外貌和神情，〈留侯世家〉說張良「狀貌如婦人好女」，〈廉頗藺相如列傳〉可以看到「張目叱之」、「怒髮衝冠」的景象。《史記》更常透過人物的行動、言語，以揣摩其心理，進而顯露其性格，於是生活細節的描寫就不可避免。如〈項羽本紀〉一開始記載：

項籍少時學書不成，去，學劍，又不成。項梁怒之。籍曰：「書足以記名姓而已。劍一人敵，不足學，學萬人敵。」於是項梁乃教籍兵法，籍大喜，略知其意，又不肯竟學。（《史記》卷七）

此處看似小事一樁，已攸關項羽一生的成敗。項羽心志甚高，不願學一人敵，願學萬人敵。一旦學習萬人敵的兵法，即能「略知其意」，可見其才氣過人，日後鉅鹿之戰用破釜沈船戰策，是項羽知用兵之道。然而「又不肯竟學」，也造成鴻門宴不能聽取亞父意見；分封天下時，「見秦宮室皆以燒殘破，又心懷思欲東歸」，不都關中。這些「奮其私智而不師古」的作法，當然會「卒亡其國」。

司馬遷這種「由小見大」的作法，從全篇傳記看來，具體而微地揭示傳主的性格特徵、人生追求。〈伍子胥列傳〉寫他一生處心積慮，籌謀「報殺父之讎」的努力過程，最後破楚國，「掘楚平王墓，出其尸，鞭之三百，然後已。」伍子胥也承認自己「倒行而逆施之。」〈蘇秦列傳〉寫蘇秦被刺客刺殺，「不死殊而走」（肢體斷裂了，卻沒有立刻死，還能夠跑開）。爲了揪出兇手的真實身分，蘇秦曾建議齊王，在他死後「車裂臣以徇於市」，假裝治其叛國重罪。最後兇手果然自己現身。〈李斯列傳〉一開始就描寫老鼠的居所，廁中鼠和倉中鼠有生活緊張與安逸的不同，李斯因此感慨：「人之賢不肖，譬如鼠矣，在所自處耳。」〈陳丞相世家〉寫陳平爲鄉人分割祭肉時，說：「嗟乎！使平得宰天下，亦如是肉矣。」〈酷吏列傳〉寫張湯怒抓老鼠，劾鼠如老吏，其父「大驚，遂使書獄。」單純從史學價值來看，這些瑣碎小事難免有傳說和虛構的成分，但從文學角度來看，都是由具體事件呈現人物的狠戾性格，透顯人物的心理、個性及本色。

《史記》描寫人物的一生過程，尤其注重表現人物命運的巨大變化。那些建立功業的大人物，常寫出他們在卑賤時如何受到嘲諷，蘇秦、陳涉、劉邦、韓信、陳平傳即是如此；那些得志時不可一世的大人物，又常寫出他們不得善終的悲劇下場，李斯、項羽、田橫傳即如此。又在這變化過程中，充分暴露出人世間勢利眼、報復心之類的普遍弱點。如〈蘇秦列傳〉載，蘇秦未得志時，「兄弟、嫂、妹、妻妾竊皆笑之。」功成名就之後，「蘇秦之昆弟、妻、嫂，側目不敢仰視，俯伏侍取食。蘇秦笑謂其嫂曰：『何前倨而後恭也？』嫂委蛇蒲服，以面掩地而謝曰：『見季子位高金多也。』」（《史記》卷六九）這豈非現實醜態的神氣活現？〈高祖本紀〉也有類似的情節，劉邦自言：「某之業所就，孰與仲多？」（《史記》卷八）那得意洋洋的神情，不也躍然紙上？

再如〈李將軍列傳〉的一段插曲：

當夜從一騎出，從人田間飲。還，至霸陵亭，霸陵尉醉，呵止廣。廣騎曰：「故李將軍！」尉曰：「今將軍尚不得夜行，何乃『故』也！」止廣宿亭下。居無何，匈奴入殺遼西太守，敗韓將軍。韓將軍後徙右北平。於是天子乃召拜廣爲右北平太守。廣即請霸陵尉與俱，至軍而斬之。（《史記》卷一〇九）

這段文字的前半，是一幕不得歸營的場景，可視爲很好的戲劇小品。但沒過多久，李廣就任新職後就殺了霸陵尉，霸陵尉「醉」守霸陵亭，治罪固宜，然而「止廣宿亭下」，亦未失其職守。李廣「請霸陵尉與俱，至軍而斬之」，可說是計誘他來，不問罪即誅之，足徵有仇必報，不願受人輕蔑的潛在心理。相較於這裡所引述的「韓將軍」（韓安國），顯然韓氏所表現出來的度量較大。〈韓長孺列傳〉載：

其後安國坐法抵罪。蒙獄吏田甲辱安國。安國曰：「死灰獨不復然（燃）乎？」田甲曰：「然（燃）即溺之。」居無何，梁內史缺，漢使使者拜安國爲梁內史，起徒中，爲二千石。田甲亡走。安國曰：「甲不就官，我滅而宗。」甲因肉袒謝。安國笑曰：「可溺矣！公等足與治乎？」卒善遇之。（《史記》卷一〇八）

此處獄吏大言不慚的語氣，活現出鄙陋小人在可以欺凌大人物時，不顧一切的粗野和痛快。而之前韓安國「死灰復燃（燃）」的警告，怎能不以爲意？他東山再起後，特地把獄吏召來，舊事重提，想必早把獄吏嚇出一身冷汗。最後「卒善遇之」，這獄卒的遭遇比前述霸陵尉好得太多了！人間際遇不同和恩怨相報的故事，最能深刻揭露人性的複雜。

司馬遷深深明瞭，迎合世俗的人，往往得到幸福，反之，容易遭遇不幸。他常用對比的手法，凸顯天道對善人惡人的不公平。〈伯夷列傳〉講明顏淵修身治學而早夭，盜跖殺人劫財而長命富貴；〈蘇秦列傳〉寫才能傑出的蘇秦被人刺死，比較平庸的弟弟蘇代、蘇厲卻得享天年；〈平津侯主父列傳〉寫主父偃鋒芒畢露而遭到滅族，公孫弘深衷厚貌卻安享富貴尊榮……。但司馬遷絕不讚美平庸、苟且、瑣屑的人生。《史記》中寫得最壯麗動人的，是英雄人物的悲劇命運，〈魏公子列傳〉、〈刺客列傳〉、〈淮陰侯列傳〉都傾注了飽滿的精力和同情的筆鋒，寫得筆墨酣暢，神采飛動。前節〈項羽本紀〉載鴻門宴故事，已由簡單筆調勾勒出複雜的人物事件，其中樊噲的人物形象十分突出；而此篇最後寫項羽垓下被圍失敗自殺，竟用了一千餘字，其中霸王別姬，悲歌慷慨，乃至拔劍向頸，死於故人面前，極力描摹英雄之末路。作爲歷史記載，可以刪去部分文字，但作爲文學摹寫，卻有一種淋漓酣暢的效果。司馬遷告訴世人：即使命運是不可戰勝的，人的意志也同樣不可屈服！

除上所述，《史記》合傳甚多，人物對照手法成爲描摹人物的主要方式。如〈衛將軍驃騎列傳〉寫衛青、霍去病二人個性不同，領兵布陣的謀略也大異其趣。茲以元狩四年（西元前一一九年），各率五萬騎兵討伐匈奴爲例。在文中，司馬遷用相當多的筆墨描寫衛青的兵馬陣勢，以及漢軍和匈奴一來一往、迂曲多變的戰局。最後雖然主軍擊潰匈奴，攻佔寘顏山趙信城，但前軍、右軍卻失利，前將軍李廣甚至引咎自殺。這場戰役，衛青打得很辛苦，斬捕首虜萬九千級，但卻比不上霍去病的軍隊，故將軍吏卒皆無封賞。霍去病率領的五萬騎兵，「車重與大將軍軍等，而無裨將。悉以李敢等爲大校，當裨將，出代、右北平千餘里，直左方兵，所斬捕功已多大將軍」，因此得以五千八百戶益封爲驃騎將軍。（《史記》卷一一一）值得注意的是，司馬遷並不著重於霍去病軍隊的攻打陣勢、路線的描述，僅用「所斬捕功已多大將軍」一句交代，底下接著就由武帝來宣布霍去病的戰果與封賞。兩相對照，敘述一繁一簡，猶如衛、霍兩人謹慎用兵與冒險出擊的對比，兩將帥的性格也由此清楚分明。似此，以對比技巧襯托人物的事功，增補人物的特性，是《史記》慣用的合傳人物寫法。

第三節　語言技巧

司馬遷身爲漢朝人，撰寫《史記》徵引先秦典籍時，對深奧難懂的原典文字，均譯寫爲當時的書面語。史料的可信度與語言的時代性、可讀性，得到了完美的統一。劉大杰《中國文學發展史》說：

《史記》語言的特色，是詞彙豐富，整潔精煉，氣勢雄偉，變化有力，具有高度的概括性和生動的形象性。同時，還有規範化通俗化的特徵。他寫〈五帝本紀〉、〈宋微子世家〉把《尚書》〈堯典〉和〈洪範〉中難懂的文句，譯爲漢代通行的語言。……再如他引用《左傳》、《國語》、《國策》諸書的材料時，有的意譯，有的加工，都經過一番剪裁提煉的工夫，表現他自己的風格。其次，他在語言的運用上，還大量吸取民間口語、諺語和歌謠，使他在寫人敘事上，豐富其內容，增強形象的真實。如〈陳涉世家〉中的「夥頤！涉之爲王沈沈者！」〈張丞相列傳〉中的「臣口不能言，然臣期期知其不可！陛下雖欲廢太子，臣期期不奉詔！」一個是鄉下人的土話，一個是口吃，這樣寫來，便神態逼露了。

此外，我們可以探討秦始皇巡遊天下時，項羽、劉邦各自的表白。〈項羽本紀〉載：

> 秦始皇帝游會稽，渡浙江，梁與籍俱觀。籍曰：「彼可取而代也！」梁掩其口，曰：「毋妄言，族矣！」梁以此奇籍。（《史記》卷七）

〈高祖本紀〉載：

> 高祖常繇咸陽。縱觀，觀秦皇帝。喟然太息曰：「嗟乎，大丈夫當如此也！」（《史記》卷八）

當秦始皇杖陣威儀，聲勢浩大的走過眼前，項羽脫口而出「彼可取而代也！」這是無心機且坦率到有危險的話語，難怪項梁會「掩其口」，嚴厲警告：「毋妄言，族矣！」項梁情急之言，只用五字，亦是司馬遷妙筆。或許緣自項家本爲楚國大族，又與秦爲世仇之故，「梁父即楚將項燕，爲秦將王翦所戮者也。」（《史記》卷七）項羽此處取而代之的心理，有更多的仇恨與野心。劉邦則多有羨慕，先有「嗟乎」二字感歎一番，而後也吐露了真心話，語句稍長，語氣也較爲舒緩，正是年長者悠游有餘的神情。實則，〈陳涉世家〉載陳勝起兵之初時也說：「壯士不死即已，死即舉大名耳。王侯將相，寧有種乎？」（《史記》卷四八）此處「大名」乃「王侯之屬」，不似項羽、劉邦直言不諱，也刻意抹煞王侯將相的起兵優勢地位，背後實另有一番心理況味。

《史記》還廣泛引用了許多民謠民諺，如〈李將軍列傳〉中的「桃李不言，下自成蹊」（《史記》卷一〇九），形容李廣不善言辭而深得他人敬重，既富於概括性，又富含生活氣息。再如〈佞幸列傳〉開頭引諺語：「力田不如逢年，善仕不如遇合。」（《史記》卷一二五）這是常識，也分明是對無常命運的一種發洩。孔子、屈原、馮唐、李廣，當他們邁出第一步時，有誰知道命運之神會如何安排他的第二步呢？這方面的控訴語言，實以〈伯夷列傳〉爲最，因此寫夷、齊之怨，也是自寫其怨，也是爲古今賢人叫屈之怨。

總之，《史記》或引用成語，或自鑄偉詞，常能透過語言對話體現人物的生活經歷、文化修養及社會地位，使其受到後世推崇，被尊爲古代散文的典範。

第二章 《漢書》的文學藝術

唐劉知幾《史通・六家》說：

如《漢書》者，究西都之首末，窮劉氏之廢興，包舉一代，撰成一書。言皆精練，事甚該密。

此處肯定《漢書》建立斷代史正體之功，也從「言」、「事」兩方面，給予《漢書》文章高度的評價。以下即由此作說明。

第一節 敘事技巧

《漢書》的史學正統，班固實得自於班彪。父子二人秉持史家實事求是的精神，據事直書，為一大特色。莊適《前漢書・序言》說：「固才較遷似遜，然其整齊一代之書，文贍事詳，與遷書異曲而同工。其於孔光、張禹，直筆試試，盡情描寫，洵不愧爲良史。而文法之謹嚴，敘事之清晰，尤非瑜不掩瑕之范書可比。故其書初出，即已傳誦一時。」

《漢書》記述年代較短，而敘事較爲精詳。劉大杰《中國文學發展史》說：

> 《漢書》在歷史觀點和散文語言上雖比不上《史記》，但也不能否認它在史傳文學上的價值。《漢書》中的列傳，有許多優秀的篇章，在暴露現實、反映生活、描寫人物上，都有很好的成就。在〈蘇武傳〉中寫出了蘇武的愛國精神和民族氣節；在〈東方朔傳〉中，描繪了東方朔詼諧善諷的特性，反映出宮廷的淫侈生活；在〈朱買臣傳〉中，刻畫了知識分子在貧苦富貴不同環境中的精神面貌，諷刺了舊社會的勢利醜態；在〈外戚列傳〉中，暴露了宮闈的種種黑幕和帝王們殘暴的事跡；在〈霍光傳〉中，生動地描寫了外戚的專橫暴虐和他的爪牙們魚肉百姓的罪行；在〈張禹傳〉中，刻畫出大官吏壓迫平民、淫侈腐化、而又善於阿媚取寵保持祿位的真實形象。這些人物都寫得有個性，而且也具有典型的意義。

其中，〈蘇武傳〉就寫出了前代史書極少見的忠君愛國形象，本傳載衛律逼降，而蘇武不肯就範一段有云：

> 武益愈，單于使使曉武。會論虞常，欲因此時降武。劍斬虞常已，律曰：「漢使張勝謀殺

單于近臣，當死。單于募降者赦罪。」舉劍欲擊之，勝請降。律謂武曰：「副有罪，當相坐。」武曰：「本無謀，又非親屬，何謂相坐？」復舉劍擬之，武不動。律曰：「蘇君！律前負漢歸匈奴，幸蒙大恩，賜號稱王，擁眾數萬，馬畜彌山，富貴如此。蘇君今日降，明日復然。空以身膏草野，誰復知之？」武不應。律曰：「君因我降，與君爲兄弟。今不聽吾計，後雖欲復見我，尚可得乎？」武罵律曰：「女（汝）爲人臣子，不顧恩義，畔（叛）主背親，爲降虜於蠻夷，何以女（汝）爲見？且單于信女（汝），使決人死生，不平心持正，反欲鬥兩主，觀禍敗。南越殺漢使者，屠爲九郡；宛王殺漢使者，頭縣（懸）北闕；朝鮮殺漢使者，即時誅滅；獨匈奴未耳。若知我不降明，欲令兩國相攻，匈奴之禍，從我始矣！」（《漢書》卷五四）

於此，蘇武表現剛正不屈的志節，以及據理力爭、洞燭機先的遠見。其後「單于聞（李）陵與子卿（蘇武）素厚」，再遣李陵勸降蘇武，而有長段的對話：

「……陵始降時，忽忽如狂，自痛負漢，加以老母繫保宮。子卿不欲降，何以過陵？且陛下春秋高，法令亡（無）常，大臣亡（無）罪夷滅者數十家，安危不可知，子卿尚復誰爲乎？願聽陵計，勿復有云。」武曰：「武父子亡（無）功德，皆爲陛下所成就，位列將，爵通侯，兄弟親近，常願肝腦塗地。今得殺身自效，雖蒙斧鉞湯鑊，誠甘樂之！臣事君，猶子事父也，子爲父死，亡（無）所恨，願勿復再言！」陵與武飲數日。復曰：「子卿壹聽陵言。」武曰：「自分已死久矣！王必欲降武，請畢今日之驩，效死於前！」陵見其至誠，喟然歎曰：「嗟乎，義士！陵與衛律之罪，上通於天！」因泣下霑衿，與武決去。陵惡自賜武，使其妻賜武牛羊數十頭。（《漢書》卷五四）

這等文章，記事詳盡，感人至深。李、蘇二人，域外重逢，而立場已別，或迫於現實，不得不降；或執守忠君之道，誓不投降！最後蘇武敬稱李陵爲「王」，將其視爲匈奴國臣，則再也無套用友情之餘地。而李陵內心實有叛國之痛，自知己罪在先，輸財通義於後，也可謂仁至義盡了。全文筆觸深入到心理層面，透過內心世界的交流，造成激昂慷慨、聲淚俱下的場面，表達蘇武、李陵二人的不同性格和命運，極其深刻。

班固寫〈蘇武傳〉，完全出於己手，也因此，傳達出班固的觀點和感情，最能代表班固自己的文章成就。趙翼《廿二史劄記》卷二〈漢書增傳〉說：

《史記》無〈蘇武傳〉，蓋遷在時，武尚未歸也。《漢書》爲立傳，敘次精采，千載下猶有生氣。合之〈李陵傳〉，慷慨悲涼，使遷爲之，恐亦不能過也。魏禧謂固密於體，而以工文專屬之遷。不知固之工於文，蓋亦不減子長耳。

《漢書》最精采的篇章，確在〈蘇武〉、〈李陵〉二傳。另有〈霍光傳〉，寫霍光之小心謹慎，忠心耿耿，也頗具時代特徵。

第二節　語言技巧

《史記》用單筆散行，具有通俗化、口語化的精神，簡潔而流暢。《漢書》用複筆，喜用古字，崇尚藻飾，傾於排偶，入於艱深，頗受漢代散文和辭賦的影響。劉知幾《史通・言語》說：「怯書今語，勇效昔言。」雖非專指《漢書》，但《史》、《漢》不同，由此初分端倪。後者的語言雖不如前者通俗流暢和變化多端，但那種整煉工麗的特色，是無法否認的。

例如《史記・魏其武安侯列傳》裡有一段文字是：

> 竇嬰守滎陽，監齊、趙兵。七國兵已盡破，封嬰爲魏其侯。諸游士賓客，爭歸魏其侯。孝景時每朝議大事，條侯、魏其侯，諸列侯莫敢與亢禮。孝景四年，立栗太子，使魏其侯爲太子傅。孝景七年，栗太子廢，魏其數爭不能得，魏其謝病，屏居藍田南山之下數月。（《史記》卷一〇七）

我們再看《漢書・竇田灌韓傳》的同一段文字：

嬰守滎陽，監齊、趙兵。七國破，封爲魏其侯，游客賓士爭歸之。每朝議大事，條侯、魏其，列侯莫敢與亢禮。四年，立栗太子，以嬰爲傅。七年，栗太子廢，嬰爭弗能得，謝病，屏居藍田南山下數月。（《漢書》卷五二）

上述二段文字，前者繁而後者簡，《史記》「孝景四年……」、「孝景七年……」之處，可刪去後來「孝景」二字。「魏其數爭不能得，魏其謝病……」處，亦可刪去後來「魏其」二字。於修辭學有所謂「承上省略」用法，此處《史記》不如《漢書》精簡。

然而，並非《漢書》刪減文字就一定好，有時也造成文義混淆，須再核對《史記》原文。再者，《漢書》雖抄錄甚多名家名篇，然而其刪減文字的作法，反而失真，故所錄賈誼〈鵩鳥賦〉、司馬遷〈報任少卿書〉……等，凡與《史記》、《文選》不同者，似不宜以《漢書》爲準。讀者於此須小心謹慎。

第三章　《後漢書》的文學藝術

范曄《後漢書》無全書總序，其〈獄中與諸甥姪書〉說：

> 吾雜傳論，皆有精意深旨，既有裁味，故約其詞句。至於〈循吏〉以下及〈六夷〉諸序論，筆勢縱放，實天下之奇作，其中合者，往往不減〈過秦〉篇。嘗共比方班氏所作，非但不愧之而已。……贊自是吾文之傑思，殆無一字空設，奇變不窮，同含異體，乃自不知所以稱之。此書行，故應有賞音者。紀、傳例爲舉其大略耳，諸細意甚多。自古體大而思精，未有此也。（《宋書》卷六九〈范曄傳〉）

此處自道其書之旨趣，肯定意深、詞約，富有筆力。對於「贊」及紀、傳中的「細意」，亦自我標榜。雖是露才揚己，自負特色，然並非過當。如〈黨錮列傳〉、〈宦者列傳〉的序論和〈馬援列傳〉傳後的「論曰」，都飽含己見，且極有氣魄。《後漢書》的「論」是以駢句行氣，駢散結合，而「贊」則全用整齊的四字韻文。作者吸取了駢體文的優點寫論，增加了語言的文采。

第一節　敘事技巧

范曄《後漢書》所記人物之多、涵蓋面之廣，皆前所未有，他對庸庸碌碌的高官重臣，頗爲鄙薄。如〈鄧張徐張胡列傳〉中的胡廣（字伯始），一生「歷事六帝，……漢興以來，人臣之盛，未嘗有也。」他做官的訣竅就是小心謹慎，不求有功，但求無過，正如京師謠諺所說：「萬事不理問伯始，天下中庸有胡公。」對於這樣一位無所作爲、苟合取容的官僚，范曄在贊語毫不留情地加以嘲諷：

胡公庸庸，飾情恭貌。朝章雖理，據正或橈。（《後漢書》卷四四）

此外，范曄頗重視前代學者，對班彪、班固父子及王充、馬融、蔡邕……等人，多有正面評論，對鄭玄、張衡尤其讚譽有加。鄭玄終身致力於學術，志節高尚，不肯出仕，著述百餘萬言。張衡精於天文、陰陽、曆算，創造渾天儀、地動儀，寫作〈二京賦〉、〈思玄賦〉。范曄於本傳「論曰」，給予很高的評價。

此外，名士范滂因黨禍而死，詔書至縣，縣令想助其逃走，而范滂自願入獄。臨刑前夕，范滂與老母、愛子訣別，慷慨就義的場面尤爲悲愴感人，〈黨錮列傳〉載：

> 建寧二年，遂大誅黨人，詔下急捕滂等。督郵吳導至縣，抱詔書，閉傳舍，伏牀而泣。滂聞之，曰：「必爲我也。」即自詣獄。縣令郭揖大驚，出解印綬，引與俱亡。曰：「天下大矣，子何爲在此？」滂曰：「滂死則禍塞，何敢以罪累君，又令老母流離乎！」其母就與之訣。滂白母曰：「仲博孝敬，足以供養，滂從龍舒君歸黃泉，存亡各得其所。惟大人割不可忍之恩，勿增感戚。」母曰：「汝今得與李、杜齊名，死亦何恨！既有令名，復求壽考，可兼得乎？」滂跪受教，再拜而辭。顧謂其子曰：「吾欲使汝爲惡，則惡不可爲；使汝爲善，則我不爲惡。」行路聞之，莫不流涕。時年三十三。（《後漢書》卷六七）

這段文字彰顯出范滂的義行，其從容就義的態度，死前對母親、子女的言談，寧可捨棄「壽考」而取得「令名」，可看出置死生於度外的高風亮節。文中寫出滂母的風範，而當地行政長官對他的憐憫，也作了些旁證。范滂臨死前對子女交代的遺言，尤其感人。另有〈獨行列傳〉寫會稽小吏戴就慘受酷刑之過程，吞下焦毀的皮肉，掉落全部的指甲，仍然大罵刺史「誣枉忠良」，高呼「就考（拷）死之日，當白之於天」，與群鬼同殺貪官，「如蒙生全，當手刃相裂」（《後漢書》卷八一），這些細節的描寫，也令人爲之動容。

此外，〈列女傳〉，亦爲正史首見爲普通婦女立傳的創舉。此傳抄錄班昭〈女誡〉七篇，稱許其「有助內訓」，該篇人物立傳標準則在於「亮明白之節」，而不必「專在一操」。如蔡文姬（琰）先嫁衛中道，繼嫁匈奴左賢王，最後爲董祀之妻，並非從一而終者，范曄肯定她「博學有才辯，又妙於音律」而立傳。又如樂羊子妻相夫向學，貞義自裁；孝女曹娥尋父未果，投江而死；桓少君捨棄富貴，「拜姑禮畢」立即「提甕出汲」；趙媛姜身處是非不明之亂世，幫助丈夫越獄潛逃，而自己留在獄中塞責。（《後漢書》卷八四）這些地方，寫出壯采奇情，反映了范曄獨特的眼光，有其執筆之深衷。

第二節　語言技巧

范曄學識淵博，博覽群書，又善於剪裁作文，敘事峻潔而周密，誠如劉知幾《史通．補注》所說：「范曄之刪《後漢》也，簡而且周，疏而不漏，蓋云備矣。」但從文學角度來看，其中多數人物未免簡略疏闊，只有極少數例外。例如〈酷吏列傳〉載湖陽公主家奴白日殺人，藏匿府中，官吏無法追捕，董宣不畏權貴，不顧個人安危，等到公主外出時，於路上攔截家奴，就地正法，而後抗拒皇帝指責的過程：

時湖陽公主蒼頭白日殺人，因匿主家，吏不能得。及主出行，而以奴驂乘，宣於夏門亭候之，乃駐車叩馬，以刀畫地，大言數主之失，叱奴下車，因格殺之。主即還宮訴帝，帝大怒，召宣，欲箠殺之。宣叩頭曰：「願乞一言而死。」帝曰：「欲何言？」宣曰：「陛下聖德中興，而縱奴殺良人，將何以理天下乎？臣不須箠，請得自殺。」即以頭擊楹，流血被面。帝令小黃門持之，使宣叩頭謝主，宣不從，彊（強）使頓之，宣兩手據地，終不肯俯。主曰：「文叔爲白衣時，臧（藏）亡匿死，吏不敢至門。今爲天子，威不能行一令乎？」帝笑曰：「天子不與白衣同。」因勑彊項令出。賜錢三十萬，宣悉以班諸吏。由是搏擊豪彊（強），莫不震慄。京師號爲「臥虎」。歌之曰：「枹鼓不鳴董少平。」（《後漢書》卷七七）

像這樣內容生動的軼事段落，而又包含明確的對話、具體細節的描寫，在《後漢書》並不多見。（參見本書附錄〈董宣傳〉導讀賞析）董宣堅持法治，勇敢向惡勢力挑戰，表現出不屈服的嚴正性格。在今天的傳統戲曲舞台上，仍經常演出一個劇目：「強項令」，就是根據這段史跡改編而成。

第四章 《三國志》的文學藝術

《三國志》質樸簡約，無繁冗蕪雜之弊。但另一方面，由於陳壽刻意追求簡潔，也帶來兩個缺點：一是過分簡略，一是文章缺少文采，不夠生動傳神。李慈銘《越縵堂日記・咸豐己未二月初三日》說：

> 承祚固稱良史，然其意務簡潔，故裁制有餘，文采不足；當時人物，不減秦、漢之際，乃子長《史記》，聲色百倍，承祚此書，闇然無華，范蔚宗《後漢書》較爲勝矣。

從這個觀點而言，《三國志》遜色《史記》不少，是可惜了些。

第一節 敘事技巧

陳壽《三國志》的敘事技巧不如《史記》，這可從戰爭描寫看出端倪。曹操與袁紹的官渡之戰，散見於〈武帝紀〉、〈袁紹傳〉、〈荀彧傳〉等篇；曹操與劉備、孫權的赤壁之戰，散見於〈武帝紀〉、〈蜀先主傳〉、〈吳主傳〉、〈周瑜傳〉、〈魯肅傳〉等篇。因情節散落而難以寫出壯闊的場面和完整的事件首尾，當然也就看不到司馬遷筆下鉅鹿之戰、垓下之戰那種史詩式的磅礴氣勢了。

不過，陳壽行文精練簡約。他不鋪陳人物的生平，而只就代表傳主一生的重要事跡加以簡要介紹，因此有些篇章焦點集中，人物刻畫比較精彩生動。如〈張遼傳〉、〈華佗傳〉、〈諸葛亮傳〉等。

陳壽善於引用人物的言論或著作表現人物性格。〈武帝紀〉形容曹操是「非常之人，超世之傑」，傳中就多次引用曹操的求賢令，如「若必廉士而後可用，則齊桓其何以霸世！今天下得無有被褐懷玉而釣於渭濱者乎？又得無盜嫂受金而未遇無知者乎？二三子其佐我明揚仄陋，唯才是舉，吾得而用之！」「夫有行之士未必能進取，進取之士未必能有行也。陳平豈篤行，蘇秦豈守信邪？而陳平定漢業，蘇秦濟弱燕。由此言之，士有偏短，庸可廢乎？」（《三國志》卷一）這種重才不重德、驚世駭俗的求賢令，正說明曹操急於建立霸業，甚至不擇手段的心態。又如〈諸葛亮傳〉，開頭引用〈隆中對〉，中間引用〈出師表〉，結尾引用〈上後主表〉，三篇文章出於不同時期，有不同的主旨，反映了傳主的性格與事功。（《三國志》卷三五）這種敘事方式，顯然經過精心構思。

陳壽又善於引用其他人物的言論進行褒貶，如〈張遼傳〉中，張遼單騎上三公山勸降昌豨，曹操深含褒獎地責罵他：「此非大將法也。」後來，張遼與孫權大戰於合肥，以少擊多，所向披靡，幾乎擒獲孫權。本傳載：「建安二十一年，太祖復征孫權，到合肥，循行遼戰處，歎息者良久。」文帝即位後，召張遼問破吳意狀，帝歎息顧左右曰：「此亦古之邵（召）虎也。」張遼再奉命攻吳，孫權甚懼，敕諸將：「張遼雖病，不可當也，慎之！」張遼死後，文帝追念其功，詔曰：「合肥之役，（張）遼、（李）典以步卒八百，破賊十萬，自古用兵，未之有也。使賊至今奪氣，可謂國之爪牙矣！」（《三國志》卷十七）以上張遼本傳故事，透過曹操、曹丕、孫權之口，以及曹氏父子兩度「歎息」的行爲表現，肯定其智勇雙全的武藝超凡。在〈諸葛亮傳〉中，徐庶評論他：「諸葛孔明者，臥龍也。」劉備也稱許他：「孤之有孔明，猶魚之有水也。」臨終前，再託以國政，謂亮曰：「君才十倍曹丕，必能安國，終定大事。若嗣子可輔，輔之；如其不才，君可自取。」最後，諸葛亮持理朝政，北伐魏國，鞠躬盡瘁，卒於軍。及軍退，司馬懿案行其營壘處所，曰：「天下奇才也！」（《三國志》卷三五）以上諸葛亮本傳故事，透過不同身分的人，站在不同的立場，對傳主作出相似的評價，可謂異曲同工，相得益彰。

〈諸葛亮傳〉爲《三國志・蜀書》最長的一篇，重點描寫了五件事：（一）劉備三顧茅蘆，提出〈隆中對〉；（二）赤壁戰前出使吳國；（三）勸劉備稱帝，又接受托孤；（四）北伐、上〈出師表〉；（五）六出祁山。它們各成段落，表現人物的某一方面的品格才具，又能綰合諸葛亮光明磊落、忠藎爲國的　生。

《三國志》尚有一些精心選擇的軼事和細節描寫，〈張昭傳〉可能是具有代表性的一篇。這篇文章寫出剛直不阿、忠亮果毅的東吳元老大臣與年少君主孫權率性的一面，先是張昭諫阻孫權手格猛獸事，「變色而前曰……」，說出國君當如何自重的一番道理，孫權立即認錯，說自己「年少慮事不遠，以此慚君」。後來：

（孫）權於武昌，臨釣臺，飲酒大醉。權使人以水灑群臣曰：「今日酣飲，惟醉墮臺中，乃當止耳。」昭正色不言，出外車中坐。權遣人呼昭還，謂曰：「為共作樂耳，公何為怒乎？」昭對曰：「昔紂為糟丘酒池長夜之飲，當時亦以為樂，不以為惡也。」權默然，有慚色，遂罷酒。（《三國志》卷五二）

這是第二次衝突，張昭不再強言諫阻，而是「出外車中坐」，孫權似乎不以為意，「遣人呼昭還」，結果換來「酒池肉林」之戒。自討沒趣的孫權，只得「默然」、「罷酒」。後來又發生第三次衝突，孫權欲遣使往遼東，與張昭意見相左：

權以公孫淵稱藩，遣張彌、許晏至遼東拜淵為燕王，昭諫曰：「淵背魏懼討，遠來求援，非本志也。若淵改圖，欲自明於魏，兩使不反，不亦取笑於天下乎？」權與相反覆，昭意彌切。權不能堪，案刀而怒曰：「吳國士人入宮則拜孤，出宮則拜君，孤之敬君，亦為至矣，而數於眾中折孤，孤嘗恐失計。」昭孰（熟）視權曰：「臣雖知言不用，每竭愚忠者，誠以太后臨崩，呼老臣於牀下，遺詔顧命之言故在耳。」因涕泣橫流。權擲刀致地，與昭對泣。然卒遣彌、晏往。昭忿言之不用，稱疾不朝。權恨之，土塞其門，昭又於內以土封之。淵果殺彌、晏。權數慰謝昭，昭固不起，權因出過其門呼昭，昭辭疾篤。權燒其門，欲以恐之，昭更閉戶。權使人滅火，住門良久，昭諸子共扶昭起，權載以還宮，深自克責。昭不得已，然後朝會。（《三國志》卷五二）

上段文字，顯見孫權忍無可忍，而有專斷暴躁的表現，但又知過能改，勇於認錯，不愧爲「人之傑」。事情發展到後來，使者被遼東公孫淵所殺，證明張昭是對的。而他的剛毅、正直、寧折不屈，不愧爲顧命大臣。君臣兩人曾「對泣」，也曾互相「土塞其門」，雙方激化對立，都有幾分任性，性格頗有相似之處。通過這些軼事，清楚呈現張昭的性格是「此公性剛」（孫權語），「志在忠益，畢命而已。若乃變心易慮，以偷榮取容，此臣所不能也。」（張昭語）頗有古「國之司直」遺風！

第二節　語言技巧

前節提及陳壽引用他人言論以彰顯傳主的寫法，往往止於片言隻字，只有〈諸葛亮傳〉、〈張昭傳〉因傳主爲國家大臣之故，較有對話內容。此外，〈呂布傳〉有一段呂布、曹操、劉備三人的精彩對話：

遂生縛布，布曰：「縛太急，小緩之。」太祖曰：「縛虎不得不急也。」布請曰：「明公所患不過於布，今已服矣，天下不足憂。明公將步，令布將騎，則天下不足定也。」太祖有疑色。劉備進曰：「明公不見布之事丁建陽及董太師乎！」太祖頷之。布因指備曰：「是兒最叵信者。」於是縊殺布。（《三國志》卷七）

這段簡短的對話，把三個人物的性格表現得入木三分：呂布淺陋粗直，對自身武藝頗具信心；曹操「縛虎不得不急」，做事十分謹慎，而「有疑色」，是愛才而又多疑的性格，呂布之死，可說死在其疑心。劉備則老謀深算，善使機巧，見曹操有疑色，而借刀殺人。這樣生動的人物對話屬於史傳中精彩的段落。可惜《三國志》多數篇章失之於簡略，將許多人物合在一起，篇幅過短，人物性格沒有展開，對話成分自然少了許多。

總結前文，可知紀傳體史書人物眾多且生動，四史在這方面有其得天獨厚的先決條件，其藝術成就奠基於此。范曄《後漢書》人物多而稍欠精彩，陳壽《三國志》敘事、語言仍有可加強處；固知良史彩筆之不易得，相較之下，司馬遷《史記》、班固《漢書》金聲而玉振之，實乃文學巨擘，可與日月爭輝矣！

附錄

專題賞析

一、漢高祖、太史公何以崇重魏公子？

魏公子，姬姓，魏氏，名無忌，魏昭王的兒子，魏安釐王的同父異母弟，封信陵君。他是戰國時代著名的政治家、軍事家，魏安釐王時期官至魏國上將軍，曾經率兵救趙國、魏國，反攻秦國，功業彪炳，與孟嘗君田文、平原君趙勝、春申君黃歇合稱爲「戰國四公子」。

㈠魏公子的成功典型

魏公子的成就，奠基於他能禮賢下士，不恥下交。守城門的侯生、市場內的屠夫朱亥，能幫助他竊符救趙，擁兵抗秦；博奕之徒的毛公、賣酒漿的薛公，能勸說他回國救魏，拜上將軍，都是促成他一生成功的關鍵。當初魏公子想和毛公、薛公交往，平原君認爲二人身分卑下，譏笑他「乃妄從博徒賣漿者游，公子妄人耳。」《史記・魏公子列傳》記載此事，魏公子的答辯是：「平原君之游，徒豪舉耳，不求士也。無忌自在大梁時，常聞此兩人賢，至趙，恐不得見。以無忌從之游，尚恐其不我欲也，今平原君乃以爲羞，其不足從游。」這話說得很重，對平原君不假辭色了。原來公子在魏國時，目光已經放到全天下，注意到國外的賢者；賢者在趙國平原君的身邊，平原君卻未曾訪求，只因爲他們出身寒微。通過此事，得知魏公子訪求賢者是不拘身分地位的，於是平原君門下客走掉一半，歸向魏公子。

《史記・春申君列傳》另外寫了一件事：有一次趙國平原君的使者來到楚國，想要炫耀財富，於是「爲瑇瑁簪，刀劍室以珠玉飾之。」沒想到「春申君客三千餘人，其上客皆躡珠履以見趙使，趙使大慚。」由此觀之，平原君與春申君無分軒輊，都是富家公子心態，想要以富貴驕人。而魏公子不在意身分，推心置腹與人結交，這作風是他們忘塵莫及的。

值得注意的是，魏公子雖然有許多出身寒微的賓客，然而他們都守禮義、負責任，提出來的建言往往牽動國家局勢，有很大的影響力。這點又與《史記・孟嘗君列傳》記載門下客多是雞鳴狗盜之徒，費盡心力尋求狡兔三窟，常常只爲個人利害而出謀獻策的伎倆，不可同日而語了。

㈡漢高祖推重魏公子

漢高祖劉邦十分推崇魏公子。令人好奇的是，戰國四大公子各有所長，其他三位齊國孟嘗君、趙國平原君、楚國春申君，都沒有受到漢高祖非常的禮遇，而且漢高祖一生侮慢人無數，罵盡群臣豎儒，除了張良之外，卻始終敬重魏公子。其中原因何在呢？

這可能須從高祖的出生年代說起。漢高祖劉邦生卒年爲西元前二五六年到西元前一九四年。

魏公子生年不詳，卒於西元前二四三年。換言之，劉邦出生時，正是秦國與趙國激烈交戰的時刻，此時魏公子還在世。《史記・魏公子列傳》說：「魏安釐王二十年，秦昭王已破趙長平軍，又進兵圍邯鄲。」這一年是西元前二五七年，此後發生魏公子殺魏將軍晉鄙、奪兵符救趙國，後來滯留趙國不敢回魏國等事。十年後，秦國猛攻魏國，魏公子才急忙趕回魏國，魏安釐王盡釋前嫌，授與公子上將軍印，這才讓魏國局勢轉危爲安。魏公子實爲將才，後來又率領諸侯各路兵馬，反攻秦國，賈誼〈過秦論〉說：「嘗以十倍之地，百萬之眾，叩關而攻秦。」《史記・魏公子列傳》也說：「公子率五國之兵破秦軍於河外，走蒙驁。遂乘勝逐秦軍至函谷關，抑秦兵，秦兵不敢出。當是時，公子威振天下。」這是戰國末年六國諸侯重大的軍事合作，聲威浩壯，取得空前的勝利，然而也是最後一次的大勝。當秦國統一天下後，人民生活苦不堪言，六國民眾自然長記在心，不時懷念起魏公子當年盛事。魏公子去世時，劉邦十四歲；秦始皇統一天下時，劉邦三十六歲；對劉邦來說，自幼耳濡目染魏公子的過往，是很自然的事。

據《史記・張耳陳餘列傳》所載：「張耳者，大梁人也。其少時，及魏公子毋忌爲客。張耳嘗亡命游外黃。……秦之滅大梁也，張耳家外黃。高祖爲布衣時，嘗數從張耳游，客數月。」張耳曾經是魏公子門下賓客，劉邦又做了張耳的門下賓客。當年還是平民身分的劉邦，在與張耳交游期間，應當聽過不少魏公子故事；更何況劉邦來到屬於陳留郡的外黃（今河南商丘），地點接近魏都大梁（今河南開封），更有許多機會聽聞魏公子故事。因此司馬遷說：「高祖始微少時，數聞公子賢。」（《史記・魏公子列傳》語）乃千真萬確的事。

賓客們之所以爲魏公子所用，都來自於魏公子不顧他們的低微身世，願意與他們坦誠交往，且以禮相待，這對於出身平民的劉邦來說，一方面受到鼓舞，英雄不怕出身低，另一方面也受到多重啟發，可以學習魏公子禮敬賓客，廣納賢才，而深得人心的風範，又可以學習他急人之難的俠義精神。《史記．魏公子列傳》說：

公子爲人仁而下士，士無賢不肖，皆謙而禮交之，不敢以其富貴驕士。士以此方數千里爭往歸之，致食客三千人。當是時，諸侯以公子賢，多客，不敢加兵謀魏十餘年。

而《史記．高祖本紀》也說高祖之爲人：

仁而愛人，喜施，意豁如也。

就身爲上位者對待中下階層者的舉措來說，魏公子和漢高祖是不是有些相像呢？魏公子能尊重抬舉市井小民，進而接納他們的建議。北宋司馬光《資治通鑑．漢紀四．高帝十二年》載：

初，高祖不脩文學，而性明達，好謀，能聽，自監門、戍卒，見之如舊。初順民心作三章之約。

這裡敘及劉邦能與守城門者、戍衛士兵親切來往，能接納諫言，收攬民心，這些作爲和魏公子相仿。也因此劉邦一步步走來，終於邁向成功之路，登基稱帝。

魏公子還有一個優點，那就是雖然他身繫國家安危，挽魏國於狂瀾，然而功成不居，對國君始終忠心耿耿。魏安釐王一開始就忌憚魏公子的才能，因此「不敢任公子以國政」。十餘年後，魏公子救魏國、退秦軍，魏王又擔心他會取代國君的位置，於是「使人代公子將」，剝奪他的兵權。此後四年間，公子日夜醇酒、婦女、笙歌，不再上朝，不與聞國政，未起不臣之心。

《史記・魏公子列傳》在敘述完魏公子一生之後，寫下了一段漢高祖的推崇經過，這般寫法在其他篇章罕見，司馬遷說：

> 高祖始微少時，數聞公子賢。及即天子位，每過大梁，常祠公子。高祖十二年，從擊黥布還，爲公子置守冢五家，世世歲以四時奉祠公子。

這段話寫得很有層次感。他先從高祖少年時期寫起，有一分仰慕之情；再寫到高祖當上天子以後，每回經過昔日魏國都城大梁，都會前往祭拜魏公子，但這還是臨時性的舉動；而到了高祖十二年（西元前一九五年），高祖最後一次出征平定叛亂的諸侯——黥布，十二月回程途中，他再度前往祭拜魏公子，這次還特地安排五戶人家，代代看守墳墓，年年依照四季祭拜魏公子，於是臨時性的祭拜轉換成永久性的儀式。

高祖一生重視魏公子，地位愈高，愈能尊重之。據《史記．高祖本紀》載高祖曰：

秦始皇帝、楚隱王、陳涉、魏安釐王、齊湣王、趙悼襄王，皆絕無後，予守冢各十家，秦皇帝二十家，魏公子無忌五家。

高祖同時安排了七位王侯將相的守墓情事，這是來自帝王的恩寵與殊榮。表彰魏公子，是因爲他的賢能，又因爲他沒有後嗣，還可能有另一層涵義，那就是漢高祖稱帝後，數次出征平定諸侯的叛亂，面對部屬反覆背叛，讓他更渴望有魏公子這樣的忠臣。表彰而祭拜他，有希望諸侯效法之意。

㈢司馬遷也推重魏公子

司馬遷《史記》爲這四位公子寫了四篇列傳，其他三位都稱「某某君列傳」，只有寫魏無忌不稱「信陵君列傳」，改稱「魏公子列傳」，《史記．太史公自序》說：

能以富貴下貧賤，賢能詘於不肖，唯信陵君爲能行之，作〈魏公子列傳〉。

歷來學者都認爲這是司馬遷對信陵君特有的推崇。明代淩稚隆輯校《史記評林》卷七七引明代顧璘說：「孟嘗、平原、春申皆以封邑繫，此獨曰公子者，蓋尊之，以國繫也。」明代茅坤《史記抄》卷四五也說：「信陵君是太史公胸中得意人，故本傳亦太史公得意文。」明代陳仁錫《史記考》也說：「一篇中凡言『公子』者一百四十七，大奇！大奇！」由此可知，魏無忌是翩翩佳公子，司馬遷極爲欣賞，特意表彰此人。

爲什麼「信陵君是太史公胸中得意人」？爲什麼在一篇傳記中要極力稱揚「公子」一百餘次呢？這當是因爲漢武帝不能禮賢下士，甚至讓司馬遷飽受冤屈，慘遭宮刑，因此他在《史記》的〈管晏列傳〉讚賞晏子拔擢馬車夫，在〈魏公子列傳〉讚賞魏公子重視下階層的賢者。《史記．范睢蔡澤列傳》也記載一件事：魏國舊臣魏齊得罪范睢。范睢後來成爲秦國丞相，而秦王爲慰范睢之心而向魏王討取魏齊的人頭，魏齊乃逃往趙國。秦王追尋魏齊甚急，魏齊向趙相虞卿求助，虞卿便與他一同向信陵君求助，但信陵君害怕秦國的勢力而猶豫不肯見，這時侯生便譏諷他說：「夫魏齊窮困過虞卿。虞卿不敢重爵祿之尊，解相印，捐萬戶侯而閒行，急士之窮而歸公子。公子曰：『何如人？』人固不易知，知人亦未易也。」於是「信陵君大慚，駕如野迎之。」魏公子在聽到侯生的話後，立刻慚愧的親自去迎接魏齊和虞卿。這件事固然是侯生勸諫有功，而魏公子能接納諫言，救助危難之人，更是司馬遷由衷佩服的。

事實上，《史記．魏公子列傳》在敘述完漢高祖的推崇之後，依例加了一段贊語，由太史公出來講話：

吾過大梁之墟，求問其所謂夷門。夷門者，城之東門也。天下諸公子亦有喜士者矣。然信陵君之接巖穴隱者，不恥下交，有以也。名冠諸侯，不虛耳。高祖每過之，而令民奉祠不絕也。

這段話也寫得很有層次感。太史公先寫出親身訪求遺跡的經驗，此一作爲其實和高祖相似，都出自喜愛魏公子的真性情。接著寫出肯定魏公子的三個層境，一是信陵君「不恥下交」，終身不渝，勝過其他的「天下諸公子」。二是他能統領五國之兵大破秦兵，「名冠諸侯」，聲望如日中天。三是來自帝王的親自加持，後世「奉祠不絕」，倍享榮耀。高祖同時安排守墓事共有七人，司馬遷在其他人物的傳記沒有彰揚此事，唯獨《史記・魏公子列傳》又再一次標舉出來。這說明高祖的作爲得到司馬遷的認同，司馬遷也順勢推崇魏公子。太史公於〈魏公子列傳〉的論贊有褒無貶，讚歎備至，合乎魏公子一生的評價，也是千秋萬世的定評了。

（原載《書和人》第一四六七期，國語日報社，一一一年八月十四日。）

二、荊軻的能耐

荊軻是戰國末年的勇士，那刺向秦王的壯舉，幾乎改變了歷史，也爲他留得千載後世名。唐朝初年以前，記載荊軻的故事只有三本書，分別是《戰國策・燕策》、《史記・刺客列傳》和《燕丹子》。《戰國策》的史料幾乎全被《史記》抄引，文字稍作改動而已。《史記》另外增補了荊軻尚未見到燕太子丹之前的交游活動，以及荊軻死後他的好友高漸離再度行刺秦王的行爲，還有荊軻的朋友對他的評論等。通過《史記》的補白，讓我們看見荊軻更完整的一生。至於《燕丹子》一書作者已佚，《漢書・藝文志》未載，《隋書・經籍志》始著錄，作一卷。推測這本書是東漢末年到隋朝初年的作品。書中內容乃想像鋪衍荊軻事跡而成，有些筆墨不合常理，《四庫全書總目提要》認爲：「其文實割裂諸書燕丹、荊軻事，雜綴而成。其可信者已見《史記》，其他多鄙誕不可信，殊無足採。」據此，我們仍須回到《戰國策》和《史記》的文本以求瞭解荊軻的相關史實。

㈠荊軻前期生活及其人格特質

太史公寫荊軻傳，可分三大部分來理解。一是尚未見到燕太子丹之前的生平事跡，二是見到太子丹之後行刺秦王的詳細經過，三是荊軻死後其他事件的補遺。其中第一、第三部分大量出自太史公的筆墨，值得注意的是，這裡面寫到許多細微末節，留下一些線索，讓我們對荊軻的一生有更全面的理解。

首先，太史公指出荊軻本是衛國人，「好讀書擊劍，以術說衛元君，衛元君不用。」由此可知，荊軻不是赳赳武夫而已，他既然能讀書，那麼游說衛元君的就不只是劍術，也可能包括富國強兵之術。

後來荊軻開始周遊列國，曾經「與蓋聶論劍」、與魯句踐賭錢，論劍、賭錢是荊軻生活中愛做的事，然而都在對方盛怒的情況下，荊軻先逃走了。對照後來刺殺秦王的舉措，荊軻並不是膽怯之人，那麼太史公寫出這些事的用意何在？這恐怕要閱讀全文之後才能明瞭。

接著再寫荊軻來到燕國，他喜歡喝酒，和殺狗爲業的市井小民以及善於擊筑的高漸離交游。高漸離琴藝高超，常常是豪門大戶的座上賓，由此可見荊軻交往的朋友沒有高低貴賤之分。太史公寫道：

> 荊軻雖游於酒人乎！然其爲人沈深好書；其所游諸侯，盡與其賢豪長者相結。其之燕，燕之處士田光先生亦善待之，知其非庸人也。

這告訴我們，表面上荊軻鬱鬱不得志，但是他「好讀書擊劍」、「沈深好書」，是位有學養的俠客。他「盡與賢豪長者相結」，該是胸懷大志的人吧！也因此認識了燕國處士田光，這位長者肯定荊軻的爲人，後來荊軻才有機會與燕太子丹見面。

㈡荊軻行刺前的準備及心理狀態

前節所寫的內容，都是《史記》的鋪墊。《戰國策》就直接從燕太子丹寫起，敘述刺殺行動的來龍去脈。

當初行刺秦王的密謀，完全出自燕太子丹，這是因爲太子丹原本在趙國當人質，而秦王嬴政出生於趙國，少年時期兩人是好朋友。不料嬴政回國立爲秦王後，這時太子丹轉入秦國當人質，反而遭受秦王不友善的對待，故而太子丹怨恨在心而逃回燕國。回國後想要報復秦王。不久，秦兵已經勢如破竹，大敗諸侯，即將兵臨燕國城下。太子丹憂心忡忡，急忙徵求對策。太傅鞠武告訴他：

> 秦地徧天下，威脅韓、魏、趙氏，……民眾而士厲，兵革有餘。意有所出，則長城之南，易水以北，未有所定也。奈何以見陵之怨，欲批其逆鱗哉！

鞠武直言太子丹應該先放下私人恩怨。太子丹當然會追問下去：那麼該怎麼辦呢？鞠武回答說：「請入，圖之。」這四個字，《戰國策》的鮑本寫道：「請太子入息，己乃圖之。」也就是讓我從長計議吧！

日後的發展，依然是由太子丹主導，他接納樊於期將軍，請求鞠武引薦田光給他，後來又請求田光引薦荊軻，這兩次太子丹的說詞是：

願因太傅而得交於田先生，可乎？

願因先生得結交於荊卿，可乎？

這兩句句型相似，重複表達相似的意思，語氣又十分謙遜，可見太子丹求才心切。當太子丹與田光老先生會面時，《戰國策》寫道：「太子跪而逢迎，卻行為道，跪而拂席。」這更是禮敬有加。田光早已認定荊軻可以商量國事，因此引薦荊軻給太子，太子最後親自送別田光先生到門口，並且叮囑他：「丹所報，先生所言者，國之大事也，願先生勿泄也！」田光低頭笑著說：「諾。」然而田光終究因為太子起疑而自殺身亡。這件事告訴我們，尊敬某人，卑躬屈膝，並不是最崇高的禮敬；發自內心的信任，以仁愛精神待人，更為重要。

田光自殺，也激勵了荊軻。當太子丹與荊軻會面時，就直截了當提出他的構想，願得一勇士前往秦國：

愚以為誠得天下之勇士使於秦，闚以重利，秦王貪，其勢必得所願矣。誠得劫秦王，使悉

> 反（返）諸侯侵地，若曹沫之與齊桓公，則大善矣；則不可，因而刺殺之。彼秦大將擅兵於外而內有亂，則君臣相疑，以其間諸侯得合從，其破秦必矣。此丹之上願，而不知所委命，唯荊卿留意焉。

太子丹預測性的說法，與後來秦始皇駕崩後，扶蘇被賜死，李斯、胡亥被趙高所殺，秦朝內外混亂終於導致覆亡的歷史發展頗為接近，換言之，他的計策可從。荊軻第一時間的反應是推辭太子的建議，後來在太子堅持下，答應了下來。凡是能答應如此重責巨任的人，應該是有勇有謀，當下能作思考判斷之人。往後的日子裡，太子丹不斷地賄賂荊軻，《燕丹子》這本書說過幾則故事：荊軻某次與太子共乘千里馬，荊軻提及千里馬的肝很美味，太子立即殺馬進肝。又有一次太子與樊將軍置酒設宴於華陽臺，有位美人獻藝鼓琴，荊軻讚賞說：「真是一雙巧手啊！」太子立即砍斷美人的雙手放在玉盤上送給荊軻。荊軻還感謝太子待他甚好。這些故事內容，而今見載於《史記》三家注的初唐司馬貞《索隱》，當然是荒誕不可信的。砍斷美人的手就再也不能彈琴獻藝了，只剩下兩塊殘缺的皮肉，有何意義？荊軻是位知書達禮的俠士，豈能一再被這種不合人情的作法迷惑下去？《戰國策》和《史記》不曾如此寫，《燕丹子》這本書的荒謬可知。

隨著天下形勢愈趨緊急，太子丹更加焦慮。而荊軻顯然是做了些規畫，他要求帶著樊將軍首級和燕國肥沃的土地——督亢的地圖前往，才能取得秦王的信任而接近他。太子丹「不忍」，荊軻「遂私見樊於期」，勸服樊將軍而取得首級。荊軻與樊將軍的對話中，荊軻說出了他的構想：

願得將軍之首以獻秦王，秦王必喜而見臣，臣左手把其袖，右手揕其匈，然則將軍之仇報而燕見陵之愧除矣。將軍豈有意乎？

這裡說出左手、右手的個別動作，左手拉住秦王，右手以劍刺向秦王的胸口，這明顯是置之於死地的作法。荊軻的設想合情合理，當下樊於期認同此計可行，立即拉出衣袖，袒露一臂，用左手扼住右手腕，抹刀一刎，送出頭顱於荊軻面前。後來在秦王的宮殿也真實地搬演了荊軻所構想刺秦王的這一幕。

太子獲知樊將軍死訊，「馳往，伏屍而哭，極哀」，接下來預求天下鋒利匕首，染上劇毒，又找來燕國勇士秦舞陽，讓他當荊軻的副手同行。秦舞陽入選的原因是他「年十三，殺人，人不敢忤視。」這是以貌取人，活脫脫就是個不良少年模樣。然而他不是荊軻屬意的人選。荊軻在等待期間，太子焦躁不安，懷疑荊軻改變了心意，於是對荊軻說：「日已盡矣，荊卿豈有意哉？丹請得先遣秦舞陽。」被人懷疑實在很不好受，荊軻爲此生氣，叱責太子道：

何太子之遣？往而不返者，豎子也！且提一匕首入不測之彊秦，僕所以留者，待吾客與俱。今太子遲之，請辭決矣！

於是就出發了。在荊軻的心裡，行刺行動固然危險，但總還抱有一絲希望可以凱旋歸來，因此他認定「往而不返」是不可取的行為。然而時機不湊巧，他想等待的朋友遲遲未出現，只得倉促啟程。值得注意的是，啟程之日，「太子及賓客知其事者，皆白衣冠以送之。」大家心裡有數，此行即使行刺成功，能生還的機會也非常渺茫。荊軻親口唱出「風蕭蕭兮易水寒，壯士一去兮不復還！」表明自己必死的決心，心裡知道這是一趟有去無回的行程。

經由上述說明，我們可以發覺一些現象：

1. 行刺出自燕太子丹的密謀。田光自剄，荊軻接下重任。
2. 荊軻取得樊將軍頭、督亢地圖，以便接近秦王。
3. 太子丹準備好鋒利匕首，染上劇毒。
4. 荊軻設想過行刺過程，後續發展果然如他所料。
5. 太子丹找來幫手秦舞陽，但不是荊軻心目中第一人選。
6. 荊軻希望成功回來覆命，但易水送行者認為荊軻等人即將葬身秦國，事實上荊軻也抱定了必死的決心。他的心情極度複雜。

(三)荊軻刺殺秦王的過程

荊軻來到秦國後，先賄賂大臣蒙嘉，得以進言於秦王，獲得接見機會。蒙嘉進言時，口口聲聲說是燕王派遣使者來，其實燕王並未參與行刺計畫，只是兩國相交，自然須以國君對國君之禮來往。秦王聽說燕國使者來到，「大喜，乃朝服，設九賓，見燕使者咸陽宮。」這是隆重盛大的場面，也因此當荊軻、秦舞陽依序入宮時，秦舞陽失去了方寸。太史公寫道：

> 至陛，秦舞陽色變振恐，羣臣怪之。荊軻顧笑舞陽，前謝曰：「北蕃蠻夷之鄙人，未嘗見天子，故振慴。願大王少假借之，使得畢使於前。」秦王謂軻曰：「取舞陽所持地圖。」

秦舞陽的動作很大，引起羣臣的注意；而荊軻機智的反應，說詞很合理，化解了秦王君臣可能產生的懷疑。這個時候，秦舞陽幾乎有可能提前敗壞了全局。荊軻還是爭取讓秦舞陽完成使命的機會。而秦王自然而然命荊軻取舞陽所持地圖上朝，可惜這麼一來，秦舞陽不得上朝，荊軻少了一位助手，反而一手捧樊於期頭函，另一手捧地圖匣，雙手持物，減低了靈活度。接下來立即發生了緊張的局面：

> 軻既取圖奏之，秦王發圖，圖窮而匕首見。因左手把秦王之袖，而右手持匕首揕之。未至身，秦王驚，自引而起，袖絕。拔劍，劍長，操其室。時惶急，劍堅，故不可立拔。荊軻逐秦王，秦王環柱而走。

荊軻呈上地圖後，秦王打開它。秦王顯然喜歡觀看這張來自燕國土地的地圖，可見他是位雄才大略、目光早已射向全天下的君王；而荊軻事先備妥地圖，正是投其所好。當地圖展開到盡頭，匕首自然出現，這是荊軻可預期而秦王未能預期的事。很有可能秦王與荊軻同時看見了匕首，因爲二人幾乎在同時都作出了反應。荊軻左手抓住秦王的袖子，右手拿匕首刺向秦王，這動作極其迅速，與荊軻當初對樊將軍的說詞相同，事件的發展是荊軻曾經設想過的。不料秦王的反應非常快，他能拔身而起，力道迅疾猛烈，又因展示地圖必有桌几，荊軻不得近身，因而拉斷衣袖。《史記・秦始皇本紀》記載：「秦王爲人，蜂準、長目，摯鳥膺，豺聲，少恩而虎狼心。」是說他高鼻子、長眼睛，又像一隻鶻鳥，胸膛突出向前，行動敏捷，凶猛有力，天性悍勇。看來他身材魁梧，平日常健身習武。當荊軻急速行刺時，左右手並用，那麼樊將軍的頭顱可能已先呈給秦王看過，擱置在一旁。秦王近距離的觀看一顆血淋淋的死人頭顱，他早就將屍首異處當作平常事看待。《史記・秦始皇本紀》記載他：「樂以刑殺爲威。」也是事實。

荊軻追擊秦王過程中，秦王拔劍，劍太長，而以劍鞘對敵。司馬貞《索隱》注：「室，謂鞘也。」而後來，「荊軻逐秦王，秦王環柱而走。」秦王熟悉宮殿位置，這點對他有利。在這猝不及防的過程中，秦王還曾經繞著柱子逃跑，可以相見當時情況的危急。《戰國策》和《史記》都寫到當時秦王的侍醫夏無且用他手上的藥袋丟擲荊軻，這後來成爲秦王獎賞的依據。而後在旁人的提示下，秦王終於將長劍從背後往上推，讓長劍先露出短短一截容易拔起，再用來攻擊荊軻，砍斷他的左大腿。荊軻不能行走後，用力將匕首擲向秦王，不中，中銅柱，力道很深。此後手無寸鐵了，秦王再度攻擊荊軻，殺出八個傷口。用劍之狠，可見一斑。《史記・秦始皇本紀》寫道：「荊軻刺秦王。秦王覺之，體解軻以徇。」亦即分解肢體。日本學者瀧川龜太郎《史記會注考證》

說：「體解亦一刑，後世凌遲之刑本此。」秦朝刑法殘酷深刻，與秦王有關。

最後，荊軻臨死前罵秦王說：

> 事所以不成者，以欲生劫之，必得約契以報太子也。

可想而知，荊軻自始至終有心完成太子的心願，他可能一開始可以置秦王於死地時，並沒有做得十分慘絕，那就是在「左手把秦王之袖，而右手持匕首揕之」的第一擊時，稍稍放輕了右手，想活捉秦王談判，而此時荊軻與秦王二人身上的力量全都灌注在左手的衣袖上，一拉一扯之間，袖絕！後來秦王繞柱而走，徒手對付荊軻時，荊軻也應該有機會刺死秦王，有可能是荊軻還沒有放棄活捉秦王的打算。這恐怕不只是對太子知遇之恩的回報，應該是有更崇高的理念想去實踐完成。刺殺秦王功敗垂成，荊軻垂死之前提出了上述這個解釋。

經由上述說明，我們可以發覺一些現象：

1. 秦舞陽色變振恐，荊軻機智化解。然而秦武陽因此沒走上宮殿，荊軻失去了助力。
2. 圖窮匕首見，此時荊軻動作快，照原定計畫走。秦王倉促應變，動作也快，是平日健身習武之人。
3. 荊軻第一擊未能成功的主因在於想活捉秦王，開啟談判的契機。而秦王反應快、隔著桌几、袖絕，造成他能逃離。

4.荊軻追殺秦王未能成功的主因恐怕還是在於想要活捉秦王，而秦王平日習武，荊軻匕首短、不敵長劍，秦王熟悉宮殿位置，都是荊軻失敗因素之一。

㈣荊軻刺殺失敗之後的相關補敘

荊軻被斬殺之後，《戰國策》說：「秦王目眩良久。」《史記》說：「秦王不怡者良久。」這裡《史記》寫得更爲精確。因爲秦王隨即「論功賞羣臣及當坐者，各有差。」可見他判斷果決，賞罰分明。《史記・太史公自序》司馬談說：「法家，嚴而少恩。」《漢書・藝文志諸子略序》進一步說：「至於殘害至親，傷恩薄厚。」當君王決意徹底執法時，論罪的一方即使是至親或是功臣，也必須以刑罰加諸其身，於是法律愈趨嚴酷。前引《史記・秦始皇本紀》說「秦王爲人，少恩而虎狼心。」這是必然的結果。

荊軻刺殺失敗後，秦王極力攻打燕國，燕王喜竟然殺死親生兒子太子丹，獻給秦王賠罪。事實上，秦軍不可能就此罷手。五年後，燕國被滅，燕王喜被虜，秦王終於兼併六國。由此可見，燕王喜不是賢明的國君，爲了短短五年的苟安，竟然做出不人道的事情，殺死親生兒子也無濟於事，他低估了秦王統一天下的決心。

《史記・刺客列傳》寫荊軻死後之事更加詳細。除上所述，還增加了荊軻好友高漸離後來隱姓埋名，被燻眼而失明，最終找到機會暗殺秦始皇帝。始皇帝也通曉音律，高漸離被誅後，終身不再接近六國諸侯之人。

《史記》再補敘魯句踐聽聞荊軻失敗後的反應，他語帶懊悔的表示：

嗟乎，惜哉其不講於刺劍之術也！甚矣吾不知人也！曩者吾叱之，彼乃以我為非人也。

魯句踐是位劍術家，才會批評荊軻當年沒有多練習刺劍之術，荊軻當年可能與魯句踐討論過劍術。然而荊軻屬於「好讀書擊劍」的那類劍客，相對顯得穩重，與魯句踐專注技藝的取向不同。魯句踐也無從預料荊軻後來會有驚天動地之舉，他深感遺憾的是，當時大聲叱責嚇跑了荊軻，沒有交到這位朋友。從這裡我們再對照荊軻當年與蓋聶論劍，也是在對方盛怒時，默然離去。太史公寫出荊軻的個性：不想與人正面衝突；但也嘗試說明刺殺行動為何會失敗，這裡面可能也有劍術方面的問題。

經由上述說明，我們可以發覺一些現象：

1. 秦王歡喜接收人頭與地圖、肢解荊軻、論功定罪，看得出他是一位不折不扣的法家人物，帶領國家走向愈趨嚴酷的法令制度。
2. 燕王喜斬殺太子丹，適足以證明他是位庸弱的君主。
3. 高漸離再度行刺秦王，這也是「求仁得仁」的表現。
4. 魯句踐說荊軻不講習劍術，指明這是行刺失敗的主因。然而魯句踐的語氣惋惜多於責備。東晉陶淵明〈詠荊軻〉也據此而說：「惜哉劍術疏，奇功遂不成。其人雖已沒，千載有餘情。」

(五)太史公對荊軻的評論

《史記·刺客列傳》的贊語一開始就說：

> 世言荊軻，其稱太子丹之命，「天雨粟，馬生角」也，太過。又言荊軻傷秦王，皆非也。始公孫季功、董生與夏無且游，具知其事，為余道之如是。

由於荊軻刺秦王事轟動天下，故而流傳一些繪影繪聲的故事。漢朝初年和後來的《風俗通》、《論衡》、《燕丹子》等書都記述燕太子丹當初想從秦國回到燕國，心底焦急，一夕間白了頭髮，當時有上天降下糧食、馬生角、門板上的烏鴉生出肉腳等怪異說法，太史公認為言之太過。又有傳言說荊軻傷到了秦王，也不是事實，他的匕首染有劇毒呀！太史公何以能那麼篤定呢？因為文中提到的公孫季功據說是公孫弘（前二〇〇～前一二一），董生是董仲舒（前一七九～前一〇四），夏無且生卒年不詳，而荊軻刺秦王事發生在西元前二二七年，此時夏無且已經是御醫，不會太年輕。太史公說他們跟我說過荊軻的往事，那麼這位太史公絕不可能是司馬遷（前一四五～約前八六年），而是《史記·太史公自序》也稱之為太史公的司馬遷的父親司馬談（？～前一一〇）。他的年齡才可能與公孫弘、董仲舒、夏無且等人交談史料。因此李長之《司馬遷之人格與風格》一書已經明說《史記·刺客列傳》為司馬談所寫。

而在這篇列傳中，太史公寫曹沫、專諸、豫讓、聶政、荊軻五位刺客，只有曹沫一人成功，可見太史公不以成敗論英雄。太史公的贊語說道：

> 自曹沫至荊軻五人，此其義或成或不成，然其立意較然，不欺其志，名垂後世，豈妄也哉！

意思是這五人皆義而生，義而死，其行為端正，明明白白，故五人合傳。司馬貞《索隱》注：「較，明也。」太史公筆下的刺客，隨處表現義，豫讓行刺有名義，聶政、聶政的姊姊聶榮都是任俠講義氣，荊軻鋤強扶弱，高漸離心志不移，他們都展現了悲劇英雄的大無畏犧牲，是勇往直前，鐵肩擔道義的人。其中荊軻、高漸離將個人義氣提升到國家情懷，牽動國家社稷的安危，義氣更為深刻高遠。荊軻已將生命的價值最大化，尤其值得大書特書，太史公給他的筆墨也最多。一般人看待刺客，常常是身穿黑衣服、暗夜潛行、兵器毒辣、為私人利益行刺，多半不影響國政，不屬於正面的形象。而這篇〈刺客列傳〉雖然由司馬談主筆，卻也蘊含著司馬遷〈報任少卿書〉所說的生命態度：「人固有一死，或重於泰山，或輕於鴻毛，用之所趨異也。」對所有的史家來說，生命的殞落是要有意義的。

最後再補充一點：《史記》寫荊軻是位愛讀書、胸懷大志、與賢豪長者交往的人，就先為他的人生高度定了調。後來寫荊軻與人論劍，卻未能深入交流，前後文呼應這點，是在為刺秦王失敗提出一個合理的解釋。而荊軻報答燕太子丹，高漸離跟上荊軻腳步再度刺秦王，都是有情有義的表現，也是孟子所說「舍生取義」的人生實踐。《史記》比《戰國策》多出這些內容，值得再三玩味。

（本文原為一一一年十二月十三日於中華民國退休警察人員協會總會所發表之演講稿，事後整理而成。刊載於《國文天地》第三十八卷第十期，總號第四五四期，一一二年三月。）

三、諸葛亮的再認識——兼及蘇軾對諸葛亮的評價

諸葛亮，字孔明，瑯邪郡陽都縣（今山東省沂水縣南）人。生於東漢靈帝光和四年，卒於蜀漢後主建興十二年（西元一八一年～二三四年），年五十四歲。

㈠二十七歲的諸葛亮

諸葛亮早年躬耕隴畝，即自比管仲、樂毅（參見《三國志‧諸葛亮傳》），他一出場，就嶄露大智慧。那時劉備剛戰敗於新野，曹操追兵甚急，局勢危殆，如燃眉之急。劉備此時三顧茅廬，諸葛亮〈出師表〉說：

> 先帝不以臣卑鄙，猥自枉屈，三顧臣於草廬之中，諮臣以當世之事，由是感激，遂許先帝以驅馳。後值傾覆，受任於敗軍之際，奉命於危難之間，爾來二十有一年矣。

算一算時間，劉備三度前往荊州南陽（今湖北省襄陽縣西）的隆中山拜訪諸葛亮，時為漢獻帝建安十二年（西元二〇七年），諸葛亮才二十七歲。二十七歲前的諸葛亮在做什麼呢？他的父親早逝，投靠叔叔諸葛玄生活。叔叔去世後，只能隱居在漢水上游的隆中山，耕田謀生。他自比

於春秋戰國時期的名相管仲、名將樂毅，這兩人都能輔佐君主，立下汗馬功勞。由此可知，諸葛亮早已立定大志，且飽讀典冊，有心施展抱負。

三顧茅廬確有其事。而這位青年才俊依據他的觀察，提出了三分天下的大計，這就是著名的〈隆中對〉。當時他告訴劉備，先聯吳抗曹。於是出山之後，諸葛亮前往東吳，說服孫權一起抵抗曹操。曹軍號稱百萬，孫軍有十萬，劉軍最多只能動員兩萬人。然而孫權同意諸葛亮的說法，「即遣周瑜、程普、魯肅等水軍三萬，隨亮詣先主，并力拒曹公。」（參見《三國志・諸葛亮傳》）換言之，孫權不計較兵力多寡，協同劉備作戰。諸葛亮於此時展現外交方面的長才。後來，於赤壁之戰大敗曹軍，乘勢占領荊州。建安十六年（西元二一一年），攻取益州。繼而劉備又擊敗曹軍，取得漢中，形成三國鼎足之勢。要不是關羽「大意失荊州」，蜀漢就真能兵出兩路，北伐中原。二十一年後的諸葛亮，決定出師北伐，是想實現先帝在世時君臣之間商定好的承諾，完成劉備「興復漢室，還於舊都」未竟的功業。

(二)諸葛亮出師北伐前做了哪些準備

漢章武元年（西元二二一年），劉備在成都建立政權，封諸葛亮爲軍師將軍，再授他丞相職，主持朝政。劉備去世後，後主劉禪聽從先主劉備「事之如父」的遺言，續留他丞相職，再封武鄉侯，又領益州牧，「政事無巨細，咸決於亮。」（參見《三國志・諸葛亮傳》）諸葛亮勤勉謹慎，大小政事必親自處理，修法制，闢田疇，實倉廩，治軍備。除此之外，他還做了兩件大事：

首先，重用先帝劉備留下的人才，輔佐後主。諸葛亮〈出師表〉說：

侍中、侍郎郭攸之、費禕、董允等，此皆良實，志慮忠純，是以先帝簡拔以遺陛下。愚以爲宮中之事，事無大小，悉以咨之，然後施行，必能裨補闕漏，有所廣益。將軍向寵，性行淑均，曉暢軍事，試用於昔日，先帝稱之曰「能」，是以衆議舉寵爲督。愚以爲營中之事，悉以諮之，必能使行陣和穆，優劣得所。

他不嫌辭費詳細寫出可用之才，既能寬慰後主，使其不憂慮，更能安定朝廷上下，讓國內吏治清明。

其次，討平南蠻，穩定南方。諸葛亮〈出師表〉說：

受命以來，夙夜憂勤，恐託付不效，以傷先帝之明，故五月渡瀘，深入不毛。今南方已定，兵甲已足，當獎率三軍，北定中原，庶竭駑鈍，攘除姦凶，興復漢室，還於舊都。此臣所以報先帝而忠陛下之職分也。

這次出兵之前，先安定蜀地周圍，《三國志・諸葛亮傳》說：「國以富饒，乃治戎講武，以俟大舉」，讓將來北伐中原時無後顧之憂。臨行前夕，諸葛亮先交代後主如何治國，面面俱到，而後他說明自己的心志是：「報先帝而忠陛下」，字字血淚，發自肺腑。值得留意的是，〈出師表〉一開頭就說：「先帝創業未半，而中道崩殂。今天下三分，益州疲弊，此誠危急存亡之秋也！」而這裡卻說：「今南方已定，兵甲已足，當獎率三軍，北定中原……」。講同樣的時間地點，卻翻轉出不同的論點，可見歷經多年勵精圖治之後，諸葛亮已經成竹在胸，深知可以出兵的時刻到了！

(三)〈出師表〉的精神內涵

後主建興四年（西元二二六年），魏文帝曹丕病逝，曹睿即位。諸葛亮認爲機不可失，決定北伐。來年率領大軍，出師北伐，時年四十八歲。臨行前，諸葛亮上奏〈出師表〉。南宋陸游（西元一一二五年～一二一〇年）〈書憤〉詩說：「〈出師〉一表真名世，千載誰堪伯仲間？」安子順（西元一一五八年～一二二七年）也說：「讀諸葛孔明〈出師表〉而不墮淚者，其人必不忠。」（參見謝枋得《文章軌範．出師表》評語）爲什麼對這篇文章推崇的那麼高，說得如此斬釘截鐵呢？

這篇文章可分爲四段。首段分析天下局勢，曉諭後主國勢危急。申明「開張聖聽」、「陟罰臧否，不宜異同」的道理，勉以公正無私。第二段，具體推薦文武人才，藉史實強調「親賢臣，遠小人」之理。第三段，追述先帝劉備知遇之恩，表達恢復漢室的決心。末尾再次說明各自的責任，自己以北伐爲任；後主任用賢能，使朝臣各司其職，亦應「諮諏善道，察納雅言」，呼應篇首的「開張聖聽」。

次段提及東漢桓帝、靈帝處，吳闓生《古文範》夾評：「忽提筆唱歎，唏噓於邑，無窮意恉茹咽筆墨之外。」東漢多是幼主繼位，外戚干政，皇帝稍長又寵幸宦官，藉以擺脫外戚勢力，內亂爭軋不止，桓、靈二帝尤其昏庸，荒淫無道，致使民亂四起。行文至此，文勢應是一宕，但因提挈起先主之志，再接下文的郭攸之等忠臣，故評為「提筆」，慨歎兩漢興衰關鍵正在於用人之道。至於筆墨之外訴說不盡的情感，則是因爲蜀漢爲漢室僅存血脈，不能再重蹈桓、靈覆轍；同時也提醒後主不可庸弱，唯有「親賢臣，遠小人」才能復興國家。

很明顯的，這篇表先寫天下國家，後半才寫自己；結尾先釐清自己和群臣的責任，囑咐各府署職守之後，才提出國君的職分。君臣分際，拿捏得十分清楚。全文提及「先帝」十餘次，處處稱揚先帝劉備之言德，吳闓生《古文範》指出一如樂毅〈報燕惠王書〉，處處感念先王的知遇之恩，也表露自己誓死盡忠的決心，二人心跡相似。諸葛亮多次以父執輩的關懷惕勵，叮囑後主何事「宜」、何事「不宜」，語氣懃懃懇懇。而末了「兼致臨別眷念之悃」（參見吳闓生《古文範》評語），想當時諸葛亮的心情，不止在說理規勸，也有許多臨別的感傷，真是「字字從肺腑中流出」（參見吳闓生《古文範》評語）了。

對諸葛亮來說，在國君信任，朝廷政局安定，周邊四夷臣服，兵甲已足，自身尚屬中年、已有豐富的沙場經驗的諸多條件下，寫下〈出師表〉，矢志完成復國大業。此時不做，更待何時？

㈣諸葛亮有可能完成北伐大業嗎

諸葛亮六次北進，多以糧盡無功，終因積勞成疾，於後主劉禪在位的第十二年病逝於五丈原（今陝西省寶雞縣岐山境內）。追謚爲忠武侯。

當年提出〈隆中對〉時，諸葛亮曾經告訴劉備要以仁義之師爲號召：

將軍既帝室之胄，信義著於四海，總攬英雄，思賢如渴。若跨有荊、益，保其巖阻，西和諸戎，南撫夷越，外結好孫權，內修政理。天下有變，則命一上將，將荊州之軍以向宛、洛，將軍身率益州之眾以出秦川，百姓孰敢不簞食壺漿以迎將軍者乎？誠如是，則霸業可成，漢室可興矣。

這段話盱衡全域，劉備聞之大喜，日後成爲蜀漢的建國方略，後來三國紛爭的局勢幾乎依照他早年擬定的劇本走。這裡所謂「簞食壺漿以迎將軍」的說法，應當是來自《孟子．梁惠王下》形容老百姓歡迎王師，紛紛慰勞犒賞受到人民擁護與愛戴的軍隊。這原本是期待劉備將軍完成的壯舉，後來全落在諸葛亮一人身上。諸葛亮長期與東吳聯盟，實行屯田，加強戰備。平定南蠻時，身邊已無先帝留下的大將，他必須親身率軍征戰，出生入死，之後又致力於改善和西南各族的關係，處處展現外交、經濟、軍事、政治各方面的才華。他絕非只坐在帳幕內運籌帷幄的一介書生而已。

《三國志‧諸葛亮傳》形容當年的情景：「亮身率諸軍攻祁山，戎陣整齊，賞罰肅而號令明。」北伐期間，諸葛亮先後斬殺魏將王雙、張郃，擊敗曹真，與司馬懿（西元一七九年～二五一年）對陣於渭水南岸。諸葛亮最後駐軍的地方是陝西五丈原，在這裡病逝。《三國志‧諸葛亮傳》說諸葛亮晚年在五丈原：「分兵屯田，爲久駐之基。耕者雜於渭濱居民之間，而百姓安堵，軍無私焉。」可見他的軍隊訓練有素，又能強調法紀，從來不擾民，能得民心。北伐是動用武力的霸業，但也是要贏得民心的仁義之舉。

諸葛亮死後，軍隊依序退兵，司馬懿察看他的營壘，不禁大讚曰：「天下奇才也！」至於製造連發的弓箭，用木牛、流馬運送糧食，作〈八陣圖〉推演兵法等，也都出自他的巧思。

也許有人會說，蜀國小而魏國大，諸葛亮屢次北伐，未竟全功，這是他不自量力的行爲。這說法忽略了諸葛亮宵旰憂勤的苦心，也忽略了諸葛亮軍事方面的成就。諸葛亮最後駐軍的地方是陝西五丈原。五丈原位於陝西郿縣和岐山縣交界處，這是一處幅員廣大的高地，可以屯墾駐軍，也能居高臨下控制渭河水濱。以現在的公里路程計算，距離西安市約一百三十公里，有如臺灣桃園到臺中之間。諸葛亮用了六年的時間，千里迢迢從成都來到渭水南濱，此地已經離西安不遠，他比司馬懿小兩歲，但只活了五十四歲，司馬懿活到七十三歲。假令天命讓諸葛亮活久一點，或許真有機會讓諸葛亮揮師入京，歷史就此改寫也未可知。當年〈隆中對〉的規畫一直放在諸葛亮心中，且勇於實踐力行。

㈤蘇軾評論諸葛亮

赤壁之戰獲勝後，諸葛亮幫助劉備取得荊州之地。不久，諸葛亮再與張飛、趙雲等人西進四川，會合劉備平定成都，取得益州之地。天下三分的態勢大致底定。然而，北宋大文豪蘇軾（東坡，西元一〇三七年～一一〇一年）寫下〈諸葛亮論〉一文，毫不客氣的提出了質疑！他認爲劉備以仁義忠信號召天下，而諸葛亮卻是「仁義詐力雜用以取天下」。因爲劉表在荊州時，劉備不忍心取而代之；那麼劉璋在益州，劉備怎能「扼其吭，拊其背，而奪之國」？孔明遷走劉璋，已經失去天下義士的仰望了。

評論一個人，我們可能要綜覽他的一生來看。回顧諸葛亮〈出師表〉，諸葛亮說自己是有感於劉備知遇之恩，故而在劉備最危急的時刻挺身而出，傾力輔佐劉備。這時的劉備沒有根據地，被曹操追殺於荊州新野，劉備需要土地，諸葛亮提供了必要的選項。

諸葛亮心底明白，劉備以仁義號召天下的主要目的，在於匡復漢室，撥亂反正。而這個責任不能依賴垂垂老矣的劉表、或是個性闇弱的劉璋來完成。劉璋尚且不是張魯的對手，他向劉備求援，可知其國家貧弱。即使劉備不取，將來不是張魯，就是曹操消滅劉璋。與其如此，劉備自須及早籌謀。

諸葛亮生命最後的短短六年，卻能多次率軍北伐，態度何其積極！他一生真正做到了鞠躬盡瘁、死而後已。他去世時，「遺命葬漢中定軍山，因山爲墳，冢足容棺，斂以時服，不須器物。」

「死之日，不使內有餘帛，外有贏財，以負陛下。」（參見《三國志・諸葛亮傳》）處處顯現他的廉潔操守，還有與前線將士不離不棄的用心。諸葛亮的兒子諸葛瞻、孫子諸葛尚，都在保衛蜀國覆亡之際戰死，一門英烈，忠孝千秋。

蘇軾寫〈諸葛亮論〉一文時，年二十五歲（參見吳雪濤《蘇文繫年考略》），應當是年輕時練習寫史論，覷準了一點而大加發揮的作品。蘇軾〈嚴顏碑〉也說：「先主反劉璋，兵意頗不義。孔明古豪傑，何乃為此事？」其意相似。然而蘇軾〈答王庠書〉自言：「某少時好議論古人，既老，涉世更變，往往悔其言之過。」可見蘇軾到了晚年，對於古人的評論態度有些轉變。

蘇軾五十三歲作〈范文正公文集敘〉時說：

諸葛孔明臥草廬中，與先主策曹操、孫權，規取劉璋，因蜀之資，以爭天下，終身不易其言。此豈口傳耳受嘗試為之而僥倖其或成者哉？

蘇軾〈題三國名臣贊〉時，更明白的肯定諸葛亮的為人：

西漢之士多智謀，薄於名義；東京之士尚風節，短於權略。兼之者，三國名臣也。而孔明巍然三代王者之佐，未易以世論也。紹聖元年四月二十四日書。

哲宗紹聖元年是西元一〇九四年，這年蘇軾五十八歲。這年蘇軾將西漢、東漢所有人物拿來相比，發覺既有仁義道德又有智謀者，惟諸葛亮一人。換言之，諸葛亮的大仁大智大勇真是無與倫比，令人望塵莫及！

㈥結　語

諸葛亮年輕時就足智多謀，能擘畫大政，後來又以無比的決心毅力，貫徹執行。他既具備聰明才智，又能忠心事主，勤政負責，具備忠誠、勤勞，勇敢能帶兵，守法、執法，能用人，能治國，能愛民，自身又廉潔的優秀品德。他為蜀漢籌謀遠慮，勇於承擔北伐重任，完全沒有個人一己之私，而是為天下蒼生著想。孔子曾經提出智、仁、勇三項美德（參見《論語・子罕》），諸葛亮兼而有之。孔子又說：「仁者必有勇，勇者不必有仁。」（參見《論語・憲問》）比較起來，諸葛亮的形象更為接近仁者。杜甫〈蜀相〉一詩歌頌他：「三顧頻煩天下計，兩朝開濟老臣心。出師未捷身先死，長使英雄淚滿襟。」對他推崇備至了。

諸葛亮是三國時期傑出的政治家、軍事家、外交家、文學家、發明家，他的〈出師表〉、〈誡子書〉等，也是文學史上的名篇。而大家都知道的是，《三國演義》的前半部，是群雄割據，各路英雄並起慘烈廝殺的局面，到了後半部轉成鬥智鬥陣，幾乎全看諸葛亮一個人的表演。《三國演義》中的草船借箭、借東風、三氣周瑜、華容道、空城計、火燒籐甲軍、死諸葛嚇走生仲達……，這些故事寫得活靈活現，都見載於《三國演義》，未曾紀錄於正史《三國志・諸葛亮傳》，屬於小說家虛構附會之言，與本人無關。倒是正史本傳記載諸葛亮於曾經「以木牛運，糧盡退軍」、「以流馬運，據武功五丈原」，在山區用「木牛、流馬」載運糧食，這大概是諸葛亮的發明。其他孔明燈、諸葛連弩等，正史沒有記載。古人云：「不以成敗論英雄。」毫無疑問的，諸葛亮是位舉世無雙、難得一見的真英雄！

（本文原爲一〇九年十二月十二日於臺北市立大學中國語文學系所發表之演講稿，事後整理而成。部分內容刊載於《享閱讀》第九期，一一二年八月。）

原文選讀

一、宋微子世家（節選）

微子開[1]者，殷帝乙[2]之首子而帝紂之庶兄也。紂既立，不明，淫亂於政，微子數諫，紂不聽。及祖伊以周西伯昌之修德，滅阢[3]，懼禍至，以告紂。紂曰：「我生不有命在天乎？是何能爲！」

於是微子度紂終不可諫，欲死之，及去，未能自決，乃問於太師、少師[4]曰：「殷不有治政，不治四方。我祖遂陳於上[5]，紂沈湎於酒，婦人是用，亂敗湯德於下。殷既小大好草竊姦宄[6]，卿士師師非度[7]，皆有罪辜，乃無維獲[8]，小民乃並興，相爲敵讎。今殷其典喪[9]！若涉水無津涯。殷遂喪，越至于今[10]。」曰：「太師、少師，我其發出往？吾家保于喪？今女無故告予[11]，顚躋[12]，如之何其[13]？」

太師若曰：「王子，天篤下菑亡殷國，乃毋畏畏，不用老長[14]。今殷民乃陋淫神祇之祀[15]。今誠得治國，國治身死不恨。爲[16]死，終不得治，不如去。」遂亡。

箕子[17]者，紂親戚也。紂始爲象箸[18]，箕子歎曰：「彼爲象箸，必爲玉桮[19]；爲桮，則必思遠方珍怪之物而御之矣。輿馬宮室之漸自此始，不可振也。」紂爲淫泆，箕子諫，不聽。人或曰：「可以去矣。」箕子曰：「爲人臣諫不聽而去，是彰君之惡而自說於民，吾不忍爲也。」乃被髮佯狂而爲奴。遂隱而鼓琴以自悲，故傳之曰〈箕子操〉[20]。

王子比干者，亦紂之親戚也。見箕子諫不聽而爲奴，則曰：「君有過而不以死爭，則百姓何辜！」乃直言諫紂。紂怒曰：「吾聞聖人之心有七竅，信有諸乎？」乃遂殺王子比干，刳視其心。微子曰：「父子有骨肉，而臣主以義屬。故父有過，子三諫不聽，則隨而號之；人臣三諫不聽，則其義可以去矣。」於是太師、少師[21]乃勸微子去，遂行。

周武王伐紂克殷，微子乃持其祭器造於軍門，肉袒面縛[22]，左牽羊，右把茅，膝行而前以告。於是武王乃釋微子，復其位如故。武王封紂子武庚祿父以續殷祀，使管叔、蔡叔傅相之。

武王既克殷，訪問箕子。……於是武王乃封箕子於朝鮮而不臣也。

其後箕子朝周，過故殷虛[23]，感宮室毀壞，生禾黍，箕子傷之，欲哭則不可，欲泣爲其近婦人，乃作麥秀之詩以歌詠之。其詩曰：「麥秀漸漸兮，禾黍油油[24]。彼狡童兮，不與我好兮！」所謂狡童者，紂也。殷民聞之，皆爲流涕。

武王崩，成王少，周公旦代行政當國。管、蔡疑之，乃與武庚作亂，欲襲成王、周公。周公既承成王命誅武庚，殺管叔，放蔡叔，乃命微子開代殷後，奉其先祀，作〈微子之命〉[25]以申之，國于宋[26]。微子故能仁賢，乃代武庚，故殷之餘民甚戴愛之。

【題解】

本文選錄《史記・宋微子世家》篇首部分，記載商朝末年微子、箕子、比干三位賢臣的事跡。三人都勇於勸諫商紂，而下場不同。《論語・微子》載：「微子去之，箕子爲之奴，比干諫而死。孔子曰：『殷有三仁焉。』」孔子稱美此三人，其中比干諫而死，故不得封地。箕子裝瘋賣傻被囚禁爲奴隸，周武王滅殷後，封箕子於朝鮮而不讓他屈居臣位，是敬重他的意思。二人皆無專傳，只有微子啟於商朝亡國後，歸周；武庚、管叔、蔡叔之亂後，受封於宋，是爲宋國。

司馬遷作《史記》，實以繼述孔子《春秋》精神爲職志，故將三賢人合傳。此篇先稱美微子之德，繼言箕子、比干。蓋三人事跡雖異，用心相同，孔子皆稱許之。且微子之亡去，亦由於有感於箕子、比干的啟示；其後保有宋國，故爲之作世家，而比干、箕子附於此篇。

文中引用《尚書・洪範》述箕子事跡，而文字小異。一則《尚書・洪範》言「洪範九疇」，而《史記・宋微子世家》改作「鴻範九等」；二則〈洪範〉於《尚書》爲今文經，《史記》順勢改爲漢代通行的語言。《尚書・洪範》外，另有唐代柳宗元〈箕子碑〉一文，讀者可以參考。

【注釋】

1　微子開：即微子啟，是紂的庶兄。微：國都周圍附近的小國名。子：爵位，爲紂王卿士。開：人名，原作「啟」。《尚書・微子之命》云：「命微子啟代殷後」，可見「啟」爲原名。此處避漢孝景帝劉啟的名諱，改「啟」爲「開」。

2　帝乙：商朝第二十七位國君，紂的父親。在位二十五年，西元前一二〇九～一一七五年間在位。當時庶長子微子啟賢，箕子勸帝乙立爲嗣君，乃因其母地位卑賤而不立，立嫡子紂，卒亡其國。

3 阢國：國名，在上黨郡東北，今山西省長治市地。
4 太師、少師：太師位在三公之列，指箕子；少師，位在孤卿之位，指比干。
5 我祖：我的祖先，指商湯。遂陳其上：完成其功業，表述其功業於上世。遂：完成。陳：陳力，表彰其武功。
6 小大：無論小孩或大人。草竊：在草野間竊盜，泛指在民間爲非作歹。姦宄：當動詞用，指作姦犯科、違法亂紀。
7 師師非度：互相效法，胡作非爲。
8 乃無維獲：指群臣有罪，互相攻伐，無法長久保有爵祿。維：語助詞，無義。獲：得。
9 典喪：國家的典章制度淪喪，代指即將亡國。
10 越至于今：於今至矣，今天就到時候了。越：於，亦作發語辭。
11 無故告予：無意告訴我。此處指微子向箕子、比干二人求教誨。
12 顚躋：顚墜，形容自己的覆亡。
13 如之何其：如之何，該當如何？。其：語末助詞。
14 乃無畏畏，不用老長：指商紂不害怕天災，也不聽信忠臣之言。
15 陋淫神祗之祀：輕視污蔑神明祀典。天上的神明爲神，地上的神明爲祇。陋淫：輕穢的意思。
16 爲：猶「如」字，如果。
17 箕子：名胥餘。箕：國名。子：爵位。一說是紂的叔父，一說是紂的庶兄。
18 象箸：象牙筷子。
19 玉桮：玉石製的酒杯。桮：盛物的器皿。今通作「杯」。

20 箕子操：箕子作的曲調，今不傳。操：持也，持身自愛的意思。應劭《風俗通義》云：「其道閉塞憂愁而作者，命其曲曰操。操者，言遇菑（災）遭害，困厄窮迫，雖怨恨失意，猶守禮義，不懼不懾，樂道而不改其操也。」

21 少師：裴駰《史記集解》云：「時比干已死，而云少師者似誤。」按，此處微子之言，有可能是呼應篇首見箕子、比干之時所言，故比干未必已死。史書常有中間夾敘他事，再回頭補敘前言的寫法。吳見思評點《史記論文》即認爲「遙接入微子」，「直接上篇，總出一筆，而中間序他事，此夾序法也。」

22 肉袒：袒而露肉。袒：裸露，衣服不遮蔽身體的某一部分。面縛：縛手於背而面向前。

23 殷虛：商朝後期的都城遺址，在今河南省安陽縣小屯村。虛：通「墟」。

24 漸漸：同「尖尖」，麥芒的形狀。油油：禾黍之苗光潤貌。

25 微子之命：今不傳。《僞古文尚書》收有此篇，出自東晉梅賾僞造。

26 宋：今河南省商丘縣。

【語譯】

微子啟是商朝帝乙的長了，也就是紂王的庶兄。紂王即位以後，昏暗無道，政事荒淫紛亂。微子勸諫了好幾次，紂王都不聽。而周西伯姬昌不斷地修明德業，滅了阢國。紂王的大臣祖伊恐怕禍患將要來到，把這件事告訴紂王。紂卻說：「我生下來不就有天命在身嗎？西伯姬昌雖強盛，又能把我怎麼樣呢？」

微子料定終究不能勸醒紂了，想一死殉國，然而當他離棄紂王之後，卻又遲疑不決，於是跑去問太師箕子和少師比干，說：「殷國沒有修明的政治，不能治理四方的人民。我們的始祖商湯成就功業於前代，紂卻沈醉於酒，寵信女人，破壞祖先的盛德大業。殷王室的人不論大大小小，沒有不喜歡搶刼、偷竊、作亂的。

官吏們也互相仿效，不顧法度，大家都有罪惡，又互相攻奪，以至於沒有常得到爵祿的人，於是小老百姓也各起一方，互相仇視。如今我們殷國就要滅亡了！好像要渡過一條大河，卻沒有渡口，又看不見邊岸一般。殷國注定是要滅亡的，恐怕就在當今吧！」又說：「太師、少師，我是該去國遠行呢？還是該保護自己的家園，以免於危亡呢？現在您們不指點我，要是我覆亡了，您們將來怎麼辦呢？」

太師這樣回答他說：「王子啊！老天重重地降下災難，來滅亡我們殷國；而紂王竟然不怕天威的懲罰，不聽從長老的教誨，甚至我們殷國老百姓也竟敢褻瀆對天地神明的祭祀。現在如果能夠好好治國，國家得到治理，雖然死了，也不遺憾。如果自己死了，國家還是不能得到治理，那麼不如離去。」微子聽了，終於去國逃亡。

箕子，是紂的親戚。紂王第一次使用象牙筷子時，箕子便歎息道：「他既然使用象牙筷子，就一定會用玉杯才配得上它；既然用了玉杯，就一定會想得到遠方珍貴奇異的器物來使用。從此將逐漸講究車馬宮室的奢侈華麗，國家將無可救藥了。」

紂王果然恣行逸樂，箕子進諫，他不聽。有人勸箕子說：「可以不管了。」箕子說：「做臣子的人，進諫不聽就離去，這是彰顯國君的過失，而自己討人民的歡喜，我不忍心這麼做。」於是披頭散髮，假裝瘋癲發狂，冀望紂王能猝然覺悟，結果卻被紂王囚禁爲奴隸。後來被釋放了，他就隱居不出，常常彈琴悲歎時局，後世把箕子操弦奏弄的曲子，叫做「箕子操」。

王子比干，也是紂的親戚。他看見箕子進諫紂王不聽，反而被囚禁爲奴隸，就說：「國君有過失，做臣子的人不以死諫爭，那麼老百姓又有什麼罪，要承受國君的虐政呢？」於是向紂王直言極諫。紂王大怒，說：「我聽說聖人的心有七個孔竅，是真的嗎？」於是殺死王子比干，挖出他的心來，看個究竟。

微子說：「父親和兒子有像骨肉一樣的親密關係，而臣子和國君是以道義結合起來的。所以父親有過失，做子女的應當再三勸諫，勸諫不聽，就跟著大聲號哭。做臣子的，再三勸諫國君而不聽，在道義上就可以離開不管了。」於是太師、少師都勸微子離去，微子就走了。

周武王伐紂，推翻了殷朝。微子帶著殷朝宗廟的祭器，來到周武王的營門，袒露上身，雙手綑綁在背後，左邊的隨從牽著羊，右邊的拿著茅，跪行到武王面前，請求武王，不要斷絕殷朝的宗祀。這時武王解開綑綁微子的繩索，恢復他的爵位。於是武王封紂的兒子武庚繼承其父的祿位，讓他承續殷朝列祖列宗的祭祀，並派遣管叔、蔡叔輔佐他。

武王滅亡商朝以後，就去訪問箕子。……於是武王封箕子在朝鮮，而不把他當作周室的臣子看待。後來，箕子前往京師朝見周天子，路過殷朝的故都舊址，看見宮室毀壞，滿地遍生禾黍，內心悲傷，想放聲大哭又有所顧忌，暗自飲泣又像那愛哭的婦人，於是作了一首麥秀之詩，抒發他的心情。詩是這樣的：「麥的芒刺尖尖呀，禾黍的苗兒綠油油。那狡黠無賴的小孩呀，竟然不與我親近呀！」所說的狡黠無賴小孩，就是指商紂王。殷朝的遺民聽到這首歌，無不感傷流淚。

武王駕崩，成王年幼，周公姬旦代理朝政，當權治國。管叔、蔡叔懷疑周公，於是聯合武庚起來作亂，想要乘其不備而攻打成王、周公。周公奉成王之命，誅武庚，殺管叔，放逐蔡叔。於是命微子啟代替武庚，爲殷室的後裔，奉行殷朝宗廟的祭祀。又作〈微子之命〉一再申明告誡他，且立國於宋。微子素來仁慈賢良，所以受命代替武庚。也因此，殷朝遺民非常愛戴他。

【賞析】

商朝末年，商紂政權危亡之際，出現了三位賢臣：微子、箕子、比干。三人各自有所表現，孔子都給予極高的評價。他們的事跡紀錄於《史記．宋微子世家》。

其中箕子身為太師，位居人臣之極，從他勸說帝乙（商紂的父親）勿立紂為國君，以及看到商紂使用玉栝必然會奢靡無度，顯然具有見微知著的眼光。微子啟屢次勸諫商紂不成之後，第一個念頭是一死殉國，他也在聆聽箕子的教誨後，決定保全性命，去國逃亡。可見箕子真是位了不起的人物。而箕子也是屢諫商紂不成，旁人勸他可以離開商紂了，他認為這是彰揚國君的過失，寧可裝瘋賣傻，也要留在國境之內。這是忠臣的表現。無怪乎武王滅殷後，親自訪問箕子，詢問治國大計，這是尊重他的智慧；又封他於朝鮮而不把他當作周室的臣子看待，這是肯定他的忠貞。

比干選擇直言勸紂，不惜犧牲自身性命，當然是忠臣了。他之所以如此甘冒死亡危險，表面上是因為箕子勸諫商紂而被收為奴隸所引起的，然而這只是導火線，真正使他義無反顧的原因是：「百姓何辜！」不忍見天下生靈塗炭，那才是他的最終目的。所以商紂稱他為「聖人」，那麼比干為民請命早已不是一天兩天的事了。

微子是紂王的哥哥，他尊敬太師箕子、少師比干，不但恭敬請益，而且言聽計從。他自己思慮縝密，見解透闢，也是再三勸諫商紂不成之後，選擇暫避風頭，離開國境。等到國家覆亡之後，他所做的第一件事，就是保存殷朝的宗廟祭器，面見周武王，那是請求留存殷朝血脈的意思。經過管、蔡之亂以後，微子才受命代替武庚，接掌宋國，他的「仁賢」，愛民如子，顯然是位好國君。

這三位賢臣，面對國難當頭，莫不心急如焚。集智慧與忠貞於一身，凡事必以百姓為最大考量，以「仁賢」而受民愛戴，普天之下能有幾人可與之相比？在亂世能保其忠貞，已屬不易，更何況都曾經挽救國家於危亡，承擔道義責任而不顧自身安危，難怪不輕易稱許「仁」的孔子也稱贊他們都是「仁」了。

（原載《古今文選》新第一一〇一期，國語日報社，九十三年十月三十日。）

二、孔子世家贊

太史公曰[1]：《詩》[2]有之：「高山仰止，景行行止。[3]」雖不能至，然心鄉往[4]之。余讀孔氏書，想見其爲人。適魯，觀仲尼廟堂[5]、車、服、禮器，諸生[6]以時[7]習禮其家，余低回[8]留之，不能去云。天下君王，至於賢人，衆矣！當時則榮，沒則已焉。孔子布衣，傳十餘世[9]，學者宗之。自天子王侯，中國[10]言六藝[11]者，折中於夫子[12]，可謂至聖矣！

【題解】

這篇文章選自《史記．孔子世家》。孔子名丘，字仲尼，春秋時代魯國人。生於周靈王二十一年，卒於周敬王四十一年（西元前五五一年～四七九年），年七十三歲。自幼常常陳設俎豆祭器，學習禮儀節文，以爲遊戲。年長以後，作委吏，理財務；管苑囿，牧牛羊；多能鄙事，漸有名聲。之後，廣開教育大門，提倡有教無類，因材施教，於是弟子雲集景從，平民智識大增。後任官爲中都宰，進爲大司空、大司寇，攝行相事，治績斐然。三個月後，不滿齊國送魯國女樂之事，開始周遊列國，期盼能實踐「修己安人」的抱負，濟世安民。不料轍環天下，未克見用於世，因而悒悒歸魯，專心著述，講學以終。

本篇「贊語」，即是司馬遷對孔子的衷心贊歎，也是中國正史上第一篇讚美孔子的文章。

【注釋】

1 太史公曰：《左傳》有「君子曰」，《史記》有「太史公曰」，《漢書》「贊曰」，《後漢書》「論曰」，《三國志》「評曰」，《資治通鑑》有「臣光曰」……等，都是史書作者在寫完一段歷史後，將事實評論一番的作法。傳統中國的史學家，除了寫史之外，也肩負評史、論史的工作。此處的「太史公曰」，即是《史記》作者司馬遷在寫完〈孔子世家〉後，立刻下筆評論的開頭語。太史公，司馬遷的自稱，因其官職爲太史令。

2 詩：這裡指《詩經・小雅・車舝（ㄒㄧㄚˊ）》。

3 高山仰止，景行行止：「止」就是「之」字，仰止、行止就是仰之、行之。景行，大路。《詩經毛亨故訓傳》：「景，大也。」上「行」字，音ㄏㄤˊ，道路；下「行」字，音ㄒㄧㄥˊ，行走。

4 鄉往：即嚮往，是說心志極願歸向此境界。鄉，同「嚮」字。

5 仲尼廟堂：孔子的家廟祠堂。《史記・孔子世家》說：「孔子葬魯城北泗上，……魯世世相傳以歲時奉祠孔子冢，而諸儒亦講禮鄉飲大射於孔子冢。……後世因廟藏孔子衣冠琴車書，至于漢二百餘年不絕。高皇帝過魯，以太牢祠焉。」《漢書・高帝紀》也說：「十二年十一月，行自淮南，還過魯，以太牢祠孔子。」由此推知，孔子死後不久，廟堂已經存在，衣冠文物、遺風教化累世不絕；自漢高祖起，帝王開始祭拜孔子，孔廟地位益受尊崇。

6 諸生：許多學官弟子，即學生。

7 以時：依照固定的時節。《論語・學而》：「敬事而信，節用而愛人，使民以時。」以，依的意思。

8 低回：徘徊留戀，不忍離去的樣子。低回，或作「祗回」，司馬貞《索隱》：「祗，敬也，言祗敬遲回不忍去之。」兩者解釋義近互通。

9 傳十餘世：據《史記・孔子世家》和清康熙年間孔尚任所修《孔子世家譜》，孔子之後到漢武帝年間，有孔鯉、孔伋、孔白、孔求、孔箕、孔穿、孔謙、孔鮒、孔忠、孔武、孔安國、孔卬、孔驩等十三代子孫，相繼傳延香火。司馬遷在長安跟隨孔安國習古文，親眼見過孔子的後裔，此時正是西漢武帝年間，所以他說孔子傳了十多代。

10 中國：上古時代，我華夏民族建國於黃河流域一帶，以爲居天下之中，故稱中國，而把周圍地區稱爲四方。《中庸》：「是以聲名洋溢乎中國。」

11 六藝：有二說，其一指禮、樂、射、御、書、數；其一指詩、書、易、禮、樂、春秋六經。據《史記・伯夷列傳》：「夫學者載籍極博，猶考信於六藝。」可知六藝即是六經，爲我國文化史上最重要的典籍。

12 折中於夫子：折，斷的意思。中，當的意思。此謂以孔子學說爲標準，調和過與不及的兩端，使其歸於至當的旨歸。

【語譯】

太史公司馬遷說：《詩經・小雅・車舝》道：「高山是可以仰望的，大道是可以行走的。」孔子偉大的人格也像是如此的崇高，雖然我們不能達到此境界，但卻一心企慕著呢！我讀孔子的書，因而想見他的爲人。到了魯國，看到紀念孔子的家廟祠堂，裡面有些車子、衣服、禮器等遺物，而且許多學生依照固定時節來此學習禮儀，這些情景真令我徘徊留戀，久久不忍離去。天下的君王，乃至於歷代賢能的才士，實在是太多太多了！當他們在世的時候，十分榮耀光彩，但死了，也就罷了。孔子雖是一介平民，卻傳了十多代，讀書人都非常宗仰尊敬他。從天子到王公諸侯，凡是談論六經的人，莫不以夫子的學說爲標準，調和過與不及的兩端，以求至當至正的旨歸，如此說來，他真是最了不起的聖人了！

【賞析】

劉勰《文心雕龍・頌贊》曾說：「其爲義，事生獎歎，所以古來篇體，促而不曠，必結言於四字之句，盤桓乎數韻之辭；約舉以盡情，昭灼以送文，此其體也。」（語譯：推究「贊」這種文體的本義，乃起於對人事的獎勵和讚歎，所以自古以來的篇幅體裁，都是簡短而不冗長，句法結構多以四字爲句，諧聲押韻也只在幾個韻腳之內；約舉要旨以便敘明情志，明述心意以便鋪陳文采，這就是「贊」的寫作風格。）

從劉勰的意思看來，「贊」的作法是運用簡短的篇幅、精要的字句，表達作者的心志、美妙的文采。因此史書可以不嫌辭費、公正客觀地詳細說明歷史人物；但是在篇末附上贊語時，卻必須明白簡練、不避主觀地褒善貶惡，品鑒人物。正因爲如此，「贊」就成爲史家吐露心聲，暢所欲言，將文筆發揮淋漓盡致的地方，也就是史書裡最饒富文學情味的地方。

然而，孔子集上古文化之大成，開平民教育之先聲，傳我學術，啟我民智，功在華夏，累世不絕。所謂「天不生仲尼，萬古如長夜！」如此崇高的人格、卓偉的教化，真不知叫人如何贊起？

而司馬遷，畢竟不愧爲第一流的史學家，也是位散文大手筆的文學家。他深知孔子道德學問的深廣，已經無以復加，而爲他作贊，更真是所謂「觀於海者難爲水，遊於聖人之門者難爲言」（《孟子・盡心上》語），於是只好換一寫法，引「高山仰止，景行行止」兩句詩，來比擬孔子至高的境界，同時也表示出「嚮往」的誠心。

「嚮往」是一種精神上的企慕之情，是無法落實在事物上的一種情感，被嚮往的對象必然也是一種高不可攀的境界。司馬遷早已體會夫子境界的高不可及，因此以「心鄉往之」表達孺慕之情，所以他說：

余讀孔氏書，想見其爲人。——這是讀遺書而嚮往。

觀仲尼廟堂，車、服、禮器。——這是見遺物而嚮往。

諸生以時習禮其家，余低回留之，不能去云。——這是觀遺風教化而嚮往。

司馬遷從親身體驗的事實裡，將抽象的精神，落實到具體的器物禮教上，使讀者感同身受，真正認識到孔子精神的長久存在。這種「化抽象爲具體」的修辭方式，的確有真切自然的效果。難怪清朝吳楚材《評註古文觀止》也說：「聖無能名，又何容論贊？史公只就其遺書、遺器、遺教，以自言其鄉往之誠，虛神宕漾，最爲得體。」

「天下君主」以下，筆勢忽然淩空提起，採用強烈對比的手法，將君主、賢人和孔子布衣比較一番，才發覺孔子受人尊敬的程度，真是永久的殊榮！「人生窮達誰能料？蠟炬成堆又一時！」眾人的光榮，僅在生前享有一時，而孔子的光榮，恰似綿延不絕的香火薪傳，代代賢哲，無與倫比，贏得天下學者的宗仰尊敬。這才是永恆不變的光輝榮耀，也點明了司馬遷立孔子爲世家的苦心。

最後，司馬遷歸結到孔子最偉大的地方——「教」與「學」上來談。由於孔子將貴族的學問傳播到民間，才有學術流通的現象，使得諸子百家應運而生。百家的學說既然由官學衍出，推究其本原，自然仍應「折中於夫子」，有此認識，則孔子學術地位之崇高，已成定論。前文所說「余低回留之，不能去云」，只是司馬遷個人的嚮往；到了「孔子布衣，傳十餘世」，這是後人的嚮往；到了「自天子王侯，中國言六藝者折中於夫子」，那就是全天下所有讀書人的嚮往了！無怪乎太史公下了一個最後、最高的斷語：「可謂至聖矣！」真是推崇備至、一唱三歎的千秋定評了。

（原載《古今文選》新第六一九期，國語日報社，七十五年一月十一日。）

三、垓下之困

項王軍壁垓下[1]，兵少食盡，漢軍及諸侯兵圍之數重。夜，聞漢軍四面皆楚歌[2]，項王乃大驚曰：「漢皆已得楚乎？是何楚人之多也！」項王則夜起，飲帳中。有美人名虞[3]，常幸從；駿馬名騅[4]，常騎之。於是項王乃悲歌忼慨，自爲詩曰：「力拔山兮氣蓋世，時不利兮騅不逝[5]。騅不逝兮可奈何，虞兮虞兮奈若何！[6]」歌數闋[7]，美人和[8]之。項王泣數行下，左右皆泣，莫能仰視。於是項王乃上馬騎[9]，麾下[10]壯士騎從者八百餘人，直夜潰圍[11]南出，馳走。平明，漢軍乃覺之，令騎將灌嬰以五千騎追之。項王渡淮，騎能屬者[12]百餘人耳。項王至陰陵[13]，迷失道，問一田父[14]，田父紿[15]曰：「左」。左，乃陷大澤中。以故漢追及之。

項王乃復引兵而東，至東城[16]，乃有二十八騎。漢騎追者數千人。項王自度不得脫，謂其騎曰：「吾起兵至今八歲矣，身七十餘戰，所當者[17]破，所擊者服，未嘗敗北，遂霸有天下。然今卒困於此，此天之亡我，非戰之罪也！今日固決死，願爲諸君快戰[18]，必三勝之[19]，爲諸君潰圍、斬將、刈旗[20]，令諸君知天亡我，非戰之罪也。」

乃分其騎以爲四隊，四嚮[21]。漢軍圍之數重。項王謂其騎曰：「吾爲公取彼一將。」令四面騎馳下，期山東爲三處[22]。於是項王大呼馳下，漢軍皆披靡[23]，遂斬漢一將。是時，赤泉侯[24]爲騎將，追項王。項王瞋目而叱之，赤泉侯人馬俱驚，辟易數里[25]。與其騎會爲三處。漢軍不知項王所在，乃分軍爲三，復圍之。項王乃馳，復斬漢一都尉，殺數十百人。復聚其騎，亡其兩騎耳。乃謂其騎曰：「何如？」騎皆伏[26]曰：「如大王言。」

於是項王乃欲東渡烏江[27]。烏江亭長[28]檥船待[29]，謂項王曰：「江東雖小，地方千里，衆數十萬人，亦足王也。願大王急渡。今獨臣有船，漢軍至，無以渡。」

項王笑曰：「天之亡我，我何渡爲！且籍與江東子弟八千人渡江而西，今無一人還，縱江東父兄憐而王我，我何面目見之？縱彼不言，籍獨不愧於心乎？」乃謂亭長曰：「吾知公長者。吾騎此馬五歲，所當無敵，嘗一日行千里，不忍殺之，以賜公。」乃令騎皆下馬步行，持短兵接戰。獨籍所殺漢軍數百人，項王身亦被十餘創[30]。顧見漢騎司馬呂馬童[31]，曰：「若非吾故人乎？」馬童面之[32]，指王翳曰：「此項王也。」項王乃曰：「吾聞漢購我頭千金，邑萬戶，吾爲若德。」乃自刎而死。

王翳取其頭，餘騎相蹂踐，爭項王，相殺者數十人。最其後，郎中騎楊喜、騎司馬呂馬童、郎中呂勝、楊武各得其一體；五人共會其體，皆是。故分其地爲五：封呂馬童爲中水侯[33]，封王翳爲杜衍侯[34]，封楊喜爲赤泉侯，封楊武爲吳防侯[35]，封呂勝爲涅陽侯[36]。

項王已死，楚地皆降漢，獨魯不下。漢乃引天下兵，欲屠之，爲其守禮義，爲主死節，乃持項王頭視魯[37]，魯父兄乃降。始，楚懷王初封項籍爲魯公，及其死，魯最後下，故以魯公禮葬項王穀城[38]。漢王爲發哀，泣之而去。

諸項氏枝屬[39]，漢王皆不誅。乃封項伯爲射陽侯[40]。桃侯、平皋侯、玄武侯皆項氏[41]，賜姓劉。

【題解】

本文節選自《史記》卷七〈項羽本紀〉篇末，記述項羽起兵抗秦八年後，終究敗於劉邦之手，不得不自刎而死之前夕，在垓下被圍的突圍過程及其英雄末路的複雜心情。

【注釋】

1 項王軍壁垓下：漢軍諸路到達垓下後，與楚軍尚有一次大戰，漢軍先敗後勝。據《史記・高祖本紀》載：「五年（西元前二〇二年），高祖與諸侯兵共擊楚軍，與項羽決勝垓下。淮陰侯（韓信）將三十萬自當之，孔將軍（孔熙）居左，費將軍（陳賀）居右，皇帝在後，絳侯（周勃）、柴將軍（柴武）在皇帝後。項羽之卒可十萬。淮陰先合，不利，卻。孔將軍、費將軍縱，楚軍不利，淮陰復乘之，大敗垓下。」壁：駐紮。當動詞用。垓下：秦縣名。故治在今安徽省靈璧縣東南的沱河北岸。張守節《史記正義》：「垓下，是高岡絕巖，今猶高三四丈。其聚邑及堤，在垓之側，因取名焉。」

2 漢軍四面皆楚歌：漢軍中到處都有楚歌聲，已有許多楚兵降漢。楚歌，用楚國方言所唱的歌。班固《漢書》顏師古注：「楚人之歌也。猶言吳謳、越吟。」

3 有美人名虞：裴駰《史記集解》引徐廣說：「一云，姓虞氏。」班固《漢書・項籍傳》即作：「姓虞氏。」梁玉繩《史記志疑》卷六說：「是《漢書》全襲《史記》。」

4 騅：毛色青白相間的馬。

5 逝：奔馳而去。

6 奈若何：猶言「我能怎麼安排你呢？」若，你。按，以上「力拔山兮氣蓋世」四句，朱熹曰：「忼慨激烈，有千載不平之餘憤。」（錢鍾書《管錐編》引）吳見思《史記論文》曰：「『可奈何』、『奈若何』，若無意義，乃一腔怨憤，萬種低回，地厚天高，托身無所，寫英雄失路之悲，至此極矣。」瀧川龜太郎《史記會注考證》：「『世』、『逝』、『何』、『何』，韻。項王楚人，故能作楚聲。」

7 歌數闋：唱了幾遍。闋，樂歌終了一次叫做一闋。

8 和：讀去聲，指應和著項羽的歌聲一同歌唱。按，《史記正義》引《楚漢春秋》載美人所和的歌辭是：「漢兵已略地，四面楚歌聲。大王意氣盡，賤妾何聊生！」此詩當是僞託之作。

9 騎：讀去聲，作名詞用，下文同。《史記正義》：「凡單乘曰騎。」即一人獨乘一馬之意。

10 麾下：部下。麾，將旗。

11 直夜：半夜，當天夜晚。潰圍，突破重圍。

12 騎能屬者：能跟隨項羽的騎士。屬，聯及，跟隨、趕得上的意思。

13 陰陵：秦縣名。故治在今安徽省定遠縣西北。

14 田父：年紀大的農夫。

15 紿：欺騙。

16 東城：秦縣名，故治在今安徽省定遠縣東南。

17 所當者：指所遇到的敵方。

18 快戰：痛痛快快、漂漂亮亮地打一仗。一本作「決戰」。王伯祥《二十五史》說：「按，『決戰』有勝負難分，決一雌雄的想法；猶存倖勝的希望。『快戰』則但求取快一時，痛痛快快打一個出手而已。項王既『自度不得脫』，而且上有『固決死』之言，前後又迭作『天亡我』之歎，其爲不求倖勝，昭然明白。自當以『快戰』爲合適。」

19 三勝之：連續打敗他們幾次。三，用指多次。有人說「三勝之」即指下述的「潰圍、斬將、刈旗」這三件事，恐非。

20 潰圍：衝破重圍。刈旗，砍倒敵方的軍旗。刈，割、砍。

21 四嚮：向著四面。班固《漢書》此處作「而爲圜陳（通「陣」）外嚮。」圜陣，即「圓陣」，顏師古注：「四周爲之也。」外嚮，顏師古注：「謂兵刃皆在外也。」指四隊騎兵，背皆向內，成一圓陣，分頭向四面殺去。

22 期山東爲三處：指約定好突圍後到山的東面的三個地點集合。期，約定。山，《漢書》明言是四隤山，在今安徽省和縣北。《史記正義》引《括地志》說是九頭山，在今安徽省滁縣西北。

23 披靡：潰敗時旗幟倒伏、人馬避散的樣子。瀧川龜太郎《史記會注考證》說：「謂草木不禁風而散亂也。因以狀兵士潰散。」

24 赤泉侯：即楊喜。按，楊喜因斬獲項羽屍體有功，封赤泉侯。此時爲劉邦郎中騎將，尚未封侯，當是史家追書之辭。赤泉，縣名。司馬貞《史記索隱》：「南陽有丹水縣，疑赤泉後改。」謂赤泉即丹水。丹水故城在今河南省浙川縣西。

25 辟易數里：指楊喜被嚇得連人帶馬，躲開倒退了好幾里。辟易，因受到驚嚇而退開原地。辟，同「避」。易，變更，指挪動了地方。

26 伏：與「服」通，口服心服。

27 東渡烏江：想從烏江浦渡過長江東去。烏江：渡口名，在今安徽省和縣東北的長江西岸。

28 亭長：據應劭《風俗通》載，秦、漢時的制度，十里一亭，設亭長一人。《漢書》顏師古注：「亭長者，主亭之吏也。『亭』謂停留行旅宿食之館。」

29 檥船待：此言烏江亭長攏船靠岸，以待項羽。檥，《史記集解》引孟康說：「附也，附船著岸也。」

30 被十餘創：言項王受到十餘處的創傷。被，受；創，傷口。

31 騎司馬：官名，騎兵隊伍的將領。王伯祥《二十五史》說：「呂馬童當係項王舊部反楚投漢者，故下以『故人』呼之。」

32 面之：面向著他，看著他。《史記會注考證》引劉攽說：「面之，直面向之耳。」又引洪頤煊說：「面，向也。謂向視之。審知爲項王，因以指王翳。」

33 中水侯：中水，漢縣名，在今河北省獻縣西北。

34 杜衍侯：杜衍，漢縣名，在今河南省南陽縣西南。

35 吳防侯：吳防，漢縣名，在今河南省遂平縣。

36 涅陽侯：涅陽，漢縣名，在今河南省鎮平縣南。

37 視魯：拿給魯人看。「視」一本作「示」。

38 穀城：縣名，在今山東省東阿縣東北。

39 枝屬：宗族。

40 項伯：名纏，字伯。項羽的叔父。原爲楚國左尹（令尹之佐），鴻門宴時保護過劉邦，此時封爲射陽侯。射陽，漢縣名，在今江蘇省淮安縣東南。

41 桃侯：名襄。桃，漢縣名，在今山東省汶上縣東北。平皋侯：名佗。平皋，漢縣名，在今河南省溫縣東。玄武侯：不詳。《史記集解》引徐廣說：「諸侯表中不見。」

【語譯】

項王的軍隊駐紮在垓下，兵很少，糧食又沒了，漢軍會同各路諸侯的兵馬把他重重圍住。夜裡聽見漢軍從四面唱起楚人的歌謠，項王大驚道：「難道漢軍已經占領了楚國嗎？為什麼楚人這麼多呀！」項王就夜裡起來，在營帳裡喝酒。有一個姓虞的美人，受到寵幸，經常陪伴項王出征；有一匹名叫騅的馬，是項王常常騎的。這時項王慷慨悲歌，唱起自己作的歌詞：「力量能拔起山頭哇，豪氣壓倒一世！時運不好哇，千里馬也無法奔行。千里馬無法奔行啊，能怎麼辦呀？虞姬虞姬啊，怎麼對得起你呀？」（力量能拔起山頭哇，豪氣壓倒一世！時運不好哇，千里馬也無法奔行。千里馬無法奔行啊，能怎麼辦呀？虞姬虞姬啊，怎麼對得起你呀？）項王連唱了好幾遍，美人也和著一同唱。項王的淚水止不住地掉下來，旁邊的人都哭了，沒有人抬得起頭來。

於是項王跨上馬背，部下壯士八百多人騎著馬跟隨他，當天晚上突圍向南逃走。到了天亮，漢軍才察覺，命令騎將灌嬰率領五千名騎兵追趕。項王渡過淮水，能緊跟得上的騎兵只剩一百多人了。走到陰陵這個地方，迷失道路，向一個農夫問路。農夫騙他說：「往左！」往左走，就陷入大沼澤中，因此被漢兵追上。

項王只得又引兵向東走，到了東城，只剩下二十八個隨騎。漢軍騎兵追來的有幾千人。項王自料不能逃脫，對他的部下說：「我起兵到現在八年了，親身參與七十多次戰役，抵擋我的都被我攻破，我所攻擊的都被我降服，不曾打過敗仗，因此稱霸天下。然而現在終究受困在這裡，這是上天要滅亡我，不是我不會作戰哪！今天定要決一死戰，願意為你們痛痛快快打一仗，一定要獲勝很多次，為各位衝破包圍、斬死敵將、砍倒大旗，讓你們知道是上天要滅亡我，不是我不會作戰哪！」

於是項王把他的隨從分成四隊，朝向四面。漢軍重重包圍他們。項王對他的騎兵說：「我為你們斬他一將。」教騎兵四面奔馳衝下，約定在山的東面分三處會合。於是項王大聲呼喝奔馳衝下，漢軍都被衝散倒地，當場斬死一員漢將。這時候赤泉侯楊喜是一個騎兵將領，追趕項王，項王瞪眼對他大喝一聲，赤泉侯連人帶馬受到驚嚇，一連退避了好幾里。項王同他的騎兵在三處會合。漢軍不知道項王在哪一處，便把軍隊一分爲三，重新再包圍他們。項王往來奔馳突圍，再斬死漢軍一個都尉，殺死近百人。再一次聚集他的兵馬，只損失了兩個騎兵而已。便問他的隨騎說：「怎麼樣？」騎兵都拜服說：「正如大王所說的那樣！」

這時項王有意渡過烏江，向東去。烏江亭長備妥船，靠著岸等著。他對項王說：「江東雖然小，還有千里方圓，數十萬人口，足夠自立爲王。請大王趕快渡江。現在只有我的船停在這裡，即使漢軍追來，也沒有辦法過河。」

項王笑著說：「是上天要滅亡我，我還渡江做什麼！況且我帶領江東子弟八千人渡江西進，現在無一人生還。即使江東父兄可憐我，還擁護我做國君，我有什麼臉見他們呢？即使他們不說什麼，我心裡難道不慚愧嗎？」於是對亭長說：「我知道您是忠厚的長輩。我騎這匹馬五年了，所向無敵，曾經一天跑千里路，不忍心殺牠，就送給您。」就教騎兵下馬步行，手持短打的刀劍兵器應戰。僅項王自己所殺死的漢兵就有數百人，項王身上也受傷十多處。回頭看見漢軍騎兵將領呂馬童，便說：「你不是我認識的人嗎？」馬童面對著項羽，手指向王翳說：「這個人就是項王。」項王又說：「我聽說漢王懸賞一千金，加一萬戶的封邑，徵求買下我的頭，我就爲你做個好事吧。」說完就舉劍自殺了。

王翳割下他的頭，其他的騎兵爲了爭奪項王的屍體，互相踐踏，自相殘殺的有幾十人。最後，郎中騎楊喜、騎司馬呂馬童、郎中呂勝、楊武，各搶到一塊肢體。五個人把肢體殘骸拼合在一起，都是項王身體的一部分。因此把原來要分封出去的萬戶侯的土地分成五塊：封呂馬童爲中水侯，封王翳爲杜衍侯，封楊喜爲赤泉侯，封楊武爲吳防侯，封呂勝爲涅陽侯。

項王已經死了，楚國各地紛紛投降，只有魯地不肯歸順。漢王帶領天下諸侯兵想要屠殺魯地，因爲魯人恪守禮義，爲國君盡忠死節，就拿著項王的頭顱傳示魯地，魯地民眾才降附歸服。當初，楚懷王最初給項籍的封號是「魯公」，他死後，魯地又最後才投降，因而用魯公的禮儀埋葬項王於穀城。漢王爲他舉行葬禮，哀悼淚下，然後離去。

所有項氏宗族，漢王一律不殺。封項伯為射陽侯。桃侯、平皋侯、玄武侯都是項氏宗室，賜姓劉。

【賞析】

楚漢相爭多年，項羽軍已逐步由強轉弱。當項王聽到「四面楚歌」，有感而發唱起〈垓下歌〉時，那悲壯的氣勢、無可奈何的心情，已經預示時局難以挽回。窮途末路之際，他一再強調「天亡我，非戰之罪也」，而後衝殺、突圍，以寡擊眾，只是為了證明自己很能作戰。其實衝撞敵軍並不能逃離敵軍之手，項羽已然心知肚明。項羽「自度不得脫」，又說「天之亡我，我何渡為！」既然如此，又何須作困獸之鬥、負嵎頑抗呢？顯然他不能心甘情願的接受事實。

司馬遷同情項羽的遭遇，但也詳細的交代項羽兵敗自殺的過程。吳見思《史記論文》說：「八千人渡江而西，忽化而為二萬、六七萬、數十萬；忽化而為八百餘人、百餘人、二十八騎，至無一人還。其興也如江湧，其亡也如雪消，令人三歎。」項羽身邊士兵人數持續減少，逃亡過程中被田父欺騙，以及「漢軍圍之數重」、「復圍之」，最後重金懸賞項上人頭，五人分搶項王屍體，都說明了這一場慘烈戰役，非拼個你死我活，必須置項羽於死地的命運。然而，項羽畢竟是位英雄人物。當他僅以二十八騎衝殺奔馳而下時，漢軍皆望風披靡。「斬漢一將」、「復斬漢一都尉，殺數十百人」、「獨籍所殺漢軍數百人」，他讓漢軍騎將人馬俱驚，讓漢軍不知其所在，讓自己的騎兵佩服得五體投地。「乃謂其騎曰：『何如？』」那更是在毫髮瞬間表現出來的豪邁意氣，誰能說項王不是英雄？

項羽在垓下突圍前，自認為落得四面楚歌的局面，是由於時運不濟。最後以八百騎逃出垓下之圍，而後來到烏江邊時，身邊剩不到三十騎。此時此刻他竟然還要奮力出戰，他想要證明什麼？他的心情是非常複雜的。錢鍾書《管錐編》指出，項羽一再強調「天亡我，非戰之罪也。」這是因爲：「心已死而意猶未平，認輸而不服氣，故言之不足，再三言之也。」他自知死期已近，而又反覆頑抗，用武力證明自己是個不可一世的將才；然而，一旦有機會渡過江東時，他又遲疑不前了。這些正是內心矛盾掙扎的體現。

除了飽滿著英雄色彩的描寫外，文中有許多細微的筆墨，隱含了司馬遷對項羽的同情。例如項羽被田父欺騙，項羽有機會渡江東去，意圖借用歷史發展過程中的偶然的機會，證明項羽可以保全性命，不會成爲失敗者。又例如描述項羽作戰神勇，神靈活現的一幕，暗示項羽的軍事才能不在漢王及各諸侯將領之下。《史記》也寫出項羽心腸柔軟脆弱的一面。烏江亭長停船以待，這是項羽絕處逢生的大好機會。然而項羽推辭了。他的理由是內心有愧，「無顏見江東父老」，這是多麼沈痛的反省。之後，他把良馬賜給「長者」，把自己的頭顱送給「故人」，他在臨死前所表現出來的仍然是有情有義。項羽選擇自刎而死，也是「仁心」的展現，儘管有點感情用事的意味。項羽死後，魯地父兄「爲其守禮義，爲主死節」，也可以想見項王生前曾經施恩德於百姓身上，他是位重情感的君主。而漢王舉哀落淚的行爲，也能證明項羽是個可敬的對手。他的一生並非罪不可恕，反而有許多令人懷念的地方。

司馬遷用了許多筆墨寫出「垓下之困」的事件本末，並不符合一般正史的處理方式。正史通常只須交代項羽戰死的時間地點，江山從此易主就可以了。錢鍾書《管錐編》引周亮工說：「垓下是何等時？虞姬恐而子弟散，匹馬逃亡，身迷大澤，亦何暇更作詩歌？即有作，亦誰聞之，而誰記之歟？吾謂此數語者，無論事之有無，應是太史公筆補造化，代爲傳神。」他如被田父欺騙，被亭長勸渡，又有誰能耳聞目睹？又有誰能當場記錄這些史料呢？「漢王有意屠殺魯地」，添加這一筆，側面寫出劉邦並不比項王仁慈多少。這件史料必須寫嗎？其實，史家的工作就是要蒐求史料，紀事傳信。「信以傳信，疑以闕疑」，這是撰史者的基本態度。另一方面，史家會蒐求到一些遺文逸事，填補史事發展的空白間隙。司馬遷是位認真訪求史料的學者，他想要用傳神的筆調，加強形塑項羽的人格形象──一位兼有豪邁與情義的英雄典型，於是讓後世讀者閱讀之後對他充滿了同情與想像。就這點來說，「垓下之困」這一節，是全篇寫來富有文學氣息的地方。

【後人詠史詩】

〈題烏江亭〉　唐・杜　牧

勝敗兵家（一作「由來」）不可（一作「事不」）期，包羞忍辱是男兒。江東子弟多才（一作「豪」）俊，卷土重來未可知。

〈烏江〉　唐・孟　遲

中分豈是無遺策，百戰空勞不逝騅。大業固非人事及，烏江亭長又何知？

〈烏江〉　唐・汪　遵（一作道）

兵散弓殘挫虎威，單槍匹馬突重圍。英雄去盡羞容在，看卻江東不得歸。

〈烏江〉　唐・胡　曾

爭帝圖王勢已傾，八千兵散楚歌聲。烏江不是無船渡，恥向東吳再起兵。

〈烏江亭〉　宋・王安石

百戰疲勞壯士哀，中原一敗勢難迴。江東子弟今雖在，肯與君王卷土來？

（原載《古今文選》新第一一四五期、第一一四六期，國語日報社，九十五年七月十五日、二十九日。）

四、入關告諭

劉邦

父老苦秦苛法久矣：誹謗者族[1]，偶語者棄市[2]。吾與諸侯約，先入關者王之[3]，吾當王關中。與父老約，法三章耳：殺人者死，傷人及盜抵罪。餘悉除去秦法，諸吏民皆案堵如故[4]。凡吾所以來[5]，爲父老[6]除害，非有所侵暴，無恐[7]。且吾所以還軍霸上[8]，待諸侯至而定約束耳[9]。

【題解】

本文選自司馬遷《史記·高祖本紀》，班固《漢書·高帝紀》、嚴可均《全上古三代秦漢三國六朝文·全漢文》卷一也收錄此文，而文字小有差異。今從《史記》。

篇題早已有之，南宋真德秀《文章正宗》、清康熙年間林雲銘《古文析義》、乾隆年間姚鼐《古文辭類纂》、余誠《古文釋義》、光緒年間嚴可均書都選錄此文，題名「入關告諭」。

漢高祖元年（西元前二〇六年）冬十月，劉邦率領大軍攻入關中（今陝西省南部），這裡是秦朝都城所在地，秦二世子嬰出城投降，秦朝正式覆亡。當時劉邦不殺子嬰，又聽從大將樊噲、謀臣張良的建議，不奪取秦王宮室的重寶財物，開始進行籠絡民心的工作。十一月時，劉邦召集關中附近各地的豪傑之士，對他們發表了這篇告諭，並且派人陪同舊日的秦朝官吏下鄉，說明他在這篇宣言中表達的心意。

古代國君或上位者對臣民公開宣布的話，尤其是政策性的宣示，都稱之爲告諭。這篇告諭在兵馬倥傯之際提出，當然有它時間上的緊迫性。可是，劉邦不以威勢震懾百姓，反而展露出寬容大量的國君風範，因此告諭宣示出去之後，《史記‧高祖本紀》說：「秦人大喜，爭持牛羊酒食獻饗軍士。」劉邦又故意推辭不接受說：「食粟多，非乏，不欲費人。」於是「人又益喜，唯恐沛公不爲秦王。」

顯然這篇告諭達到了收攬民心的效果，而文中「約法三章」的故事也因此流傳開來。

【注釋】

1 誹謗者：指造語說人壞話的人，這裡誹謗的對象指的是君王。族：誅及宗族，當動詞用。

2 偶語者：兩人以上聚在一起談話。偶，《漢書‧高帝紀》作「耦」，相對的意思。弃市：認爲他們有異謀，故斬首於市集，當眾示人，讓人民心生警惕。《史記‧秦始皇本紀》載丞相李斯建議：「有敢偶語《詩》《書》者弃市，以古非今者族。」秦始皇贊同他的建議，制曰：「可。」弃，「棄」古字，《漢書‧高帝紀》作「棄」。

3 先入關者：先進入關中的人。關中，地名，在今陝西省南部渭河平原一帶，東自函谷關，西至隴關，兩關之間稱之。裴駰《史記集解》引徐廣說：「東函谷，南武關，西散關，北蕭關，居四關之中，故曰關中。」王之：在此地稱王。王，讀作去聲，稱王之意，當動詞用。

4 諸吏民皆案堵如故：官吏們仍然做官，人民仍然從事自己的行業，都不必遷易改動，和往常一樣，生活不受到任何影響。《漢書‧高帝紀》無「諸」字。案堵，《漢書‧高帝紀》作「安堵」，或作「按堵」，如次第牆堵般安穩固定。裴駰《史記集解》引應劭說：「案，案次第；堵，牆堵也。」

5 凡吾所以來：總之我來的目的。凡，總括之辭，表示所有、全部之意。所以，表原因。

6 父老：《漢書‧高帝紀》作「父兄」。

7 無恐：《漢書‧高帝紀》作「毋恐」。

8 還軍霸上：撤回軍隊，駐軍在霸上。《漢書．高帝紀》無「還」字。軍，駐軍，當動詞用。霸上，地名，亦作灞上，在今陝西省西安市東。《漢書．高帝紀》顏師古注：「霸水上故曰霸上，即今所謂霸頭。」

9 約束：《漢書．高帝紀》作「要束」。要（ㄧㄠ），讀作平聲，也是「約」的意思。

【語譯】

父老們受到秦朝苛刻法令的毒害已經很久了：造語誹謗君王的人要滅族，兩三人聚在一起私下議論朝政的就要被處死街頭。我和各路起兵諸侯約定在先，先進入關中的人就在關中稱王。我應當在關中稱王。我現在就和父老們約定，只有三條法令：殺人的處死刑，打傷人和偷盜別人財物的各按情節輕重，處以相當的刑罰。其餘的秦朝法令一概廢除，官吏和老百姓都可以安分守己的過日子，原來的情況不變。總之我到這裡來的目的，是爲父老兄弟們消除禍害，不是來掠奪施暴的，大家不用害怕。我之所以還要回軍駐在霸上，是爲了等待各路諸侯到來，再商量大計，制定共同遵守的規範。

【賞析】

漢高祖劉邦初入關中，立即召集附近各縣的豪傑之士，對他們發表了這篇宣言。他在告諭中首先挑明：人民苦於嚴刑峻法的日子已經太久了！這就表明了他的軍隊是順應民心的「義師」，他此行攻破秦朝的目的是解民於倒懸，拯救萬民於水深火熱之中。

秦朝的統治爲什麼是苛政苛法呢？劉邦指出「誹謗者族，偶語者棄市」這兩點，就已經證明秦朝百姓沒有言論自由，甚至於動輒得咎，隨時可能招來殺身之禍；而秦法施行的方式，又極其殘忍而嚴酷，「族誅」、「棄市」都有嚴厲制裁、心狠手辣、以昭炯戒的意味。這是苛法的大端，由新的軍事勝利者口中說出，看似輕描淡寫，實際上已經說中人民心中的痛處。

接著，劉邦強調自己有入主關中為王的身分地位。這雖然可以說他有強烈的企圖心，想要據地為王，佔據秦朝舊都城，有高度象徵繼位大統的意義。《史記‧高祖本紀》說他年輕時看到秦始皇的車輦出巡，喟然歎息道：「嗟乎！大丈夫當如此也！」《史記‧項羽本紀》、《漢書‧高帝紀》都記載項羽的謀臣范增，他看到劉邦進入關中以後，不擾民，不再貪財好色，不奪取宮室財寶、不寵幸婦女的作為，顯然是在進行收攬民心的工作，他也提醒項羽，劉邦是未來可怕的對手，「此其志不在小」。不過，對一般小老百姓來說，誰來做新的統治者？他們的生活會有什麼變化，這才是他們更為關心的問題。因此劉邦強調「吾與諸侯約，先入關者王之。吾當王關中。」這些話說明他與此地百姓的關係密切，先建立起情感，有安定民心的作用。那意謂著：「我說得算數！從今以後，你們就聽我的。」而他要老百姓聽到的新規定是什麼呢？他居然只用很簡淨的話講出「法三章耳」，「餘悉除去秦法。」可以想見，這是很得民心的說詞。

在兵荒馬亂的時局下，劉邦必須提出新法令重建新秩序。在那改朝換代、民眾心理忐忑不安的情境下，劉邦提出的新法令無疑是一劑定心丸，讓人民頓時緊繃的心緒得以紓解。法令只有三章，容易懂，容易記，也就容易施行。殺人應當處死，至於傷人和偷盜的行為，其中有是非曲直，有財物輕重多寡的考量，沒辦法事先定罪，只能隨機處理。這是很基本的法令，任何一位統治者都無法避免如此規定，已經將法令減少到最低的限度。重點更在下一句所說的：「餘悉除去秦法，吏民皆安堵如故。」這麼一來，只要不是殺人、傷人和偷盜的行為，在過去秦朝嚴格控管人民的「苛法」，那些政治手段，完全可以廢除的了。這層意思很坦蕩很明白的宣示出來，人民才能不再心懷恐懼、惶惶不安的過日子；反而可以安居樂業，自由自在的生活。

除去了秦法之後，為了讓這些「天子腳下」的秦朝老百姓徹底地不再擔心害怕，劉邦又作了一些補充說明。他說明入關之意，只是為民除害，他會約束自己的軍隊，不擾民，不強取豪奪，一切都顧慮到百姓的生活。而後他又解釋自己不駐軍關中，而又搬動軍隊回到霸上——那是劉邦初入關中時的駐紮地——的原因，是爲了等待會合各路諸侯兵馬，再與他們商量如何重建關中完整的新秩序。言下之意，我還會再回來關中，正式稱王，並不會捨棄你們而離去。結尾一個「耳」字，「而已」的意思。把話說得這麼周詳婉曲，兼有照顧好百姓的情意在其中。

《史記．項羽本紀》記載：秦朝末年諸侯起兵抗秦的時候，項羽每攻破敵軍，往往燒殺擄掠，造成各地城池殘破不堪。一直要到末期，才接受外黃（今河南省杞縣東）一個十三歲小孩的勸告，停止凶狠阬殺的舉動。這是因爲項羽的祖先是楚國大將軍，他的叔父項梁又被秦軍所殺，他的家族和秦王朝有著不共戴天的世仇。只是百姓何辜？如此不得民心的殺戮行動，小孩子都知道要及時停止，而項羽竟然一直不能悔悟，種下最後必然敗亡的主因。項羽的負面性格，在《史記．高祖本紀》說得更清楚：

> 當是時，秦兵彊（強），常乘勝逐北，諸將莫利先入關。獨項羽怨秦破項梁軍，奮，願與沛公西入關。懷王諸老將皆曰：「項羽爲人慓悍猾賊。項羽嘗攻襄城，襄城無遺類，皆阬之，諸所過無不殘滅。且楚數進取，前陳王、項梁皆敗，不如更遣長者扶義而西，告諭秦父兄。秦父兄苦其主久矣，今誠得長者往，毋侵暴，宜可下。今項羽慓悍，今不可遣。獨沛公素寬大長者，可遣。」卒不許項羽，而遣沛公西略地，收陳王、項梁散卒。

這段話很值得注意。當時秦軍甚強，項梁剛剛敗死，各路諸侯有些怯戰。只有劉邦、項羽兩人願意領兵向西。項羽背負血海深仇，用兵本來就過於殘忍，楚懷王的部將們不能接受他。他們的評價是：「項羽爲人慓悍猾賊。」這當然是很不齒的。然而在秦軍氣燄高張的時候，懷王部將也注意到這不是一場純粹用武力決勝負的戰爭，「秦父兄苦其主久矣」，他們並不是心甘情願的爲擁護秦朝政權而作戰，背後可能有些被逼不得已的因素。因此如果有人能夠「扶義而西，告諭秦父兄」，借助「仁義之師」深得民心的力量，就有可能攻下關中。而這個人選的考量，需要一位年紀較大、不侵奪暴殘的人去執行任務，於是最後的決定就落在平日有「寬大長者」形象的劉邦身上。

在懷王部將的幫助下，劉邦領兵西進，沿途勢如破竹，直取關中。他的確不是只用武力硬拼，有時也借助了「仁義」的力量。《史記．高祖本紀》記載了一場戰事說：「又與秦軍戰於藍田南，益張疑兵旗幟，諸所過毋得掠鹵。秦人憙，秦軍解，因大破之。」而劉邦接受秦二世子嬰投降時，有人勸他殺了秦王。劉邦說：「始懷王遣我，固以能寬容；且人已服降，又殺之，不祥。」再加上我們看到劉邦進入關中後發表的這篇告諭，就更能明白劉邦達成了懷王和他的老部將們的構想。這似乎驗證了孟子說過的「仁者無敵」那句話來。當然，劉邦身邊的大將樊噲、謀臣張良輔佐劉邦而出的收攬民心的主意，也功不可沒。歷史經驗告訴我們，能夠贏得民心的君主，才是最後真正的勝利者！

【集評】

一、真德秀《文章正宗》卷二：

告諭之語，財（才）百餘言，而暴秦之弊，爲之一洗，所謂「若時雨降，民大說（悅）」者也。（臺北：臺灣商務印書館文淵閣四庫全書本，民國七十年版）

二、凌稚隆《史記評林》卷八：

凌約言曰：「此即老將遺沛公之意，亦即其語沛（按：當作「關中」）父老之意。」

劉辰翁曰：「還軍霸上，本非初意，然謀臣之謀，是基帝王之業，息奸雄之心者，獨藉此耳。」

倪思曰：「兵入人國都，重寶財物滿前，委而去之，還軍霸上，極是難事，此則可謂節制之兵也。」

（上海：天章書局，清光緒辛丑年石印本）

三、林雲銘《古文析義》初編卷三：

林西仲曰：「凡取天下，全在收民心。關中經秦暴之後，忽聞高帝此語，猶倒懸之解，惟恐其不爲秦王，固實情矣。厥後河北除莽苛政，[1]長安除隋苛禁，[2]俱借此做箇粉本，原其始亦從武王式閭封墓、散財發粟故事，[3]脫化出來也。文之簡樸，如說家常話，然動人處，正在於此，以其真懇耳。」

（臺北：廣文書局，民國七十年版）

四、余誠《古文釋義》卷五：

---

1 東漢光武帝劉秀在趙州高邑縣即位，是爲建武元年，大赦天下，事見《後漢書・光武帝紀》。

2 《舊唐書・刑法志》：「高祖初起義師於太原，即布寬大之令。百姓苦隋苛政，競來歸附，旬月之間，遂成帝業。既平京城，約法爲十二條，惟制殺人、劫盜、背軍、叛逆者死，餘並蠲除之。及受禪，詔納言劉文靜與當朝通識之士，因開皇律令而損益之，盡削大業所用煩峻之法。又制五十三條格，務在寬簡，取便於時。」

3 周武王滅商紂後，表商容之閭，封比干之墓，散鹿臺之財，發鉅橋之粟，事見《史記・周本紀》。

當民生迫促之時，而使之游於寬厚之宇，人心那得不歸向耶？況又字字剖心瀝膽，語語刺骨入情，復具「言有盡而意無窮」之致，允堪與古帝王典謨誓誥，並峙天壤。唐荊川謂此「不但四百年帝業所基，實一代文章之本。」良然。（上海：錦章書局，民國初年石印本）

（原載《古今文選》新第一一七二期，國語日報社，九十六年七月二十八日。）

五、循吏列傳

太史公曰：法令所以導民也，刑罰所以禁姦也。文武不備[1]，良民懼然身修[2]者，官[3]未曾亂也。奉職循理，亦可以爲治，何必威嚴哉？

孫叔敖[4]者，楚之處士[5]也。虞丘相[6]進之於楚莊王[7]，以自代也。三月爲楚相[8]，施教導民，上下和合[9]，世俗盛美，政緩禁止[10]，吏無姦邪，盜賊不起。秋冬則勸民山採[11]，春夏以水[12]，各得其所便，民皆樂其生。

莊王以爲幣輕，更小以爲大，百姓不便，皆去其業。市令[13]言之相曰：「市亂，民莫安其處，次行不定[14]。」相曰：「如此幾何頃[15]乎？」市令曰：「三月頃。」相曰：「罷！吾今令之復矣。」後五日，朝，相言之王曰：「前日更幣，以爲輕。今市令來言曰：『市亂，民莫安其處，次行之不定』。臣請遂令復如故。」王許之，下令三日而市復如故。

楚民俗好庳車[16]，王以爲庳車不便馬，欲下令使高之。相曰：「令數下，民不知所從，不可。王必欲高車，臣請教閭里[17]使高其梱[18]。乘車者皆君子[19]，君子不能數下車。」王許之。居半歲，民悉自高其車。

此不教而民從其化，近者視而效之，遠者四面望而法之。故三得相而不喜，知其材自得之也；三去相而不悔，知非己之罪也。

子產[20]者，鄭之列大夫[21]也。鄭昭君之時，以所愛徐摯爲相[22]，國亂，上下不親，父子不和。大宮子期[23]言之君，以子產爲相。爲相一年，豎子不戲狎，斑白不提挈，僮子不犁畔[24]。二年，市不豫賈[25]。三年，門不夜關，道不拾遺。四年，田器不歸[26]。五年，士無尺籍[27]，喪期不令而治[28]。治鄭二十六年而死，丁壯號哭，老人兒啼[29]，曰：「子產去我死乎！民將安歸？」

公儀休[30]者，魯博士[31]也，以高弟[32]爲魯相，奉法循理，無所變更，百官自正。使食祿者[33]不得與下民爭利，受大者不得取小[34]。

客有遺[35]相魚者，相不受。客曰：「聞君嗜魚，遺君魚，何故不受也？」相曰：「以嗜魚，故不受也。今爲相，能自給魚；今受魚而免，誰復給我魚者？吾故不受也。」

食茹[36]而美，拔其園葵而弃之[37]。見其家織布好，而疾[38]出其家婦，燔其機[39]，云：「欲令農士工女安所讎[40]其貨乎」？

石奢者，楚昭王[41]相也。堅直廉正，無所阿避[42]。行縣[43]，道有殺人者，相追之，乃其父也。縱其父而還自繫焉。使人言之王曰：「殺人者，臣之父也。夫以父立政[44]，不孝也；廢法縱罪，非忠也；臣罪當死。」王曰：「追而不及，不當伏罪[45]，子其治事矣[46]！」石奢曰：「不私其父[47]，非孝子也；不奉主法，非忠臣也。王赦其罪，上惠也；伏誅而死，臣職也。」遂不受令，自刎而死。

李離者，晉文公之理也[48]。過聽殺人[49]，自拘當死。文公曰：「官有貴賤，罰有輕重。下吏有過，非子之罪也。」李離曰：「臣居官爲長，不與吏讓位[50]；受祿爲多，不與下分利[51]。今過聽殺人，傳其罪下吏[52]，非所聞也。」辭不受令。文公曰：「子則自以爲有罪，寡人亦有罪邪？」李離曰：「理有法，失刑則刑[53]，失死則死。公以臣能聽微決疑，故使爲理。今過聽殺人，罪當死。」遂不受令，伏劍而死。

太史公曰：孫叔敖出一言，郢[54]市復。子產病死，鄭民號哭。公儀子見好布而家婦逐。石奢縱父而死，楚昭名立[55]。李離過殺而伏劍，晉文以正國法。

【題解】

本文選自《史記》卷一百一十九，記載春秋時代孫叔敖、子產、公儀休、石奢、李離五位循吏的事跡。循吏，指奉職循理的好官吏。孫叔敖等五人，奉職循理，守法不違，功業成於當時，典型垂諸百世，堪爲吏教的典範，因此，司馬遷特別爲他們五人立傳。

【注釋】

1 文武不備：賞罰尚未完具。文，封賞。武，刑罰。《商君書・修權》：「凡賞者，文也；刑者，武也；文武者，法之約也。」

2 懼然身修：心中有所戒懼而修好自身品德。懼然，驚畏而肅敬的樣子。

3 官：指官箴，即官吏所當遵行的誡規。

4 孫叔敖：春秋楚人，性行恭儉，相楚莊王，開鑿芍陂，灌田萬頃，施教導民，使楚國大治。

5 處士：有學識品德、隱居不仕的高人。

6 虞丘相：春秋楚人，爲楚莊王相。虞丘，複姓，名失傳，世稱虞丘子。曾任楚王令尹，因薦舉孫叔敖有功，莊王特賜采地三百里，尊爲國老。

7 楚莊王：春秋楚國國君，爲春秋五霸之一。有雄才，先後滅庸、克宋、伐陳、圍鄭，與晉爭霸中原。在位二十三年，卒諡「莊」。

8 三月爲楚相：出任楚相，爲時三個月。

9 上下和合：君王、官吏與人民之間，相處得和諧融洽。

10 政緩禁止：政令寬緩，法令所禁之事，百姓皆止而不犯。

11 秋冬則勸民山採：在秋冬之際，勸導百姓入山採樵，並獵取禽獸，藉以強健體魄、改善生活。

12 春夏以水：春夏之際，勸導百姓下水捕捉魚蝦，藉以改善生活。裴駰《集解》另有一說：「徐廣曰：乘多水時，而出材竹。」謂鼓勵農事生產。

13 市令：管理市場的官員。令，總其事之官。

14 次行不定：要留下來繼續開業，還是離去另謀生路，徬徨不定。次，留止。行，離去。

15 幾何頃：多久時間。頃，時間性副詞，如同說「左右」、「光景」。

16 庳車：車身很低的車子。庳，本義爲屋卑，此處引申作低下。《玉篇》：「庳，短也；卑也。」

17 閭里：古時候地方行政區域的名稱。二十五家爲閭。里，鄉里，其居戶的多寡，說者不一：有謂二十五家者（見《詩經．鄭風．將仲子》），有謂五十家者（見《風俗通》），有謂七十二家者（見《尚書大傳》），有謂八十戶者（見《公羊傳．宣公十五年》注），有謂百家者（見《管子．度地》）。

18 高其梱：加高閭里的門限。梱，門限，俗稱「門檻兒」。

19 君子：指有官爵、有地位的人。

20 子產：即公孫僑，字子產。春秋鄭成公少子，歷仕鄭簡公、定公、獻公、聲公，執掌國政甚久。當時，晉楚爭霸，鄭雖處其間，但子產對內，用禮法統御豪族；對外，以外交辭令折衝於強國之間；國家得以安定。

21 列大夫：猶言諸大夫之列，子產爲鄭國諸大夫之一。

22 「鄭昭君之時」二句：鄭昭君，即鄭昭公，莊公太子，名忽。在位三年，爲高渠彌所殺，謚昭。司馬貞《索隱》：「子產不事昭君，亦無徐摯作相之事。蓋別有所出，太史記異耳。」

23 大宮子期：鄭之公子。

24 僮子不犂畔：幼童不犂耕田邊之地。因爲田邊之地是行人道路，如果犂掉了，道路就遭到破壞，交通不便。指鄭國僮子們，在子產教導下，都能尊重社會公益。僮子，未成年的幼童。畔，田界。

25 市不豫賈：市場交易，不會誇大要價，來欺騙買者。豫，本義爲「象之大者」，引申作「大」講。一說「豫」通「預」，司馬貞《索隱》：「謂臨時評其貴賤，不豫定也。」張守節《正義》：「謂其數不虛豫廣索也。」另一說「豫」爲「猶豫」之意。瀧川龜太郎《考證》：「方苞曰：言索價一定，無猶豫之虛辭也。」賈，同「價」，貨物的價值。

26 田器不歸：農具不必攜帶歸家，而不致遺失。

27 士無尺籍：不用軍令徵召士人服役。尺籍，書寫軍令的一尺方板。瀧川龜太郎《考證》：「岡白駒曰：尺籍所以書軍令，言大國不兵討。」

28 喪期不令而治：不需政令約制，人民都能依喪期的長短服喪。喪期，指五服（斬衰、齊衰、大功、小功、緦麻）服喪的時間。

29 兒啼：若小兒之啼哭。形容哀痛之深切。

30 公儀休：戰國時魯穆公相。複姓公儀。

31 博士：官名。春秋時，宋、魯、秦、魏皆設置。

32 高弟：指官吏考績獲得優等。弟，通「第」，等級。

33 食祿者：吃國家俸祿的人，指治民的官吏。
34 受大者不得取小：享受大利的人，不可再貪取小利。大，大利。指官吏獲得的優厚俸祿。小，小利。指百姓餽贈的微薄財物。
35 遺：餽贈。
36 茹：蔬菜的總稱。
37 拔其園葵而弃之：葵，一種蔬菜，學名冬葵子，俗名冬寒菜，此處代指所有蔬菜。弃，「棄」之古字。
38 疾：急速。
39 燔其機：焚毀她的織布機。
40 讎：通「售」。賣。
41 楚昭王：春秋楚君，平王子，莊王曾孫，姓熊名珍。即位十年，爲吳王闔閭所敗。後使申包胥向秦求援，終於復國。在位二十七年，卒謚「昭」。
42 無所阿避：既不阿諛長上，也不畏避權勢。阿，曲意阿附。避，怕權勢而退避。
43 行縣：巡視屬縣。行，巡視。縣，古稱邦畿千里之地爲縣，後亦稱王畿內都邑爲縣，其後諸侯境內之地亦稱縣。楚昭王處春秋時代，因此，此處的縣泛指楚國境內，與秦代實行郡縣制以後的縣不同。
44 以父立政：以治父親之罪而建立法紀。
45 伏罪：認罪伏法。
46 子其治事矣：命令石奢依舊任職處理事務。其，句中助詞，表達希望的意思。
47 不私其父：不偏愛自己的父親。私，偏愛。
48 晉文公之理：晉文公的獄官。晉文公，春秋五霸之一，晉獻公次子，名重耳。獻公寵愛驪姬，殺太子申生，重耳奔狄。後流亡在外十九年，終得秦穆公之助，歸國即位。任用狐偃、趙衰等賢士，興文立教，國勢日益壯盛，繼齊桓公而爲諸侯盟主。在位九年，卒謚「文」。理，治獄之官。

49 過聽殺人：聽審訟案有誤，以致判人死罪。聽，裁斷。

50 不與吏讓位：不讓位給屬吏。

51 「受祿爲多」二句：享受俸祿甚厚，不和屬下分享財利。

52 傅其罪下吏：將罪過委給屬下。傅，通「敷」，推卸，轉嫁。

53 「失刑則刑」二句：獄訟之官，判刑失當，則本身應當接受刑罰；誤判人致死，則應以死抵罪。

54 郢：春秋楚都，故城在今湖北省江陵縣北之紀南城。

55 名立：美名因而建立。

【語譯】

太史公說：法令是用來引導人民向善的，刑罰是用來禁止人民作姦犯科的。在賞罰尚未完備的時候，善良的百姓心中有所畏懼而修整品德的原因，在於官箴並沒有壞亂。循順正道，奉行職守，也可以把地方治理得很好，又何必一定要用嚴刑峻法來威服百姓呢？

孫叔敖是楚國的處士，由楚國的令尹虞丘氏推薦給楚莊王，以接替自己的職位。孫叔敖出來做官三個月之後，就被任命爲楚國的令尹，施行教化，引導人民，使得君王、官吏、人民之間，相處得和諧融洽，風俗淳厚美好，政令寬緩，法令所禁止的事情從不發生，官吏不會姦詐邪惡，欺壓百姓，盜賊也未興起。到了秋冬的時候，就勸導人民入山獵取禽獸；春夏的時候，就勸導人民到江河上捕獲魚蝦。人民各得其利，生活安定快樂。

楚莊王認爲錢幣太輕，便把原來較小的錢幣改爲大些，老百姓感到很不方便，都拋棄了他們的本業。市場的負責人便向令尹報告說：「市場的情況很混亂，人民無法安心工作，不能決定是否繼續營業。」令尹問：「像這樣混亂的情況有多久了？」市場負責人回答道：「三個月左右了。」令尹說：「好吧！即刻讓它恢復舊日的幣制。」五天之後，令尹上朝，向莊王報告說：「前日更改錢幣，認爲原來的太輕了。可是現在市場的負責人來報告說：『市場的情況很混亂，人民無法安心工作，不能決定是否繼續營業。』我請求下令恢復以前的樣子。」莊王答應，命令頒布三天以後，市場秩序恢復舊觀。

楚國人民的習慣，喜歡造底座低的車子，莊王認爲底座低的車子不便於馬的駕駛，想要下令把車子的底座造高些。令尹說：「法令經常頒布，人民無所適從，這樣子是不行的。君王如果一定要教大家把車子的底座造高些，那麼就請讓我教大家把鄉里的門檻兒造高些。能夠乘車的都是有地位的人，有地位的人不能老是經過鄉里的門檻就下車。」莊王答應了。過了半年，人民都自動的把車子的底座加高了。

像這樣子不用教令而人民自然順從教化，近處的人看到了就群起仿效，遠方的人觀察比較各地的措施後，也會加以效法。所以他前後三次居相位，並沒有喜色，因爲他知道是自己有材能而得到這職位的；三次被解除相職，也不悔恨，因爲他知道並不是自己犯了什麼過錯。

子產是鄭國眾大夫中的一員。鄭昭君在位的時候，任用他所寵愛的徐摯爲相，結果國政紛亂不定，使得上下不親睦，父子不和諧。大宮子期於是向君王進言，推薦子產爲相。子產爲相一年以後，人民受其教化，庸儒之人不再輕狎散漫，游手好閒，老年人不再操勞奔波，小孩童也不必耕田時巧奪耕地。兩年以後，市場售貨不再漫天要價。三年以後，人民夜晚睡覺可以不關門，道路上遺失物品不會有人撿拾而佔爲己有。四年以後，農具不必帶回家而不會遺失。五年以後，國無外患，士人不必應召入營服役；士民家有喪事，不必下令，自會按照五服的喪期去辦理喪事。治理鄭國前後二十六年去世，成年人哀號痛哭，老年人如孩童般的傷心啼泣，他們都說：「子產拋離我們而去，我們這些百姓將依靠誰啊？」

公儀休是魯國的博士，因爲治績優良，被任命爲魯相，奉行法度，遵循正道，不隨意更改法令，百官自然正直無邪。使享有俸祿的士大夫不能與民爭利，得到大利的人不能再貪取小利。

有一次，一位賓客送魚給他，他不肯接受。賓客說：「我聽說你喜歡吃魚，所以特地送魚給你，爲什麼你不肯接受呢？」他回答說：「就因爲我喜歡吃魚，所以才不肯接受啊。現在我擔任相職，自己買得起魚，如果接受人家所送的魚，有損操守，因而被免職，到那時候，既不能擔任相職且買不起魚，又還會有誰送魚給我呢？就因爲這個緣故，我才不肯接受啊！」

又有一次，吃菜，覺得味道很好，就把園中所種的菜拔掉。後來，看到自己家裡所織出來的布很好，就趕快把妻妾逐出家門，把織布機也燒了，說道：「要叫農人女工如何售出他們所生產的貨品呢？」

石奢是楚昭王的令尹，個性剛強廉直，不會阿諛長上，也無所畏避。有一次，巡行屬縣，途中碰到有人殺人，他就前往追捕，原來兇手卻是自己的父親，於是放走了他的父親，回來把自己囚禁起來。派人向昭王報告說：「殺人的兇手是我的父親。以治父親的罪來建立自己的法紀，是不孝的作法；敗壞法律，放走罪犯，是不忠的行爲；我的罪該當受死。」昭王說：「追捕罪人而沒有追捕到，不應當認罪伏法，你還是好好的任職辦事吧！」石奢道：「不偏袒自己的父親，不是孝子；不奉行君王的法令，不是忠臣。君王雖赦免我的罪，這是君上對我的恩德；認罪伏法而死，卻是我身爲人臣的職分。」於是不接受赦免之命，自殺而死。

李離是晉文公的獄官，由於審理訟案有差錯，而誤置人於死，事後察覺，就把自己囚禁起來，認爲應當以死來抵罪。文公說：「官位有高低，處罰有輕重。底下的官吏犯了過錯，罪責並不在於你。」李離說：「我身爲長官，不知讓位給下吏；享受高的俸祿，不知分利給僚屬。如今審理訟案有了差錯，誤殺他人，卻把罪責推諉給屬下，這是沒聽說過的事。」拒絕接受君王的赦令。文公說：「你認爲自己有罪，這麼說來，我也有罪了嗎？」李離說：「獄官有他所應遵守的法條，判刑失當，自己就該接受刑罰；誤判人死罪，自己就該以死抵罪。君王認爲我能聽察隱微，決斷疑獄，所以任命我爲獄官。現在既然判案疏誤而置人於死，沒有別的話講，就應當受死。」於是不接受赦令，拔劍自殺而死。

太史公評論道：孫叔敖關懷民生，講了一句話，就使得郢都的市場恢復舊觀。子產生病去世，鄭國人民懷念他的政績，都傷心哭泣。公儀子看到家裡織出好布，就驅逐妻妾，不與民爭利。石奢縱放自己父親，自殺而死，楚昭王的美名因此建立。李離失誤而殺人，不惜拔劍自殺抵罪，晉文公因此能明正國家的法令。

【賞析】

這是一篇紀傳體文章，敘述春秋時代五位循吏的生平事跡。全文共分十二段：

第一段揭明爲官之道，在於奉職循理，不必嚴刑峻法。

第二段至第五段，記述楚相孫叔敖從政的大要與成效，篇幅最長。其中記載孫叔敖施政不擾民，能順從民意，不教而化，愛民如子，最後記述他胸懷坦蕩的自處心態。

第六段記述子產不令而治的事跡，百姓感恩戴德。

第七、八、九段記述公儀休治事理政的大原則，以及拒受贈魚、不與民爭利，能清廉自持，使百官自治。

第十段記述石奢盡孝又盡忠，爲了維護法律精神，不惜犧牲性命以保全節操。

第十一段記述理官李離能忠於職守，過殺而伏劍，勇於負責。

第十二段總論以上五人，表現雖異，而同爲盡忠職守、恤人體國的循吏，皆足以垂範後世。

全文首先在起段拈出「奉職循理」四字來貫穿全篇，爲本文的引子。以下分寫五位好官吏，事跡雖異，而其「奉職循理」則一，這是本文的主體所在。文中夾敘許多小故事，用事例證明高潔的人品，寫得生動有趣，而且令人信服。這些良吏都生逢東周亂世，依然各司其職，盡其本分，有爲有守。因此文末司馬遷再次分敘的五人事跡，勾勒每個人的特點，頌贊之，作爲總結。如此以「總提、分敘、總結」的結構來寫，使所敘繁而不亂，如有一根繩子將散落各地細碎的珠玉綰合在一起，讀者得以一目瞭然，這是本文寫作成功的地方。

【集評】

1. 唐・司馬貞《索隱・述贊》：奉職循理，爲政之先。恤人體國，良吏述焉。叔孫、鄭產，自昔稱賢。拔葵一利，赦父非僭。李離伏劍，爲法而然。
2. 南宋・吳子良《荊溪林下偶談》卷四：太史公〈循吏傳〉，文簡而高，意淡而遠，班孟堅〈循吏傳〉不及也。
3. 清・吳見思《史記論文》：所列五人，傳循吏耳。而其政績事實，一概略開。有空序者，有序其逸事者，止寫性情氣度，而循吏一片惻怛，全副精神，於中現出。與隨行數墨者相去萬萬，是《史記》中一篇極脫胎文字。此當與〈酷吏傳〉參看，其得其失，可以瞭然。然酷吏十數，無非漢人，而循吏寥寥，反欲借才異代。史公於此，其有慨世之心乎？
4. 清・尚鎔《史記辨正》卷十：此遷刺武帝寵用酷吏，賊虐烝民而爲傳也。首曰：「何必威嚴」，次序孫叔敖、子產、公儀休、石奢、李離五人，不拘時代，不用聯貫，簡淨隱厚，斯爲不愧循吏，而漢臣無一足與其數矣。

（原載《古今文選》新第九五八、九五九期，國語日報社，八十八年三月二十日、四月三日。）

六、董宣傳

董宣字少平，陳留圉人也[1]。初爲司徒侯霸所辟[2]，舉高第[3]，累遷北海相[4]。到官，以大姓公孫丹[5]爲五官掾。丹新造居宅，而卜工以爲當有死者[6]，丹乃令其子殺道行人[7]，置屍舍內，以塞其咎[8]。宣知，即收[9]丹父子殺之。丹宗族親黨三十餘人，操兵詣府[10]，稱冤叫號。宣以丹前附王莽[11]，慮交通海賊[12]，乃悉收繫劇獄[13]，使門下書佐水丘岑[14]盡殺之。青州以其多濫[15]，奏宣考岑[16]，宣坐徵詣廷尉[17]。在獄，晨夜諷誦[18]，無憂色。及當出刑[19]，官屬具饌送之，宣乃厲色曰：「董宣生平未曾食人之食，況死乎！」升車而去[20]。時同刑九人，次應及宣，光武馳使騶騎特原宣刑[21]，且令還獄。遣使者詰宣多殺無辜[22]，宣具以狀對，言「水丘岑受臣旨意，罪不由之[23]，願殺臣活岑。」使者以聞[24]，有詔左轉宣懷令[25]，令青州勿案[26]岑罪。岑官至司隸校尉[27]。

後江夏有劇賊夏喜等寇亂郡境[28]，以宣爲江夏太守[29]。到界，移書[30]曰：「朝廷以太守能禽姦賊[31]，故辱斯任。今勒兵界首[32]，檄[33]到，幸思自安之宜！」喜等聞懼，即時降散。外戚陰氏爲郡都尉[34]，宣輕慢之，坐免[35]。

後特徵爲洛陽令[36]。時湖陽公主蒼頭[37]白日殺人，因匿主家，吏不能得。及主出行，而以奴驂乘[38]，宣於夏門亭[39]候之。乃駐車叩馬[40]，以刀畫地，大言數主之失，叱奴下車，因格殺之[41]。主即還宮訴帝。帝大怒，召宣，欲箠殺之。宣叩頭曰：「願乞一言而死。」帝曰：「欲何言？」宣曰：「陛下聖德中興，而縱奴殺良人[42]，將何以理天下乎？臣不須箠，請得自殺！」即以頭擊楹[43]，流血被面。帝令小黃門持之[44]，使宣叩頭謝主[45]，宣不從，彊使頓之[46]，宣兩手據地[47]，終不肯俯。主曰：「文叔[48]爲白衣時，藏亡匿死[49]，吏不敢至門。今爲天子，威不能行一令乎？」帝笑曰：「天子不與白衣同。」因敕彊項令出[50]，賜錢三十萬。宣悉以班[51]諸吏。由是搏擊豪彊[52]，莫不震慄[53]，京師號爲「卧虎」[54]。歌之曰：「枹鼓不鳴[55]董少平。」

在縣五年。年七十四，卒於官。詔遣使者臨視[56]，唯見布被覆屍，妻子對哭[57]，有大麥數斛、敝車一乘[58]。帝傷之曰：「董宣廉潔，死乃知之！」以宣嘗爲二千石，賜艾綬[59]，葬以大夫禮。拜子並爲郎中[60]，後官至齊相[61]。

【題解】

本文節選自《後漢書》卷七七〈酷吏列傳〉。「酷吏」專稱中國古代擅用嚴刑峻法的官吏，其中包括嚴格執法的正直官員，也包括執法過度草菅人命的官吏。《後漢書．酷吏列傳》記錄了七個人，而以董宣爲首。

文中記載了東漢名臣董宣的一生。全文共分四段：前三段藉由董宣出任北海相、江夏太守、洛陽令的三度執法，點明他在不同職位上一貫秉公執法、不畏強權的精神，並透過事件與對話、行爲的描寫，凸顯其剛正不阿的人物性格。末段則描述董宣死後的境況與聲名，勾勒出這位酷吏一生的宦海沉浮。他的故事在民間廣爲流傳，直到今天，京劇有「強項令」，川劇有「臥虎令」，民間依舊搬演著董宣的故事，膾炙人口，歷久而不衰。

【注釋】

1 陳留：漢郡名，治所在今河南省陳留縣。圉：漢縣名，屬陳留郡，故城在今河南省杞縣南。

2 初為司徒侯霸所辟：司徒，官名，相當於丞相。侯霸，字君房，密縣（今屬河南省）人。東漢初年受光武帝重用，時為尚書令，後為大司徒。漢成帝時，任太子舍人。辟，辟除，漢代高級官員任用屬吏的一種制度。可由三公府辟除，試用後，由公府高第或公卿薦舉、察舉，拔擢而任用之。

3 舉：考試，考核。高第：高等，指考核成績優秀。

4 累遷：逐漸升遷。北海：東漢時屬青州，是當時諸侯王的封地，治所在今山東省昌樂縣西。相：王國的行政長官。

5 大姓：有勢力的大家族。公孫：複姓。丹：名。五官掾：漢代郡國（地方政府）所設屬官，是地方長官的助理。

6 卜工：以迷信為職業的人，類似後代的風水師。當有死者：古人迷信，認為新房風水不吉利，住進去會死人。

7 道行人：過路的人。

8 塞：堵塞，抵消。咎：災難。

9 收：逮捕。

10 操兵：拿著兵器。詣：到。府：北海相的衙門。

11 王莽：西漢元帝皇后的侄兒，西元八年奪取漢朝政權，自立為皇帝，國號新，西元二十三年在起義軍攻入長安時被殺。

12 慮交通海賊：擔心他們勾結海盜一起造反。慮，擔心。交通，勾結。

13 「乃悉」句：就統統把他們抓起來關在劇縣的監獄裏。悉，全部。繫，監禁。劇，地名，時爲北海國治所，在今山東省昌樂縣西。

14 門下書佐：衙門裏的輔助官吏，負責起草和繕寫文書。水丘：複姓。岑：名。

15 青州：漢代州名，轄今山東省北部一帶地區，治所在今山東省臨淄縣。多濫：濫殺了許多人。

16 奏：上書告發。考：查辦。

17 坐：因此獲罪。徵：召，指被召回朝廷。詣廷尉：指交給廷尉去審理。廷尉是漢朝的最高司法官。

18 諷誦：諷是背誦，誦是朗讀，這裏泛指讀書。

19 出刑：押出監獄執行死刑。

20 升車而去：登上囚車而去刑場。

21 「光武」句：光武帝派騎士跑來，特地赦免了董宣的死罪。光武，東漢的開國皇帝劉秀，西元二五年到五七年在位。騶騎，古時帝王專用的導從騎士。原，赦免。

22 詰：查問。無辜：無罪的人。辜，罪。

23 罪不由之：罪責不該由他承擔。

24 以聞：「以之聞上」的省略，就是據實回奏的意思。

25 左轉：左遷，降職。懷令：懷縣縣令。懷縣治所在今河南省武陟縣西南。

26 案：查辦。

27 司隸校尉：負責京城及其附近各郡的警衛和治安的官吏。

28 江夏：漢郡名，郡治所在地在今湖北省黃岡縣西北。劇賊：大盜。寇亂：侵擾。

29 太守：郡的長官。

30 移書：發布文告。

31 「朝廷」句：朝廷因爲我會捉拿爲非作歹的不法分子。太守，董宣的自稱。禽，通「擒」，捉拿。奸賊，犯法的人。

32 勒兵：統率軍隊。界首：郡界前方。

33 檄：文告。常用於軍事。

34 陰氏：光武帝陰皇后的親族。郡都尉：負責全郡軍事的長官。

35 坐免：因而免官。

36 特徵：朝廷特地調去任命。洛陽令：洛陽縣的縣令。洛陽是當時京都所在地。

37 湖陽公主：光武帝的姐姐。蒼頭：僕人。

38 驂乘：坐在車子右邊作爲陪乘的人。

39 夏門亭：即洛陽城北面西頭城門外的萬壽亭。

40 駐車叩馬：扣住馬繮繩讓公主的車停下來。駐車，停車。叩馬，叩住馬繮繩。

41 格殺：擊殺，打死。

42 「縱奴」句：反而放縱家奴殺害平民百姓。古代法律規定，家庭奴婢比平民百姓地位更低。以地位低的殺地位較高的，其罪更重。縱，放縱，縱容。

43 楹：廳堂前的直柱，指殿柱。

44 小黃門：地位較低的太監。持之：拉住他。

45 謝主：向公主賠不是。

46 彊使頓之：強制董宣磕頭。彊，通「強」。

47 據：按著，撐著。
48 文叔：光武帝的字。白衣：指老百姓。
49 藏亡匿死：藏匿犯死罪的人。藏、匿，都是隱藏的意思。亡：逃亡的人。匿死，隱瞞殺人的罪行。
50 勑：通「敕」，命令的意思。強項令：不肯低頭的縣令。彊項，硬脖子。
51 班：分給。
52 搏擊：打擊。豪彊：恃勢違法的人。
53 震慄：害怕發抖。
54 「京師」句：京城裡的人把他叫做臥虎，晉傅咸《司隸教》：「司隸校尉，舊號臥虎。」時董宣爲洛陽令，打擊豪強，有如負責治安的司隸校尉，所以人們也稱他爲臥虎。老虎伏於地上，伺機搏擊，所以用來作比。
55 枹：同「桴」，木製鼓槌。枹鼓：警鼓，指在衙門前設置的枹和鼓，有冤要申訴的人可以擊鼓鳴冤。董宣衙門前的枹鼓沒有響過，是歌頌他政治清明，民無冤情。
56 詔：皇帝命令。臨視：探望。臨，上位者探望下位者稱之。
57 妻子對哭：董宣的妻子和兒女對著屍體哭泣。
58 斛：十斗。敝：破舊。敝車：以一匹白馬所拉的輕便馬車。一乘：一輛。
59 艾綬：艾色的印綬，即綠色的繫印鈕的絲帶，二千石級以上官員所佩的印綬。艾，綠色。
60 拜：授給官職。並：董宣的兒子董並。郎中：級別較低的皇帝侍從官。
61 齊相：齊國的相，齊國的治所在今山東省臨淄縣。

【語譯】

董宣，字少平，陳留郡圉縣人。起初被大司徒侯霸徵召，薦舉他，因爲政績優異，逐漸升遷爲北海相，相當於一個郡的太守。

董宣就任北海相之後，任命當地的大姓豪族公孫丹爲郡中武官。公孫丹破土動工，建造一座新宅，就請來風水師占卜動工之吉凶。風水師說，新建房子須有人犧牲生命來陪祭。公孫丹信以爲真，竟然指使他的兒子，在光天化日之下殺死一個無辜的過路人，將屍體埋在房基底下做替身，認爲這樣就可以消災解禍。董宣聽說這件事後，立即逮捕公孫丹父子，查明犯罪事實，把公孫丹父子斬首示衆。公孫丹的宗族朋黨三十多人，手持兵器，前往衙門前，聚衆鬧事，叫屈喊冤。董宣知道公孫丹以前歸附過王莽，怕他們勾結海盜鬧事，於是把這三十多人全部抓起來，關進劇縣監獄，又派遣門下書佐水丘岑把這些犯人全部殺了。

青州太守認爲董宣濫殺無辜，就上奏章彈劾他，同時將水丘岑逮捕查辦，董宣因此連坐有罪，被押解到京城，聽候廷尉發落。董宣在監獄裡，早晚都在讀書，泰然自若，沒有愁眉苦臉。

等到他被判處死刑，押送到刑場那天，獄官準備了酒菜佳肴，爲他送別。董宣見狀，卻嚴厲地高聲說：「我一輩子不曾吃過別人的飯食，何況即將受死的時候呢！」說完就登上囚車離去。和他同時綁赴刑場的共有九人，按次序應該輪到董宣的時候，光武帝派來的快馬騎士飛奔而來，特令赦免董宣的死罪，還下令把董宣等人暫時送回監獄。不久之後，光武帝又派遣使者來詢問董宣處死那麼多人的原因，董宣便將公孫丹等人的詳細情形完整陳述了一遍，並說：「水丘岑是執行我的命令而處斬犯人的，罪責不應該由他來承擔；請求處死我而保全他的性命。」使者把詢問的情況如實地稟報光武帝，光武帝認爲董宣秉公執法，於是詔命董宣出任懷縣縣令，命令青州太守不要再追究水丘岑的罪。水丘岑後來升遷到司隸校尉。

後來，江夏郡出了一個以夏喜爲首的強盜集團，終日在江夏郡一帶搶劫滋事，騷擾百姓。光武帝派遣董宣擔任江夏太守。他一到了江夏郡，就發布文告說：「朝廷相信我可以剿滅爲非作歹、刁鑽狡猾的匪徒，才讓我來擔任這個職務。剿匪的軍隊已經布署在郡界的前方，希望各位看到這個告示以後，認真地考慮一下自己的處境，想清楚自保性命的妥善辦法。」夏喜一夥兒對董宣從嚴辦案的威名早有所聞，如今看到這份文告，心裏不免膽怯起來。這個集團同夥逃的逃，降的降，偌大一個強盜集團，立刻就瓦解了。

當時，外戚陰太后的親戚在江夏郡當都尉，董宣不肯低聲下氣地討好他們，被都尉視爲態度輕慢。因此，被陰都尉定罪免職。

離開江夏郡後，朝廷又特別徵召董宣出任洛陽令。當時皇帝姊姊湖陽公主的家奴，在光天化日下殺了人，仗恃著公主的權勢，藏匿在主人府第中不出，地方官亦懼於公主的威勢而不敢逮捕他。等到有一天，公主的馬車出門，讓家奴陪坐在公主身旁，董宣便派人在公主府宅附近的夏門亭守候著。公主車駕一到，便上前拉住馬韁繩，將馬車攔下，拔出刀劍向地上一劃，不許車騎越過；董宣毫不畏懼地厲聲指責公主藏匿人犯、不守國法的罪狀，並吆喝衆人將作惡的家奴拖下車，就地正法處死。

湖陽公主立即奔回皇宮，向光武帝控訴董宣的蔑視皇親。皇帝聽了大爲惱火，立刻召見董宣，要用亂棍打死他。董宣叩頭說：「請允許我說句話再死。」皇帝問他：「你還有什麼話要說？」董宣說：「陛下聖明，才使漢室出現中興的局面，沒想到今天卻縱容皇親的家奴濫殺無辜，殘害善良的百姓！如此一來，陛下將來如何治理天下呢？要我死容易，用不著鞭打，請讓我自殺吧！」說完，便一頭撞上旁邊的殿柱，頓時血流滿面。

光武帝大驚，連忙令小太監拉住董宣，對他的忠心與剛直很是敬佩；但公主的怒氣未消，光武帝便勸董宣給公主磕頭謝罪。董宣理直氣壯，不願認罪，抵死不從。只好示意小太監把董宣攙扶到公主面前，強制他磕頭賠罪。這時，年近七十的董宣用兩手撐住地面，硬挺著脖子，終究不肯低下頭來謝罪。湖陽公主在一旁說道：「皇帝身爲老百姓的時候，常常在家裏窩藏觸犯死罪的亡命之徒，官吏都怕你，不敢進門捉拿。而今你貴爲一國之君，難道不能對一個小小的洛陽令貫徹自己的命令了嗎？」光武帝笑著說：「正因爲我當了一國之君，更應該尊重官吏嚴格執法，而不能像過去當平民時那樣辦事了。」於是下令把不肯向公主低頭的硬脖子縣令董宣放了，並賞賜他三十萬錢，嘉獎他執法如山、不折不屈的骨氣。董宣把所有賞錢都分給了他手下的官吏和衙役。從此之後，董宣放手打擊京師的強大惡勢力，沒有人不害怕他的，都稱他爲「臥虎」。民間流傳一首歌謠讚美他：「枹鼓不鳴董少平。」意思是說：「不用擊鼓把冤鳴，只因洛陽有個董少平。」

董宣做了五年洛陽令。七十四歲那年，死在任所。光武帝對他的去世很悲痛，派專人前去弔唁探望，只見董宣的遺體上蓋著一塊布而已，妻子兒女相對慟哭；家中除了幾石大麥和一輛破車，別的什麼都沒有。使者回來稟報光武帝，光武帝甚爲感傷，歎息地說：「董宣這樣廉潔奉公，死後我才知道！」因爲董宣曾經做過二千石級的大臣（指擔任過北海相），特賜給二千石級以上官員所佩戴的銀印綠綬，按照大夫禮安葬。同時，還任命他的兒子董並爲郎中。後來，董並升遷到齊相的職位。

【賞析】

這篇文章開頭即敘寫董宣的字號、籍貫與政治背景，此爲紀傳體文章的基本手法。接著敘述董宣在北海相任內，豪族公孫丹因迷信而草菅人命，以及公孫丹的宗族親黨干涉司法、群聚鬧事的行爲，表現貴族權豪在地方上跋扈的情形。而董宣不畏權勢、依法整治惡徒的作爲，初步點明了他勇敢對抗權貴的立場。然而此一抉擇，也爲他帶來了災殃，但董宣不僅不感到懊惱畏懼，反而「在獄，晨夜諷誦，無憂色」，一派大義凜然、問心無愧的樣子。而他臨刑前疾言厲色地拒絕了官員的酒食，更凸顯他爲人一介不取的清廉。本段最後峰迴路轉，在受刑的前一刻，得到平反，這成爲千古「刀下留人」的範本，後世戲劇常常演出類似的情節故事。實在說來，董宣遇到了光武帝這位好皇帝，不但查明了董宣的過往行爲，也瞭解他勇於承擔責任、試圖爲下屬脫罪的擔當，是位正直而有氣魄的人；日後皇帝對他的賞識、董宣的升遷及君臣的互動，在此時已經奠下了基礎。

第二段寫董宣任江夏太守。從他出任官職的原因，即可得知董宣雷厲風行的執法態度受到肯定。果不其然，當董宣一紙文告貼出，亂賊聞風喪膽，旋即投降解散。董宣執法的成效名聲遠播，亦使他的酷吏形象更爲鮮明。而段末略述董宣與外戚陰氏的關係，與前段董宣對待豪族的態度如出一轍，表現其一貫不改的公正原則，並點出董宣再度爲此而「坐免」，可見權貴勢力的強大。此段「平寇」與「坐免」兩個事件的對舉，分別呼應了前段董宣「執法如山」與「不畏權貴」兩個爲官的原則，也爲下段董宣與貴族階層之間的對立，埋下了伏筆。

第三段是本文的高潮，這次執法的對象直逼皇上的姐姐湖陽公主，幾乎可說是對整個皇權勢力的挑戰，造成本文的高潮。相較於前兩段較爲簡單的筆觸，本段的敘事顯然較爲詳細：起因是家奴「白日殺人」，後來「因匿主家」，這是個不願接受法律制裁的刁奴。而後董宣等待機會，面對強權，堅持執法，「大言數主之失，叱奴下車」的強硬態度和具體方法，終於格殺了家奴。公主立即告御狀，抬出了至高無上的皇權作靠山，意謂在此次衝突中，權貴勢力難以動搖的艱困和危險。光武帝命董宣向公主謝罪，董宣寧死不屈，最後出現了轉折——光武帝讓步，重賞董宣。事件的始末交代得很清楚，其中有強硬的對話、激烈的動作，令人印象深刻。

轉折的部分，較之首段透過使者上陳冤屈，更進一步地讓董宣與皇上當面辯訴。面對皇帝的盛怒，董宣不改其色，侃侃道出自己的一片忠誠。他撞柱的行動，讓光武帝真心折服，心中的怒氣轉爲敬佩，此是第一番轉折。皇帝因顧忌公主顏面，令董宣謝罪，董宣寧死不屈，即使太監強壓頸項，終不能使之屈服，而得到光武帝「強項令」的讚賞，此是第二番轉折。這也是司法正義得到真正勝利的重大關鍵。「強項令」作爲全篇的文眼，呼應了前文每段中董宣對待權貴時剛正不阿的表現，以及在他因此遭到刑法、坐免或箠殺之令時，無懼無畏、義正嚴詞的反應。而此稱號一出，也表示董宣的堅持受到皇帝的肯定，再無權貴能倚仗權勢凌越此一道德標準。其後「臥虎」的稱號與「枹鼓不鳴董少平」的歌謠，則由民間的觀點反映董宣的努力成果以及受人愛戴的形象，與「強項令」相映生輝。

末段記敘董宣死後家境的貧困，反映了他一生光明磊落的高貴品格。較之前三段以正面描述董宣的性格與作爲，此段則側面寫出日常生活情況，人物形象更爲豐滿立體。皇帝的探視與賞賜，一方面表現出君臣情感的深厚，另一方面則樹立了董宣不慕榮利、卻能名留千古、庇蔭後世的人格典範。

（原載《古今文選》新第一三〇九、一三一〇期，國語日報社，一〇一年十一月十二日、二十六日。）

參考書目舉要

十七史商榷　王鳴盛　大化書局
十駕齋養新錄　錢大昕　上海書店
三國人物述評　禚夢庵　臺灣商務印書館
三國人物新論　祝秀俠　香港大文書店
三國人物論　顧念先　臺灣書店
三國志　陳壽　鼎文書局
三國志的文學價值　徐公持　文學遺產增刊第十七輯
三國志選注　繆鉞註　（北京）中華書局
大雲山房集　惲敬　世界書局
大漢和辭典　諸橋轍次　大修館書店
中國文學史　章培恆、駱玉明　復旦大學出版社
中國文學發展史　劉大杰　華正書局
中國史學名著　錢穆　三民書局
中國思想傳統的現代詮釋　余英時　聯經出版公司
中國傳記文學史　韓兆琦主編　河北教育出版社
中國歷代帝王譜系彙編　賈虎臣　正中書局
中國歷史研究法補編　梁啟超　臺灣商務印書館
廿二史劄記　趙翼　華世出版社
文心雕龍　劉勰著、范文瀾注　文史哲出版社
文史通義校注　章學誠著、葉瑛校注　華世出版社
文史論衡　蔡信發　漢光文化公司
文章正宗　真德秀　臺灣商務印書館
古文範　吳闓生　臺灣中華書局
古代傳記文學史稿　姜濤、趙華　遼寧大學出版社
毛詩正義　毛公傳、鄭玄箋、孔穎達正義　藝文印書館
史記　司馬遷　鼎文書局
史記菁華錄　姚祖恩　聯經出版公司
史記評介　徐文珊　維新書局

史記評林　凌稚隆　中國哲學書電子化計畫，哈佛燕京圖書館
史記評賞　賴漢屏　三民書局
史記會注考證　司馬遷著、瀧川龜太郎考證　洪氏出版社
史記漢書比較研究　朴宰雨　中國文學出版社
史記論文選集　黃沛榮編　長安出版社
史通　劉知幾　里仁書局
司馬談之思想宗趣　傅武光　中國學術年刊第四期
司馬遷之人格與風格　李長之　臺灣開明書店
四史知意　劉咸炘　鼎文書局
四史辨疑　梁玉繩、錢大昭　鼎文書局
四庫全書總目提要　永瑢、紀昀　臺灣商務印書館
孟子與史記之關係研究　王基倫　中國學術年刊第十期
孟子注疏　趙岐注、孫奭疏　藝文印書館
尚書正義　孔安國傳、孔穎達正義　藝文印書館
東漢風雲人物　惜秋　三民書局
前漢書　莊適註　臺灣商務印書館
後漢書　范曄　鼎文書局
國學入門書要目及其讀法　梁啓超　臺灣中華書局
惜抱軒詩文集　姚鼐　上海古籍出版社
傳記文學史綱　楊正潤　江蘇教育出版社
傳記學　王元　牧童出版社
漢書　班固　鼎文書局
漢魏六朝傳記文學史稿　李祥年　復旦大學出版社
管錐編　錢鍾書　生活·讀書·新知三聯書店
穀梁傳注疏　范甯注、楊士勛疏　藝文印書館
論史記的兩篇合傳——魏其武安侯列傳與衛將軍驃騎列傳　洪淑苓　國立編譯館館刊第二十一卷第一期
論司馬遷筆下的秦始皇與二世　洪淑苓　臺大中文學報第四期
舊唐書　張昭、賈緯　鼎文書局
曝書亭集　朱彝尊　臺灣商務印書館
蘇文繫年考略　吳雪濤　內蒙古教育出版社
蘇軾文集　蘇軾　（北京）中華書局

國家圖書館出版品預行編目資料

四史導讀

王基倫、洪淑苓合著. – 初版. – 臺北市：臺灣學生，
2023.09
面；公分

ISBN 978-957-15-1921-0 (平裝)

1. 中國史

610.01 112011299

四史導讀

著 作 者 王基倫、洪淑苓
出 版 者 臺灣學生書局有限公司
發 行 人 楊雲龍
發 行 所 臺灣學生書局有限公司
地 址 臺北市和平東路一段 75 巷 11 號
劃撥帳號 00024668
電 話 (02)23928185
傳 真 (02)23928105
E-mail student.book@msa.hinet.net
網 址 www.studentbook.com.tw
登記證字號 行政院新聞局局版北市業字第玖捌壹號
定 價 新臺幣四〇〇元
出版日期 二〇二三年九月初版
ISBN 978-957-15-1921-0

61001